高等医学院校教材

伤害与预防

黄 鹏 王海清 主编

化学工业出版社

·北京·

内容简介

本书共十章,围绕伤害的主要类型,突出预防为主的理念,通过描述现象、分析原因、提出措施这一共同步骤,将应对伤害的基本知识与基本技能传播给每一个读者。本书不仅可以作为高等医学院校伤害相关课程的专业教材和中学校园的伤害健康教育参考书,也可作为一般大众获取伤害相关知识的科普书。

图书在版编目（CIP）数据

伤害与预防 / 黄鹏,王海清主编. — 北京：化学工业出版社,2022.1
ISBN 978-7-122-40316-2

Ⅰ. ①伤⋯ Ⅱ. ①黄⋯ ②王⋯ Ⅲ. ①伤害-预防 Ⅳ. ①C912.68②R1

中国版本图书馆 CIP 数据核字（2021）第 231800 号

责任编辑：邱飞婵　　　　　　　　　　文字编辑：陈艳娇　陈小滔
责任校对：杜杏然　　　　　　　　　　装帧设计：关　飞

出版发行：化学工业出版社（北京市东城区青年湖南街 13 号　邮政编码 100011）
印　　装：三河市延风印装有限公司
787mm×1092mm　1/16　印张 10¾　字数 247 千字　2021 年 12 月北京第 1 版第 1 次印刷

购书咨询：010-64518888　　　　　　售后服务：010-64518899
网　　址：http://www.cip.com.cn
凡购买本书,如有缺损质量问题,本社销售中心负责调换。

定　价：39.80 元　　　　　　　　　　　　　　　　　　版权所有　违者必究

编写人员名单

主　编　黄　鹏　王海清

副主编　刘伟新　唐寒梅　傅燕艳

编　者（以姓氏笔画为序）

　　　　　王海清　宜春学院医学院
　　　　　刘伟新　南昌大学公共卫生学院
　　　　　刘智洁　南昌大学公共卫生学院
　　　　　周　凡　南昌大学公共卫生学院
　　　　　郑紫薇　南昌大学公共卫生学院
　　　　　胡　旺　江西省妇幼保健院
　　　　　唐寒梅　湖南省胸科医院
　　　　　黄　鹏　南昌大学公共卫生学院
　　　　　傅燕艳　江西省妇幼保健院

秘　书　王　璐　胡达振

前 言

伤害是一个全球性的公共卫生问题,也是威胁人类健康的主要问题之一。据世界卫生组织统计,全球每年约有500万人死于各类伤害。在中国,每年各类伤害发生约2亿人次,因伤害造成的死亡人数约70万~75万人,约占死亡总人数的9%,是继恶性肿瘤、脑血管疾病、呼吸系统疾病和心脏病之后的第5位死因,意外伤害还是0~14岁儿童的首要死亡原因。在许多国家,伤害导致的死亡也多居死因顺位的前5位。此外,伤害的高发生率和高致残率常伴随着卫生资源的大量消耗,给国家、社会、家庭和个人都带来了沉重的经济和心理负担。

谈到伤害的话题,交通事故、自杀、暴力等现象可能大家并不陌生,但随着社会经济的不断发展,诸如产品、运动、娱乐、医疗等造成的不同类型伤害正呈逐渐增长的态势。另外,由于伤害可以发生在不同性别、任何年龄的个体上,因而常被认为是偶然出现、不可控制的事件,并未引起一般民众的足够重视。实际上,与疾病一样,伤害的发生并不是一个随机现象,而是有其自身的规律和特点,尤其重要的是,多数伤害是完全可以预防的。因此,加强对伤害的研究,对于掌握伤害的流行特征、危险因素及干预措施具有重要意义;普及对伤害的教育,对于提高大众的认识、减少伤害的发生具有重要作用。

目前,国内有关伤害的图书在内容上多局限为某一特定类型的伤害(如道路交通伤害),或某一特定人群的伤害(如青少年伤害),或特定场所的伤害(如校园伤害),尚缺乏既有一定的覆盖面又能反映社会热点、既能满足科普需要又能作为学校教材的相关著作。本着这样的目标和愿景,我们尝试通过编写《伤害与预防》一书进行摸索和实践,使其既可以作为各级各类学校安全教育的教材或参考书,又能作为一般大众日常安全行为的指导读本。

全书共十章,主要介绍伤害的有关理论、知识及相应的预防策略和措施。该书围绕伤害的主要类型,突出预防为主的理念,通过描述现象、分析原因、提出措施这一共同步骤,结合社会热点,将应对伤害的基本知识与技能传播给每一个读者。

我们虽始终秉持让读者感兴趣、有收获的良好期望,但由于伤害的预防涉及多领域、多学科,因此,限于能力和水平,我们时刻期待读者和其他同行的批评指正,以帮助该书进一步丰富和完善,共同促进伤害的宣传、教育与研究。

最后,衷心感谢为本书编写和出版提供支持与帮助的有关单位、机构和个人。

黄 鹏

2021年8月

本教材获得南昌大学教材出版资助

目 录

第一章　绪论　001

第一节　伤害的定义与分类 ··· 001
第二节　伤害的流行病学特征 ·· 005
第三节　伤害发生的原因或影响因素 ·· 008
第四节　伤害的预防与控制 ··· 010
第五节　伤害研究的历史与展望 ·· 015
参考文献 ··· 018

第二章　道路交通伤害及其预防　020

第一节　道路交通伤害概述 ··· 020
第二节　道路交通伤害的流行特征 ··· 023
第三节　道路交通伤害发生的原因或影响因素 ······························· 024
第四节　道路交通伤害的预防 ·· 034
参考文献 ··· 039

第三章　自杀及其预防　042

第一节　自杀概述 ··· 042
第二节　自杀的流行病学特征 ·· 046
第三节　自杀发生的原因或影响因素 ·· 048
第四节　自杀的预防 ·· 052
参考文献 ··· 057

第四章　暴力伤害及其预防　060

第一节　暴力伤害概述 ·· 060

第二节　暴力伤害的流行病学特征 ·· 064
　　第三节　暴力伤害的原因或影响因素 ··· 065
　　第四节　暴力伤害的预防 ··· 069
参考文献 ·· 073

第五章　职业伤害及其预防　　　　　　　　　　　　　　　　　　075

　　第一节　职业伤害概述 ··· 075
　　第二节　职业伤害的流行病学特征 ·· 080
　　第三节　职业伤害发生的原因或影响因素 ····································· 083
　　第四节　职业伤害的预防 ··· 087
参考文献 ·· 090

第六章　消费品所致伤害及其预防　　　　　　　　　　　　　　　092

　　第一节　消费品伤害概述 ··· 092
　　第二节　消费品伤害发生的原因或影响因素 ································· 095
　　第三节　消费品伤害的预防 ··· 098
　　第四节　儿童玩具伤害 ·· 101
参考文献 ·· 104

第七章　意外跌落及其预防　　　　　　　　　　　　　　　　　　　106

　　第一节　意外跌落的流行特征和损害特点 ····································· 106
　　第二节　意外跌落发生的原因或影响因素 ····································· 108
　　第三节　意外跌落的预防 ··· 114
参考文献 ·· 120

第八章　烧伤及其预防　　　　　　　　　　　　　　　　　　　　　123

　　第一节　烧伤概述 ··· 123
　　第二节　烧伤发生的原因或影响因素 ·· 125
　　第三节　烧伤的预防 ··· 129
参考文献 ·· 135

第九章　运动伤害及其预防　　137

第一节　运动伤害概述 …………………………………………………………… 137
第二节　运动伤害发生的原因或影响因素 ……………………………………… 139
第三节　运动伤害的预防 ………………………………………………………… 141
参考文献 …………………………………………………………………………… 147

第十章　中毒及其预防　　148

第一节　中毒概述 ………………………………………………………………… 148
第二节　中毒发生的原因或危险因素 …………………………………………… 154
第三节　中毒的预防 ……………………………………………………………… 157
参考文献 …………………………………………………………………………… 162

第一章

绪　论

伤害是一个全球性的重大公共卫生问题，也是威胁人类健康的主要问题之一。《柳叶刀》杂志2017年发布的全球疾病负担报告显示，全球每年伤害新发病例数高达5.2亿，因伤害死亡人数达到448万。伤害可造成很多暂时性或永久性的伤残，严重影响了人群健康和生命质量。有研究表明，15~29岁人群的前15种死亡原因中有8种与伤害相关，分别是道路安全伤害、自杀、凶杀、溺水、烧伤、战争伤害、中毒与跌倒。与此同时，伤害还会给个人、家庭及社会造成沉重的经济损失和心理负担，故伤害与传染性疾病、慢性非传染性疾病一起构成了危害人类健康的三大疾病负担。在世界很多地区的公共卫生界早已将伤害视作主要的公共卫生危机问题。其他国家也已经认识到伤害造成的巨大医疗、社会和经济损失，并开始采取积极的措施以应对后果。

伤害是可以研究和记录归档的，其成因也是可以解释或对之采取行动的。现有研究已经提供清楚的证据，说明适当干预是可以预防伤害的。例如：系安全带、戴安全头盔、强制实施的血液酒精含量限制，可以预防道路交通伤害；防止儿童擅自开启燃气装置可减少中毒事件的发生；居家危险改造可防止老人跌倒；池塘边加护栏可降低溺水的危险；抑郁症的治疗可预防某些自杀；基于学校的教育项目可预防亲密伙伴间的暴力行为；家访项目可减轻儿童虐待。

第一节
伤害的定义与分类

一、伤害的定义

长久以来，"伤害"只是作为"意外"（accident）一词或其结果中的一种而被加以研究。所谓"意外"指的是突然发生的某种偶然事件，其含有意料之外、难以抗拒且难以预防之意。然而众多的"意外"，如溺水、道路交通伤害等的研究结果显示这些"意外"均是可防可控的。很显然，伤害并非是"意外"。因此，1996年在澳大利亚墨尔本召开的第三届国际意外伤害学术会议名称由原来的"世界意外和伤害预防大会"（World Conference on Accident and Injury Prevention）改为"世界伤害预防与控制大会"（International Conference on Injury Prevention and Control），并建议世界各国统一采用"伤害"一词来代替"意外"。

伤害（injury）一词最先来自拉丁语"injuries"，本意是"不正确"（即 not right）的意思，其有损伤、伤害或者丧失的含义，是能够预测、可以预防而且注重预防的。随着时代的发展，伤害既可以指由传统意义上的"意外"事故（跌倒、烧伤、交通事故等）造成（目前统称为"非故意伤害"），也可以指由一些蓄意的暴力行为事件（如虐待、斗殴、谋杀等）造成。随着伤害这一内涵的更迭及拓展，形成了多学科交叉融合的伤害研究，伤害研究的内容及研究方法也得以丰富，同时伤害的公共卫生意义也被提到了一个新的高度。

在早期，有学者借用传染病流行病学的理论，提出伤害的动因是能量交换，并以此认为当来自某一载体的能量交换超过了机体组织的耐受能力时，便会导致相应的伤害结果。这一认识形成了目前伤害定义的雏形。美国疾病控制与预防中心（CDC）将伤害定义为：由于运动、化学、热量、电或者放射线的能量交换，在机体组织无法耐受的水平上造成组织损伤或由于窒息而引起的缺氧统称为伤害。该定义表明伤害的动因是能量交换，伤害的结果是躯体组织损伤和机能障碍，并且以此来对伤害进行界定。这一定义为世界各国的"意外"研究提供了一个相对统一的定义，有助于在不同地区和不同人群的伤害研究结果之间进行相互比较。我国对伤害的定义为：凡因能量（机械能、热能、化学能等）的传递或干扰超过了人体组织的耐受性而造成的组织损伤，或窒息导致的缺氧，并影响了正常的活动，因此需要医治和看护，此即称为伤害。

为了促进伤害研究的科学化和规范化，方便全球的伤害研究结果进行交流和比较，需制定具有可操作性的伤害诊断标准。1986年，美国国家统计中心提出的伤害诊断标准为：伤害必须是到医疗机构诊治或者活动受限一天的情况。2010年中华预防医学会伤害预防与控制分会第一届第五次常委会通过了关于伤害界定标准的决议，制定的伤害诊断标准为：经医疗单位诊断为某一类损伤或者因损伤请假（休工、休学、休息）一日以上。

二、伤害的分类

伤害可以根据损伤的实际性质（如髋部骨折、创伤性脑损伤、脾破裂）分类，也可以根据损伤机制（如跌倒、中毒、机动车撞伤）或意图（如无意、故意、未定）分类。伤害的分类有利于伤害的监测、资料分析、流行病学研究及其防制措施的制定。因此，根据研究目的的不同，国内外将伤害的分类方法归为以下几种。

（一）按照造成伤害的意图分类

1. 故意伤害

故意伤害（intentional injuries）指有目的有计划地自害或加害于他人所造成的伤害，主要包括自残、虐待儿童、强奸、家庭暴力、恶性殴打、他杀、自杀、暴力的性加害，等等。由于故意伤害常伴有暴力行为，近年来学术界倾向于将这一类伤害统称为暴力（violence）。

2. 非故意伤害

非故意伤害（unintentional injuries）指无目的（无意）造成的伤害。主要包括道路交通伤害、跌伤、烧烫伤、中毒、溺水、切割伤、动物叮咬、医疗事故、运动与休闲伤害、产品伤害，等等。

不过，即使是同一种伤害也可能因不同的意图而归为不同的分类。例如中毒，若是自己有意识地服用毒物以求结束自己的生命则应归为自杀，若是他人有意识地投毒造成某人生命的结束则应归为他杀，若是自己无意识地服用了某毒物而造成的损伤则应归为意外伤害。

（二）按照伤害的性质分类

1. 国际疾病分类

国际疾病分类（international classification of disease，ICD）是目前国际上共同使用的统一的疾病分类方法，是国际标准分类。根据ICD-10（国际疾病分类第10版）对伤害进行分类是目前国际上较为公认和客观的一种伤害分类方法。

然而ICD-10对伤害的分类又有两种体系，一种是根据伤害发生的部位进行相应的分类（S00-T97，表1-1）；另一种则是根据伤害所发生的外部原因或性质进行相应的分类（V01-Y98，表1-2）。就一般情况而言，在公共卫生领域前者较为常用，而在临床领域则更多使用后者。

表1-1　ICD-10伤害发生部位分类表（WHO，1993）

伤害发生的部位	ICD-10编码
所有部位伤害	S00-T97
头部损伤	S00-S09
颈部、喉部及气管损伤	S10-S19
胸部损伤	S20-S29
腹部、会阴、背及臀部损伤	S30-S39
肩及上肢损伤	S40-S69
下肢损伤	S70-S99
多部位损伤	T00-T07
脊柱、皮肤、血管损伤及异物进入	T08-T19
烧伤、灼伤及冻伤	T20-T35
各类中毒、药物反应及过敏反应等	T36-T65、T88
自然和环境引起的伤害	T66-T78
伤害并发症、医疗意外及并发症	T79-T87
陈旧性骨折及损伤	T90-T96
中毒后遗症	T97

表 1-2 ICD-10 伤害发生的外部原因分类表（WHO，1993）

损伤与中毒的外部原因分类	ICD-10 编码
损伤与中毒的全部原因	V01-Y98
交通事故	V01-V99
跌倒	W00-W19
砸伤、压伤、玻璃和刀刺割伤、机器事故	W20-W31、W77
火器伤及爆炸伤	W32-W40
异物进入眼或其他腔口、切割和穿刺器械损伤	W41-W49
体育运动中的拳击伤及敲击伤	W50-W52
动物咬伤或动、植物中毒	W53-W59、X20-X29
潜水或跳水意外、溺水	W65-W74
窒息	W75-W84
暴露于电流、辐射和极度环境气温及气压	W85-W99
火灾与烫伤	X00-X19
暴露于自然力量下（中暑、冻伤、雷击等）	X30-X39
有毒物质的意外中毒	X40-X49
过度劳累、旅行及贫困	X50-X57
暴露于其他和未特指的因素	X58-X59
自杀及自残	X60-X84
他人加害	X85-Y09
意图不确定的事件	Y10-Y34
刑罚与战争	Y35-Y36
药物反应、医疗意外、手术及医疗并发症	Y40-Y84
意外损伤后遗症及晚期效应	Y85-Y89
其他补充因素	Y90-Y98

2. 国际伤害外部原因分类

随着伤害研究的不断深入与发展，ICD 分类体系被认为缺乏相应的灵活性及特异性。20 世纪 90 年代中期，学者们认为制定伤害外部原因的统一国际分类标准是切实可行的，并基于共识提出国际伤害外部原因分类标准（international classification of external causes of injury，ICECI）（图 1-1）。ICECI 是一套能够完整记录和描述伤害发生原因的分类体系。它的诞生旨在为帮助研究者和从事预防相关工作的专业人员精确地定义伤害，记录伤害发生时所涉及的环境状况，以及为特别个案提供更为详细的信息。因此，ICECI 可以对 ICD-10 外部原因的分类发挥补充性作用。

3. 中国疾病分类

中国卫生部于 1987 年参照 ICD-9 分类的标准，并结合国内实际情况制定了确定损伤和中毒的外部原因分类的方法，即中国疾病分类（Chinese classification of disease，CCD），见表 1-3。

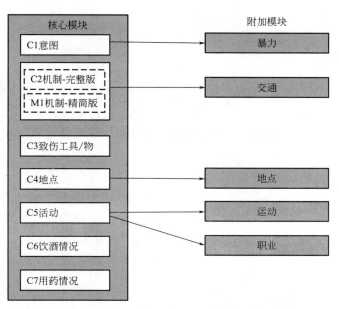

图 1-1　核心模块与附加模块的关系
（ICECI，WHO，2004）

表 1-3　CCD 损伤和中毒外部原因分类表（吴系科，1996）

内容	CCD-87 编码
损伤和中毒全部原因	E1
机动车交通事故	E2
机动车以外交通事故	E3
意外中毒	E4
意外跌落	E5
火灾	E6
由自然与环境因素所致的意外事故	E7
溺水	E8
意外的机械性窒息	E9
砸死	E10
由机械切割和穿刺工具所致的意外事件	E11
触电	E12
其他意外效应和有害效应	E13
自杀	E14
他杀	E15

第二节
伤害的流行病学特征

据世界卫生组织（WHO）估计，全球每年因伤害造成的死亡约 500 万人，1500 万人遗留不同程度的功能障碍，800万人终身残疾。

一、全球流行特征

全球的伤害发生率约为20%～30%，总死亡率约为83.7/10万。全球死亡的10%是由伤害造成的，伤害死亡的高发年龄为15～59岁，伤害死亡中男性占2/3。伤害的死亡原因主要是交通事故、自杀、战争伤害、火灾与烧伤、暴力、职业伤害和溺水等。儿童、青少年因伤害造成的死亡呈上升趋势。

（一）地区分布

总体来看，发展中国家的伤害死亡率高于发达国家。不良的社会经济环境（如贫困、受教育水平、卫生条件、战争等），会直接或间接增加伤害发生的风险。

（二）人群分布

伤害的发生有一定的年龄依赖性，表现为0～14岁伤害发生率较低，15岁以后伤害死亡率攀升并维持在一个较高的水平，65岁以后伤害死亡率则再次攀升。不过值得注意的是，在0～14岁年龄段，伤害死亡率呈现反向变化趋势，即0～1岁最高，然后随年龄的增加而下降。

现有文献显示，1～45岁人群的首位死因为伤害；0～5岁人群的主要死因为中毒和溺水；55岁以上人群的主要死因为跌落（跌伤）。5～34岁的人口中，机动车交通事故为伤害的首位死因，在15～24岁出现峰值。他杀是婴儿和15～34岁人群的第2位伤害死因，并在15～34岁出现峰值。5～18岁人群的他杀死亡率增长最快。

伤害死亡中男性占2/3，且大多数伤害的发生率和死亡率均为男性高于女性。

（三）时间分布

伤害的发生率存在一定的时间分布规律。发达国家由于具有良好的职业安全防护、较高的生产自动化程度、先进的交通道路安全管理，职业性伤害和道路交通伤害的发生率在近些年总体有逐步下降的趋势，但自杀和他杀的死亡率则有上升的趋势。

有研究者分析了全球1990～2017年的伤害数据，发现地震等自然灾害导致意外伤害死亡人数显著上升，且冲突和种族灭绝导致人际暴力伤害类别中的死亡人数激增。

也有研究经数据挖掘发现，对于学生群体，在年度伤害层面上，1月和6月伤害发生率最低，可能由于这两个时间段为期末，学生的精力更多投入在考试中；在日伤害层面上，8：30～10：30最易发生道路伤害，17：30～19：00为学生伤害的高发时段。另有调查显示，对于总体人群而言，秋季伤害罹难人数最多，春季最少。

二、中国流行特征

早在1973年我国卫生部和公安部公布的《居民死亡报告》及1976年卫生部发表的《我国人口主要死因统计分析研究》的资料已经显示，伤害已成为中国居民的主要死亡原因之一。20世纪80年代我国居民的伤害死亡率高于心血管疾病死亡率，居死因第四位，伤害死亡的前三位原因是自杀、交通事故和溺水，对健康造成严重威胁，中国自杀死亡率居世界第一位；道路交通事故死亡人数和每万辆死亡率高居各国之首，车祸是我国男性居民和城市人群的第一位伤害死亡原因；溺水则是0～14岁儿童的第一位死因。伤害的发生率、死亡率和伤残率高，尤其罹难者中绝大多数是青壮年或儿童，所造成的潜在社会损失和经济损失明显大于慢性非传染性疾病。

2008年，全国第三次死因回顾抽样调查报告显示，我国的伤害死亡率为61.51/10万，占死亡总数的10.1%，是我国全人群的第五位死亡原因，是1～14岁儿童的第一位死亡原因。

从国内目前已有的研究结果来看，中国社区人群的伤害年发生率大致在16.1%～21.9%，男性高于女性，15～34岁是高发年龄段。2.17%～4.51%的暂时性失能是伤害所导致的，另外还有0.13%～1.1%的残疾也因伤害所致。据估计，中国每年至少有3亿人发生一次以上的伤害，不少于8500万人因伤害急诊或就医，1800万人入院治疗，110万人终身残疾。中国的伤害谱和全球的伤害谱颇为相似：全球伤害死亡占全死因的9%（中国为10%）；全球男性伤害死亡率为女性的2倍（中国为1.9倍）；三个主要的伤害死亡原因中，全球道路交通伤害占所有伤害的25%（中国占23%），全球自杀占所有伤害的16%（中国占13%），全球溺水占所有伤害的9%（中国占13%）。

（一）地区分布

伤害的地区分布特征可反映不同地区伤害现象的差异。

1991～2000年的全国统计显示，伤害呈现出了农村高于城市，中部地区高于西部地区，东部地区最低的特点。西部农村地区伤害的死亡率达到了81.02/10万，东部农村地区为67.19/10万。东、中、西部农村地区伤害死亡率之比为1∶1.4∶1.21。

据1990年、1995年、2006年以及2012年《中国卫生统计年鉴》显示，就城乡分布而言，城市与农村的伤害死亡均排在死因顺位的第五位，农村高于城市；农村的老年人跌倒发生率高于城市，分别为22.65%和16.96%。农村人群中伤害死亡的原因依次是：自杀、交通事故、溺水、意外坠落、中毒、他杀、火灾和烧伤；而城市人群中伤害死亡的原因依次是：交通事故、自杀、意外坠落、中毒、他杀、溺水、火灾和烧伤。

（二）人群分布

人群的某些固有特征（年龄、性别、种族等）或社会特征（职业、受教育程度等）可以影响伤害的发生及其特点。

1990年、1995年、2006年以及2012年《中国卫生统计年鉴》显示，除自杀外，其他伤害导致的伤害死亡率均为男性高于女性。自杀是造成女性伤害死亡的首要原因，农村与城市分别为12.64/10万和11.13/10万。

另外，不同年龄阶段的伤害致死原因也不一样。其中溺水是0～14岁年龄阶段造成死亡的首要原因，其溺水死亡率在6/10万～8/10万之间波动，男女性别比为1.8∶1，农村的溺水死亡率高于城市，其死亡率大致是城市溺水死亡率的3～5倍。

15～59岁劳动力人口是伤害死亡的高发人群，其中交通事故造成的死亡在该年龄组男性的总死亡中约占1/3。60岁及以上的老年人不论男女，其三大伤害致死原因分别为自杀、意外跌落和交通事故，其中女性老年人跌倒发生率高于男性老年人。

（三）时间分布

许多国内研究显示，意外伤害的发生有一定的时间特征，但各地区不尽相同。有文献报道，从意外伤害发生的构成上看，冬季发生意外伤害最多（52.63%），其次为春季（21.06%）和秋季（21.05%），夏季最少（5.26%）；从一天发生的意外伤害构成上看，傍晚发生的意外伤害最多（29.82%），其他依次为上午（26.32%）、下午（21.05%）、早晨（14.04%）和午休时（8.77%）。此外，某些伤害还存在明显的季节性，例如，冬季容易发生因冻伤或冰雪灾害导致的道路交通事故，而夏季则常见溺水等伤害。

从总体趋势来看，在1995～2008年间，中国的伤害死亡率总体呈现下降趋势，并从1995年的60.89/10万下降到2008年的54.89/10万，其中自杀率的下降比例最大（从18.27/10万降到9.49/10万）。2003年以后，道路交通伤害造成的死亡率高于自杀而位居第一。

第三节
伤害发生的原因或影响因素

任何现象的发生都不是无缘无故的，伤害也是如此。从伤害的定义可以知道，导致伤害发生的致伤因子（动因）是能量（energy）。能量在特定的环境中作用于宿主之后，就可能出现伤害的后果。因此，伤害的发生离不开能量、宿主和环境三个方面的作用或影响。

一、致伤因子

机体在能量方面的异常交换或在短期内暴露于大剂量能量的情况下都可造成伤害的发生。通常情况下容易引起机体伤害的能量分为以下几种。

（1）动能（kinetic energy）：在物理学中亦将其称之为机械能（mechanical energy），这是造成伤害的原因中最常见的一种。例如高空坠落、摩托车相撞所产生的能量传递，常常直接造成个体的躯体伤害。

（2）热能：各类烧伤均属于过度的热能暴露所致；热能的过度缺乏又会导致冻伤。

（3）电能：是导致触电或者电烧伤的重要原因。

（4）辐射能：通常在暴露于大剂量放射线后造成烧伤和遗传效应，严重时会导致个体的直接死亡。例如原子弹爆炸形成的核辐射，既造成瞬时的躯体伤害，也造成远期的残疾或遗传突变。

（5）化学能：通过干扰机体的正常能量代谢而导致伤害的发生。例如被毒蛇咬伤后，神经毒素、血液毒素或细胞毒素通过不同的作用机制产生不同的后果。

二、宿主

所谓宿主，即受伤害的个体。伤害是否发生及其严重程度在很大程度上受宿主的条件和耐受性的影响。宿主是否能耐受能量交换所带来的伤害取决于许多因素，既有个体内在的因素如性别、年龄、种族等，也有外在的因素如醉酒、疲劳等。以下列举的是常见的宿主相关因素。

1. 人口学特征

（1）年龄：不同的年龄阶段会发生不同类型的伤害，而且发生伤害的危险性也会存在差别。例如，儿童阶段容易发生溺水造成死亡，青壮年阶段容易发生交通事故导致伤残，老年人由于生理方面的原因则更容易发生跌落（跌倒）。因此，在进行伤害研究时，必须对年龄这一因素进行单独分析。在计算伤害的发生率和死亡率时，通常采用年龄别的发生率和死亡率。

（2）性别：在发生伤害的群体中存在着明显的性别差异，大部分伤害的发生率呈现男性多于女性的现象，但是自杀却表现为女性多发。

（3）种族：伤害也存在着种族间的差异。在美国，白人和土著人的自杀率很高，而亚裔美国人的自杀率则明显低于其他种族。在中国，蒙古族的肢残率就明显高于其他民族。

（4）职业：职业不同，伤害的发生率及伤害的种类也不尽相同。例如，冲压工的工伤率相对来说高于机加工和特种工等工种。而在工伤种类中，则又以机械伤害、物体打击和坠落为主。另外，一些特定的伤害有特定的高发人群，例如，道路交通伤害高发人群为司机，昆虫/动物咬伤的高发人群为野外作业人群。美国有研究显示，遭受伤害的34.9%是手工操作者和制造者，20.3%是精密产品的生产者和修理者。

2. 心理行为特征

（1）饮酒：饮酒会影响司机的判断力、自控力以及综合定向能力，从而增加发生车祸的风险。对于一般个体而言，饮酒过量也容易造成意外跌落、割刺伤、烧伤等其他伤害。

（2）安全带：安全带就是"生命带"，是汽车发生交通事故时最基本、最重要的乘员保护装置，对于减少车祸所致的伤害程度具有重要作用。中国交通事故深入研究（CIDAS）工作组抽样调查统计了北京、长春、成都、宁波、佛山、荣成6个地方，2012年6月至2016年6月期间发生汽车碰撞事故后，车内不同位置驾乘人员使用和未使用安全带的伤亡情况。在542起乘用车正面碰撞事故中，安全带使车内驾乘人员的死亡概率减少了71%，驾驶人的死亡概率减少了77%。在487起乘用车侧面碰撞事故中，安全带使车内驾乘人员的死亡概率减少了67%，驾驶人的死亡概率减少了76%。在114起乘用车翻滚事故中，安全带使车内驾乘人员的死亡概率减少了78%，驾驶人的死亡概率减少了71%。

（3）心理因素：不良的心理状况是导致各种伤害的重要原因之一。例如，女性和老年人的心理比较脆弱，故容易出现自杀倾向。另外，个体的性格特质也与伤害的发生存在关联。例如，A型性格的人脾气比较火爆、有闯劲、遇事容易急躁、不善克制、喜欢竞争、好斗、爱显示自己才华、对人常存戒心等。此类性格的个体容易发生车祸、溺水和坠落等伤害事件，学者将此称之为事故倾向（accident-proneness）。

3. 其他

如药物滥用、疲劳、疾病等。药物滥用是指反复、大量地使用具有依赖性特性或依赖性潜力的药物，这种用药与公认的医疗需要无关，属于非医疗目的用药。药物滥用可导致认知和行为障碍，容易引发自我伤害和加害他人。疲劳的个体常出现注意力不集中、判断力下降甚至精神恍惚的现象，在作业、驾驶和行走过程中容易发生意外。某些疾病在症状发作时，可能会导致暂时失去意识或行为能力，例如休克、脑卒中、冠心病等。

三、环境

此处所指的环境，包括社会环境、自然环境、生产环境和生活环境。环境对伤害发生的影响，既可能是某种环境因素的单独作用，也可能是多种环境因素之间的交互作用。

1. 社会环境

所谓社会环境，包括政治环境、经济环境、法制环境、科技环境、文化环境，其中对伤害的预防和控制影响最大的是法制环境，即一个国家和地区是否制定了相应的伤害预防的法律、法规及其执行的程度。例如，阳台的护栏高度必须符合强制标准；驾驶员开车时必须系安全带；摩托车驾驶员必须佩戴头盔；建筑工人进入工地时必须佩戴安全帽；儿童进入游泳场所时必须有成人陪伴；等等。

2. 自然环境

伤害的发生与气象条件有着密切的关联。例如，雨雪天容易出现交通事故；天气长期干燥，容易发生火灾；气压低或者潮湿闷热天气，会使人容易疲乏；等等。

3. 生产环境

生产环境中的安全防护措施、生产管理水平、劳动时间、劳动强度及操作规范都是影响伤害发生的因素。例如，劳动强度过大或生产定额不当，可能会超出个体的生理适应能力；长时间处于不良体位、姿势或使用不合理的工具，可能会导致职业病或工伤的发生；等等。

4. 生活环境

生活环境是个体所处时间最长的区域，如果忽视某些细节，可能会造成本可避免的某些伤害。例如，卫生间浴室未采用防滑地面易造成跌落（跌倒）；电器或高压容器使用不当易造成烧伤（烫伤）；等等。

第四节
伤害的预防与控制

随着全球对伤害的不断关注和民众对伤害认识的提高，伤害的预防与控制正迎来新的发展时期。如何预防伤害的发生或尽可能降低伤害的危害程度，已成为国内外学者共同努力的目标。由于造成伤害的动因通常是可知并且是可以被测量的，能量由环境到宿主的转换机制也是可以被描述的，因此，与疾病的预防与控制相类似，伤害的预防与控制同样离不开宏观策略和具体措施。其总体原则是：建立伤害的监测系统以掌握伤害的流行状况和特征；明确促使伤害发生的能量形式和机体的暴露机制；了解伤害发生过程中的影响因素；研究可行的干预措施并评价其效果。

一、伤害的预防策略

策略强调的是全局谋划和行动指南，确定好策略之后方可实行具体措施。

(一) 三级预防

伤害作为重大的公共卫生问题，其预防策略中最首要的就是三级预防。

1. 一级预防

一级预防即所谓的病因预防，其目的是通过减少能量的暴露或传递，来预防或减少伤害的发生。例如，交通法规的制定、阳台护栏的设置、药品安全盖的设计、玩具安全标准的执行等都属于一级预防措施。一级预防可以通过以下策略予以实现。

（1）全人群策略：即针对社区居民、单位员工、学校师生等进行有关伤害预防的健康教育。健康教育是性价比最高的一种干预措施，其目的在于提高全人群对伤害严重性以及预防伤害重要性的认识，从而主动采取自我保护的措施或行为，最终避免或减少伤害的发生。

（2）高危人群策略：即针对可能发生伤害的高风险人群，进行有针对性的伤害预防的健康教育及技能培训。例如，针对驾驶员的安全教育；针对从事危险作业人群的技能培训；针对在校学生的交通安全、防火、防溺水、防校园欺凌等方面的专题教育；针对老年人的防跌落（跌倒）的社区宣传；等等。针对高危人群的策略可以通过较少的资源消耗来提高干预措施所带来的直接或间接收益。

（3）健康促进策略：健康促进是指运用行政或组织手段，广泛协调社会各相关部门以及社区、家庭和个人，使其履行各自对健康的责任，共同维护和促进健康的一种社会行为和社会战略。该策略强调资源的整合和责任的共担。例如，针对作业场所的伤害预防和控制，可以通过实施健康促进项目来进行：①将伤害预防纳入企业（公司）的相关政策；②由雇员与雇主之间协商建立安全的工作环境；③加强岗位安全教育以提高员工的伤害预防能力；④改善作业场所中的不合理生产环境；⑤明确雇主与雇员在职业伤害预防中所承担的相应责任；⑥共同参与伤害预防的处置和演练；等等。

2. 二级预防

二级预防是指采取恰当的方式或措施，降低特定形式或部位的伤害发生率及其严重程度。例如，安全带、摩托车头盔、救生衣的使用等都属于二级预防。二级预防措施虽不能够免除所有的伤害，但可以通过有效的保护来避免严重后果的发生。例如，摩托车头盔可以大大降低头部损伤的风险，而且即使发生头部损伤，也能有效减少损伤的程度；救生衣虽不能避免个体在水中遭受其他的伤害（如冲击伤、刺伤、割伤），但对于避免溺水却有着极其重要的作用。

3. 三级预防

三级预防是指对受伤害者进行有效的紧急处理、院前医护、院内治疗或后期康复,防止伤害结果的进一步恶化,尽量恢复其正常功能、提高其生活质量。例如现场紧急救助、心肺复苏、康复治疗等均属于三级预防的范畴。

(二) 主动干预与被动干预

依据宿主的行为方式,可以将伤害的预防策略分为主动干预和被动干预。

所谓主动干预,是指宿主主动采用某干预措施并使之成为习惯性的安全行为。安全带的使用、头盔的佩戴是主动干预最经典的案例。所谓被动干预,是指宿主不需要采取行动,而是通过特定装置或者环境的改善来达到预防的目的。例如,车辆刹车性能的改善、安全气囊的安装、安全药盖的使用等都属于被动干预措施。有研究发现,被动干预比主动干预效果更好,其原因在于后者要求宿主采取行动,需额外消耗时间并养成习惯。基于此,在实际工作中,为了达到更好的伤害预防效果,常常将主动干预和被动干预相结合。例如,为了预防儿童误服药物,既可通过主动干预(健康教育)提高家长的安全意识(将药物置于儿童不可触及的地方),又可通过被动干预(安全药盖)有效避免儿童的直接接触,从而产生更好的预防效果。

(三) Haddon 伤害预防的十大策略

Haddon 是美国原国家公路交通安全局负责人,他在伤害预防及其控制方面进行了大量的实践和研究,并提出了预防和控制伤害发生及减少死亡的十大策略,具体内容如下。

(1) 预防危险因素的形成。如禁止在易燃易爆环境中使用明火;禁止生产致癌性杀虫剂。

(2) 减少危险因素的含量。如高速公路限制车速。

(3) 预防已有危险因素的释放或减少其释放的可能性。如使用安全药盖预防儿童误服药物;浴盆采用防滑设计以防跌倒。

(4) 改变危险因素的释放率及其空间分布。如汽车安全带及安全气囊的使用。

(5) 将危险因素从时间、空间上与被保护者分开。如人行道和机动车道的分开设置。

(6) 用屏障将危险因素和受保护者分开。如戴口罩、穿戴射线防护服。

(7) 改变危险因素的性质。如玩具的安全设计(减少尖锐或突出部分);油箱的加固(减少因撞击可能导致的油料泄漏或起火)。

(8) 增加机体对危险因素的抵抗力。当机体抵抗力差时,容易受危险因素的作用而出现受伤害的后果。

(9) 对已造成的损伤提出针对性的预防和控制措施。如建设高效率的急救和转运体系,提高现场急救和院前处理的能力。

(10) 使伤者保持稳定,并采取有效的治疗和康复措施。遭受伤害后,机体可能出现开放性伤口、大出血、骨折、内脏损伤、休克等不同情况,此时有效的治疗和康复措施对于受伤害患者后期恢复机体功能、提高生命质量具有重要作用。

(四)"5E"伤害预防综合策略

"5E"伤害预防综合策略是目前国际所公认的伤害预防综合策略,在预防和控制伤害的发生与死亡方面发挥着重要作用,其内容阐述如下。

1. 教育策略(education strategy)

通过开展有关伤害预防与控制的态度、信念和行为的教育项目,提升个体和群体的预防意识和应对伤害的基本技能。

2. 环境改善策略(environmental modification strategy)

通过加强对环境的监管和改善,以减少环境中的危险因素来源或含量,最终降低个体或群体发生伤害的风险。

3. 工程策略(engineering strategy)

通过将人体工程学的设计理念与产品制造相结合,实现对可能造成伤害的产品进行前端控制。

4. 强化执法策略(enforcement strategy)

通过强化法律和法规的实施,规范个体或群体的行为活动,保障安全产品的生产和销售,等等。

5. 评估策略(evaluation strategy)

通过及时的评估,掌握不同干预措施或项目的有效性与可行性,为伤害的预防和控制提供循证决策的依据。

二、伤害的预防措施

措施是针对具体情况而采取的处理办法,强调的是具有实际可操作性的方式或方法。

(一)四步骤公共卫生方法

2007年世界卫生组织(WHO)提出伤害预防的四步骤公共卫生方法,该方法涵盖了伤害的干预流程及工作模式,用于指导干预措施的设计、评估和监控。其具体四个步骤如下。

第一步:提出拟解决的问题。基于搜集的数据和信息,筛选并确定需及时解决的问题,并掌握问题的性质和特点。

第二步:明确拟解决问题的原因或影响因素,并尝试获得针对性的、可行的措施或办法。

第三步:围绕上述问题制定具体的干预计划和方案,在实施后及时评估干预措施的效果。

第四步:评估项目完成后的成果和效益,形成对干预措施有效性的总结,以便干预措施在更大范围和更大规模上的推广应用。

(二)Haddon模型

Haddon模型,即Haddon提出的所谓"三因素、三阶段"理论。由于伤害的发生是一个具体过程，Haddon认为应按伤害发生前、发生中和发生后这三个阶段，结合宿主、致伤因子、环境三个因素，对伤害进行针对性的预防。

例如针对车祸伤害，Haddon模型提出以下相应的预防措施：

在伤害发生前，从宿主层面，需遴选合格司机；从致伤因子层面，需做好车辆安全检查；从环境层面，需关注公路的状况。

在伤害发生中，从宿主层面，应提高司机应变力及乘客的安全意识；从致伤因子层面，需关注车辆装备性能；从环境层面，需密切注意路面实际状况与路边的障碍物。

在伤害发生后，从宿主层面，应防止失血过多，妥善处理骨折；从致伤因子层面，需防止油箱漏油；从环境层面，应具备急救、消防和应急体系与措施。

不同类型伤害的预防，在上述三个阶段和三个因素方面虽各不相同，但其原理是完全一致的，在实际工作中均可借鉴参考。不过值得注意的是，即便是同一类型的伤害，由于发生的时间、地点不同，其表现也不同，此时应结合具体情况设计预防措施，以期达到最佳效果。

（三）安全社区

安全社区被认为是在社区水平上预防伤害有效且长久的方法，已经在世界范围内逐步发展。安全社区这一概念的提出要追溯到20世纪80年代末，1989年在瑞典斯德哥尔摩市举行了第一届预防事故和伤害世界大会，会议通过的决议——《安全社区宣言》提出："任何人都平等享有健康及安全的权利。"1991年6月，世界卫生组织社区安全促进合作中心在瑞典举行了第一届国际安全社区大会。

"安全社区"是指已建立相关组织机构，社区内有关部门、企业、志愿者和个人共同参与伤害预防和安全促进工作，以持续改进地实现安全健康目标的社区。该定义体现的原则是"人人都享受安全，人人都享受健康"，强调针对所有类别的伤害预防，通过整合社区资源，实现全员、全过程、全方位开展各类伤害预防和安全促进活动，以期最大限度降低各类伤害的发生，并且进行持续改进。

世界卫生组织（WHO）提出六条安全社区标准，包括：①有一个负责安全促进的跨部门合作的组织机构；②有长期、持续、能覆盖不同的性别、年龄的人员和各种环境及状况的伤害预防计划；③有针对高风险人员、高风险环境，以及提高脆弱群体的安全水平的伤害预防项目；④有记录伤害发生频率及其原因的制度；⑤有安全促进项目、工作过程、变化效果的评价方法；⑥积极参与本地区及国际安全社区网络的有关活动。

世界卫生组织社区安全促进合作中心在上述六条标准的基础上，提出以下九个具体指标：①交通安全的指标；②工作场所安全的指标；③公共场所安全的指标；④涉水安全的指标；⑤学校安全的指标；⑥老年人安全的指标；⑦儿童安全的指标；⑧家居安全的指标；⑨体育运动安全的指标。

实践证明，安全社区的实施可以明显降低伤害危险的发生，使伤害发生率降低30%～60%。因此，创建安全社区、积极开展安全社区活动能够创建安全的生活和工作环境，并从根本上消除伤害发生的隐患。

第五节
伤害研究的历史与展望

一、伤害研究的历史

有关伤害的研究始于20世纪中叶。1941~1943年期间，Cairns等人研究证实佩戴头盔能够降低摩托车士兵的头部伤害发生率；1949年，Gordon便开始用流行病学方法研究伤害的分布特征和预防措施；美国原国家公路交通安全局负责人Haddon系统地将流行病学的原理及方法应用于伤害的研究和干预项目，因此被公认为伤害流行病学的奠基人。在全球范围内大规模开展伤害研究也就是最近二三十年的事情。

20世纪60至70年代，一些发达国家针对道路交通伤害、跌倒等重点伤害类型以及儿童、老年人等重点伤害人群进行了卓有成效的工作。如澳大利亚针对道路交通伤害的预防控制开展了立法与执法工作，使道路交通伤害死亡率下降幅度超过50%；瑞典作为全球第一个开展儿童伤害预防控制的国家，历经30多年的努力，使得该国儿童伤害死亡率全球最低。

近年来国内外的伤害流行病学研究呈现出以下几个特点。

（1）伤害研究由发达国家逐渐扩展到世界各国，以高校和科研机构为主体向其他组织机构扩散及辐射。另外，由于各国政府部门的积极参与，伤害预防与控制也正在由专家行为向政府行为转变。

（2）世界各国陆续建立各类各级伤害监测系统，用于监测伤害的发生动态及趋势。

（3）研究方法从一般死因分析与伤害特征描述性分析扩展到其他类型的伤害研究，如病例对照研究、前瞻性研究、病例交叉研究、临床试验和社区干预研究，并将多因素分析方法应用于伤害原因和危险因素的探讨。

（4）通过多学科交叉，将预防医学、临床医学、心理学、工程学、工效学、物理学、社会经济学、法学、行为科学、伦理学等多学科应用于伤害的研究及其干预。在伤害的预防和治疗工作中，应将预防作为关注重点。

（5）开展相应的社区伤害研究，并把伤害防治工作融入社区卫生服务工作中。"安全社区"涵盖了交通、工作场所、公共场所、涉水、学校、老年人、儿童、残疾人、家居、体育运动等居民生活、生产、环境安全，各级政府开始重视并积极参与。在校园伤害预防方面，针对学生不同年龄段的生理和心理特点，对不同场所采取的与之相适应的健康促进项目也得到不断发展。

我国的伤害流行病学研究始于20世纪80年代中期，在各类伤害中，对道路交通伤害的研究相对较多，第16届国际意外事故和交通医学会议（1999年）以及第一届（1999年）、第二届（2001年）、第三届（2004年）、第四届（2007年）、第五届（2010年）、第六届（2013年）全国伤害预防控制学术会议的召开，极大地促进了我国的伤害研究。2002年卫生部明确将伤害作为疾病控制工作内容之一，伤害防控工作由卫生部疾病防制局慢性病预防控制与营养管理处主管,同时国家出台编制政策,给各级疾病预防控制中心(CDC)增加了一定的编制以从事伤害的预防和控制工作,并提供相应的经费保障。自此,全国多地CDC都相继成立了伤害防制的相关科室。

随着伤害预防控制研究工作逐步进入正轨,我国关于伤害的监测和干预研究也不断增多。1996年起,在北京、天津、上海等7个城市开展了以针对不安全交通为主的伤害干预模式探索;2003年起,在北京、江西、江苏建立儿童伤害预防控制试点,探索儿童伤害预防控制模式;2006年和2013年,中国疾病预防控制中心分别组织11个和13个试点地区开展以道路交通伤害、溺水、跌倒、动物伤等重点伤害类型的预防控制试点工作,探索适合我国的不同类型和不同人群的伤害干预模式;2008年起,在全国23个城市开展了儿童安全教育干预项目;2010~2014年,国家卫生部门与国际组织合作开展中国道路安全项目,探索适宜中国国情的道路交通伤害综合干预的有效模式。同时,卫生部门积极关注国际伤害防控技术的最新进展,翻译推广多部世界卫生组织(WHO)出版的指南、报告等,组织编写了一系列伤害防控技术指南。2007年国家发布了《中国伤害预防报告》,2011年发布了《儿童溺水干预技术指南》《儿童道路交通伤害干预技术指南》《儿童跌倒干预技术指南》《老年人跌倒干预技术指南》,等等。

总体看来,中国的伤害流行病学研究大致可以分为以下三个时期。

(1)萌芽期(1986~1998年):我国实行对外开放以来,经济迅猛发展,城市的摩托车等机动车快速增加。1986年,一个以车祸流行病学调查为目的的研究迈出了我国伤害研究的第一步。随后以社会安全为出发点,陆续将道路交通伤害(车祸)、火灾和青少年伤害纳入疾病预防与控制研究工作。

(2)成熟期(1999~2005年):该阶段我国的伤害研究开始涉及非故意伤害和故意伤害(暴力)的各个领域,并以研究结果为依据向有关部门呈送了"把伤害纳入国家疾病控制工作的倡议书"等七个报告,促使伤害预防与控制的专家行为向政府行为转变。2002年卫生部把伤害纳入疾病预防和控制工作,2005年7月29日中华预防医学会伤害预防与控制分会在北京成立,标志着伤害预防与控制这一学科已步入了成熟时期。

(3)发展期(2006~至今):我国的伤害研究进一步涵盖了暴力预防、非故意伤害预防及对突发事件的反应三项内容。2006年卫生部发布的《国家突发公共卫生事件应急预案》、2007年颁布的《中华人民共和国突发事件应对法》,以及突发事件的应急管理、紧急救援和灾难医学等新兴学科的出现,进一步凸显了伤害预防与控制工作的作用和地位。

二、伤害研究的展望

我国的伤害研究、预防与控制工作起步比较晚,既往的工作主要致力于对各种类型伤害和暴力的推介、现况调查以及对某些干预进行效果评价。虽然卫生部在2002年明确将伤害纳入疾病控制工作内容,但是我国伤害预防与控制机构和专业队伍建设仍然相对滞后,影响了伤害防控工作的全面开展。例如各级疾病控制中心专职伤害防控人员的比例仍然较低,伤害工作经费总投入依然不足,主要的工作多限于收集一般伤害信息和日常伤害调查,如现况调查、医院急诊室监测、以宣传教育为主的干预,等等。

从我国经济和社会发展的实际需求出发，未来伤害研究的主要方向应为如何减少各种伤害的损伤严重程度（即减少急诊、住院、残疾或死亡）。具体而言，分为以下几个方面。

1. 将主动预防与被动预防相结合，以被动预防为重点

伤害控制的工作重点应由主动预防（宣传、教育、认知）转向被动预防（工程、技术、产品）。主动干预通过宣传教育，虽可以提高个体和群体的安全意识，从而改变其危险行为和不良习惯，但受制于干预时间、方法、频次和受众的文化程度的影响，主动干预的实际效果可能并不理想；被动干预是政府、相关部门、单位、企业和社区通过创建优良环境和设施条件，使居民生活在一个不易发生伤害事故的安全环境中，可以从根本上做好伤害的预防工作。因此，一级预防的重点应该是以政府行为为主的被动干预，伤害预防与控制必须在政府协调下，以工程技术为主干，从设计、施工、生产、监督、使用和检验等方面来消除发生伤害的危险环境、危险因素和危险暴露，为居民营造一个安全的生活环境和秩序。与此相对应，公共卫生的任务也将从流行病学的描述和分析转向监测、干预和评价，包括对安全措施、干预措施、急救体系的评价，以及对监测结果、防治效果和成本效益的评价，为政府的决策和立法提供更多的科学依据。

2. 重视暴力预防

世界卫生组织（WHO）在 21 世纪伊始就明确宣布"暴力是世界公共卫生的首要问题"。在过去的一个世纪中，共有 1.9 亿多人死于各类暴力事件，每年有 165 万人因暴力丧命。暴力除了造成死亡，还有数以百万计的人因暴力遭受到身心的摧残，甚至造成永久的残疾。暴力给个人、家庭、社会和国家在健康、心理和社会发展方面造成了直接和长期的严重影响，并且消耗越来越多的卫生保健资源。

世界卫生组织（WHO）认为暴力已成为一个严重威胁人类健康的全球公共卫生、人权和人类发展问题；同时，世界卫生组织（WHO）大力推崇公共卫生在暴力预防中的作用，如流行病学可以阐明一个地区暴力的发生情况、严重程度，并确定各种暴力产生的原因（危险因素）和风险人群，为政府制定暴力预防控制策略提供依据。

我国的暴力研究与干预尚处于起始阶段。一方面，全体社会成员对暴力的认识不够，尤其对精神（心理）暴力与性暴力的认识存在着不少误区。另一方面，针对暴力的有关社会支持网络尚未建立或很不健全，社区的相关救助机构屈指可数。暴力控制必须由卫生工作者与妇联、社会工作者、法律工作者、民间机构及志愿者共同参与和有效合作。再者，有关妇女、未成年人和老年人的权益保护法中虽都涉及暴力、虐待和疏忽的处置，但多数缺乏可操作性。值得注意的是，目前的伤害界定标准对暴力的判定也不太适用，因为大多数暴力与虐待并没有造成身体损伤，或损伤不易达到去医院就诊的程度。基于此，今后的暴力调查应多采用面对面的访谈，通过此类定性研究或许可以为暴力分析提供更丰富而又真实的信息，从而产生更有效的证据用于暴力预防的相关决策。

3. 加强紧急医学救援体系的建设

近年来世界各国都共同面临突发事件应对的严峻挑战，任何突发事件都可能造成人员的伤害或死亡，因此紧急医学救援体系的建设正获得越来越多的重视。紧急医学救援多以创伤救援为主，包含创伤紧急救治、伤害预防、严重创伤预防和残疾预防等。临床医学与公共卫生学的共同目的是减少死亡、减少发生重度创伤所造成的功能障碍或残疾。因此，现代紧急医学救援的观点是"三分治疗、七分预防""三分救援、七分自救""三分战时、七分平时"。公共卫生工作者应该充分发挥预防医学在应急管理工作中的功能和作用，把伤害预防控制工作与应急管理工作有机结合起来，做好对突发事件的急救与紧急医学救援，包括自救互救、逃生避难、现场紧急救援、急救等知识和技能的教育和培训。

（黄鹏）

参考文献

[1] James SL, Castle CD, Dingels ZV, et al. Global injury morbidity and mortality from 1990 to 2017: results from the Global Burden of Disease Study 2017 [J]. Inj Prev, 2020, 26 (1): 96-114.

[2] 詹思延. 流行病学（第7版）[M]. 北京：人民卫生出版社，2012.

[3] 李静，刘苹，吴锡南. 儿童伤害的流行现状和预防方案 [J]. 昆明医学院学报，2008, 29 (z1): 258-260.

[4] 彭利军，任小红. 儿童意外伤害及干预研究进展 [J]. 中国护理管理，2010, 10 (4): 72-74.

[5] 王声湧. 伤害及其定义的内涵和外延 [J]. 中华流行病学杂志，2010, 31 (10): 1081-1082.

[6] 胡永华. 实用流行病学学习指导 [M]. 北京：北京大学医学出版社，2003.

[7] 安琪，高然，李丽萍. 医学院校增设"伤害流行病学"课程内容和加强教材建设的思考与建议 [J]. 伤害医学（电子版），2017, 6 (2): 63-66.

[8] Rowe R, Maughan B, Goodman R. Childhood psychiatric disorder and unintentional injury: findings from a national cohort study [J]. J Pediatr Psychol, 2004, 29 (2): 119-130.

[9] 吴宗之. 安全社区建设指南 [M]. 北京：中国劳动社会保障出版社，2005.

[10] 万晓芳. 九江市公立医院女护士伤害发生以及抑郁症状情况的现状调查 [J]. 全科护理，2019, 17 (32): 4079-4081.

[11] 中华预防医学会伤害预防与控制分会第一届第五次常委会. 关于伤害界定标准的决定 [J]. 中华疾病控制杂志，2011, 15 (1): 9.

[12] 蒙晓宇，耿文奎. 农村地区伤害现状的研究和探讨 [J]. 医学文选，2005, 24 (1): 117-120.

[13] 王海永，赵倩，杜振宗，等. 对医学实习生进行国际疾病分类知识教育的实践与体会 [J]. 医学信息（内·外科版），2009, 22 (11): 1062-1063.

[14] 杜国平. 江苏省大学生伤害流行现况及影响因素调查 [D]. 南京：东南大学，2016.

[15] 阳冬，蒋兴兴，张振开，等. 2011—2014年桂林市哨点医院伤害监测分析 [J]. 应用预防医学，2016, 22 (2): 162-165.

[16] 王滨有. 流行病学 [M]. 北京：科学技术文献出版社，2006.

[17] 胡永华. 实用流行病学 [M]. 北京：北京医科大学出版社，2002.

[18] 石鹏，孟海英，韩晓燕. 北京市朝阳区居民2004~2006年伤害死亡及其YPLL分析 [J]. 疾病控制杂志，2007, 11 (5): 530-532.

[19] 王声湧. 21世纪初期我国的疾病控制对策 [J]. 中国公共卫生，2000, 16 (1): 1-3.

[20] 吴克斌，李蓉. 2010~2014年平罗县急诊伤害病例分析 [J]. 中国急救医学，2015 (z1): 86-87.

[21] 王声湧. 中国伤害的流行特征与研究进展 [J]. 中华流行病学杂志，2011, 32 (7): 637-642.

[22] 何伟全，王天志，张广斌，等. 基于关联规则挖掘的高校学生意外伤害的时间特征研究——以云南部分高校为例 [J]. 云南师范大学学报（哲学社会科学版），2015, 47 (4): 111-119.

［23］王声湧. 中国伤害研究和伤害控制工作的进展［J］. 伤害医学（电子版），2012，1（1）：1-6.

［24］梅秋红. 伤害流行病学的研究进展［J］. 浙江预防医学，2011，23（7）：20-22.

［25］Lett R，Kobusingye O，Sethi D. A unified framework for injury control：the public health approach and Haddon's Matrix combined［J］. Inj Control Saf Promot，2002，9（3）：199-205.

［26］周梅，李艳菊，李雅平，等. 我国意外伤害研究现状与进展［J］. 护理学杂志，2009，24（9）：95-97.

［27］中国交通事故深入研究（CIDAS）工作组. 在汽车碰撞事故中安全带的保护效能究竟有多大［J］. 汽车与安全，2017（12）：78-80.

［28］赵长海. 科学健身300问［M］. 西安：第四军医大学出版社，2010.

［29］黄军军，荣右明，李荣成，等. 甘肃省强制戒毒者复方地芬诺酯滥用现状及相关因素分析［J］. 中华流行病学杂志，2018，39（9）：1222-1227.

［30］林沅锜，许军，薛允莲，等. 我国老年人口健康状况与健康促进的现状及对策研究［J］. 中国医药导报，2018，15（20）：152-155.

［31］张欣，曾跃萍，宋菲，等. 2204例儿童损伤与中毒的外部原因分析［J］. 中国病案，2018，19（11）：29-31.

［32］李丹. 中国伤害预防控制工作现状、策略措施及未来预测［J］. 中国健康教育，2005，21（4）：258-261.

［33］李亦纲，吴建春，王忠国，等. 地震安全示范社区建设标准研究［J］. 震灾防御技术，2015，10（3）：621-628.

［34］王声湧. 创建安全社区是伤害控制必由之路［J］. 中华流行病学杂志，2006，27（5）：369-370.

［35］叶冬青. 预防伤害，促进安全，缔造和谐社会——写在第四届全国伤害预防与控制学术会议召开之际［J］. 疾病控制杂志，2007，11（3）：241-242.

［36］陈培发. 我国伤害预防控制研究现状与展望［J］. 中国慢性病预防与控制，2007，15（3）：297-299.

［37］李丹. 中国伤害预防控制工作现状、策略措施及未来预测［J］. 中国健康教育，2005，21（4）：258-261.

［38］俞敏. 重视和推进伤害与暴力预防控制工作［J］. 预防医学，2019，31（8）：757-759.

［39］袁皓瑜，袁晓群，刘加吾，等. 2006-2007年株洲市芦淞区伤害流行病学研究［J］. 实用预防医学，2009，16（2）：352-354.

［40］Mock CN，Nugent R，Kobusingye O，et al. Injury prevention and environmental health［M］. 3rd ed. Washington（DC）：The International Bank for Reconstruction and Development/The World Bank，2017.

［41］World Health Organization. ICD-10 Version：2019［EB/OL］.（2021-01-25）. https：//icd. who. int/browse10/2019/en.

第二章
道路交通伤害及其预防

第一节
道路交通伤害概述

一、概述

交通伤害（traffic injuries）包括在道路、铁路、航空和水上所发生的交通伤害，又称运输中伤害（injured in transport）。航空和航天失事又称空难（aeroplane crash）；航海事故也称海难（perils of the sea）；火车或铁路事故则称机车事故（train mishap or railway injury）；陆地运输伤害（land transport injury）一般称为车祸（road injury），即所谓的道路交通伤害（road traffic injury，RTI）。

自从 1887 年德国人卡尔·本茨发明了第一辆汽车后，车辆已成为人们必备的交通工具，但随之而来的是不断上升的道路交通伤害。1899 年美国妇女克丽丝在路上行走时被汽车撞死，成为全世界公认的第一位道路交通伤害事件的受害人。随着全球经济的高速发展，汽车保有量急剧增加，交通运输日趋繁忙，道路交通伤害已成为威胁人们生命安全的重大公共卫生问题，给社会、家庭带来了巨大损失。2013 年世界卫生组织（WHO）报告显示，全世界道路交通死亡总数每年高达 124 万例，5000 万人因道路交通事故致伤，而有 33 个国家参加的历时 4 年 3 个月的第一次世界大战共死伤 3000 余万人，因此道路交通事故被称为"和平时代的战争"。目前，道路交通伤害已是全球疾病负担的第八大死因，按目前的趋势发展，若不采取有效措施，到 2030 年将上升为全球疾病负担的第七大死因。

2000 年以后，道路交通伤害已成为我国伤害死亡的第一位原因。据公安部公布的数据显示，2013 年以来我国机动车及汽车保有量呈现逐年增长态势，2019 年中国机动车保有量达 3.48 亿辆，其中汽车保有量达 2.6 亿辆，同比 2018 年增长了 8.83%。虽然我国的机动车事故数从 2005 年开始平稳下降，但总量仍然很大，事故起数、万车死亡率等高于美国、英国等其他发达国家。因此，从全球来看，加快道路建设、大力发展交通工程技术，是缓解交通压力、预防交通事故频发的基本要求，联合国大会也确定了到2030年将全球道路交通碰撞死亡和伤害数量减半的宏伟目标。

二、道路交通伤害的定义

世界卫生组织（WHO）将2004年4月7日的世界卫生日命名为"道路安全日"，主题是"道路安全，防患未然"，号召全世界共同关注道路交通安全这一公共卫生问题。世界各国由于国情、交通状况、法律和管理规定不同，对道路交通事故的定义也不同，例如，美国定义为"在道路上所发生的意料不到的、有害的或危险的事件"；日本定义为"由于车辆在交通中引起的人的死亡和物的损失"；中国定义为"车辆在道路上因过错或意外造成的人身伤亡或财产损失的事件"。而道路交通伤害（RTI），是指在发生道路交通事故时，造成的人体损伤或损害。不难看出，国内外的定义均说明道路交通事故和道路交通伤害与人的财产、健康和生命安全密切相关。

就目前国内外形成的共识，构成道路交通伤害有六个要素，缺一不可，分别为：

（1）车辆：指当事人一方或一方以上使用了机动车或非机动车（包括自行车）。

（2）在道路上：道路交通伤害发生时车辆所在的位置必须在道路上。

（3）车辆在行驶中发生伤害。

（4）发生事态：有碰撞、碾压、刮擦、翻车、爆炸、失火等其中一种或一种以上的现象。

（5）由人所造成而不是人力无法抗拒的自然原因（如地震、台风、山崩等）造成的伤害。

（6）损害后果：造成了人员伤亡或车物损坏的后果。

当然，不同地区、不同时期的交通伤害发生的频率和强度不同，所造成的后果也差别很大。因此，认识和阐明交通伤害的发展规律，探讨人与社会环境、自然环境在交通伤害中的相互关系，可以为交通安全管理、预防和减少道路交通伤害提供科学依据。

三、道路交通伤害的类型

（一）按照发生形式分类

1. 冲击型交通伤害

（1）机动车与行人碰撞：指机动车闯入人行道或行人在人行横道内与机动车发生的碰撞，以及行人不遵守交通规则横穿马路与机动车发生的碰撞。此类碰撞形式在冲击型交通伤害中最为常见。

（2）机动车与骑自行车者碰撞：即机动车或骑自行车者未遵守交通规则而发生的碰撞，或双方任一方因过失而导致的碰撞。

（3）机动车与非机动车碰撞：指机动车与三轮车、手推车、畜力车和残疾人专用车等非机动车相撞。

2. 碰撞型交通伤害

碰撞型交通伤害是指机动车之间相撞（包括正面碰撞型、侧面碰撞型、尾随碰撞型等），或机动车翻车、坠落等自身事故造成的车内成员伤害。

（二）按照损失程度分类

1. 轻微伤害

轻微伤害，是指一次造成轻伤1至2人，或者财产损失机动车事故不足1000元，非机动车事故不足200元的伤害。

2. 一般伤害

一般伤害，是指一次造成重伤1至2人，或者轻伤3人以上，或者财产损失不足3万元的伤害。

3. 重大伤害

重大伤害，是指一次造成死亡1至2人，或者重伤3人以上10人以下，或者财产损失3万元以上不足6万元的伤害。

4. 特大伤害

特大伤害，是指一次造成死亡3人以上，或者重伤11人以上；或者死亡1人，同时重伤8人以上；或者死亡2人，同时重伤5人以上；或者财产损失6万元以上的伤害。

（三）按照损伤程度分类

1. 轻伤

轻伤一般指造成表皮挫裂伤、皮下溢血和轻微脑震荡，经医生诊断需休息3天以上的损伤。

2. 重伤

重伤是指在强大外力作用下使人体组织或器官受到结构上的破坏，并引起机体组织或器官一系列生理功能的障碍、紊乱甚至危及生命的严重损伤。

3. 致命伤

致命伤是指可直接导致人体死亡的各种损伤。

（四）按照第一当事人（主要责任者）的错误分类

1. 观察错误型伤害

主要责任者因为生理或心理上的原因，对交通状况没有正确观察或观察不及时而造成的交通伤害。

2. 判断错误型伤害

主要责任者对行驶的车辆、道路状况和行人情况判断错误或判断不及时而造成的伤害。

3. 操作错误型伤害

驾驶员的技术不熟练或思想不集中,发生操作上的错误而造成的伤害。

(五)按道路交通伤害的性质分类

常分为撞车、翻车、失火和爆炸等。

(六)其他分类

可按交通伤害的责任、违章交通单元和事故发生地点等进行分类,此处不作赘述。

第二节 道路交通伤害的流行特征

全球每年有近125万人的生命因道路交通碰撞而提前结束,还有另外2000万~5000万的人遭受非致命伤害,许多人因伤害而出现残疾。道路交通伤害会对受害者、其家庭以及整个国家造成很大的经济损失。这些经济损失源于伤害致死或致残人员的治疗费用(包括康复)及事故调查费用。对需要放下工作或暂停上学去照顾伤者的家庭成员而言,还会使生产力(如工资)降低或丧失。

目前关于伤害费用的全球估算极少,但2010年进行的研究表明,道路交通事故给各国造成的费用几乎占国民生产总值的3%。该数字在一些低收入和中等收入国家达到5%。许多国家的实践表明,经过共同努力,包括但又不仅限于卫生部门的参与,在预防道路交通碰撞方面就可能取得很大成功。

一、人群分布

我国道路交通伤害的发生在性别上存在差异,男性高于女性,其他国家也基本类似。特别值得关注的是青少年道路交通伤害,全球道路交通伤害中25岁以下的青少年占30%。研究发现,道路交通伤害致死伤的道路使用者是行人、骑摩托车人员、乘客和骑自行车人员等,这与此类人群在参与道路交通时的随意性、突然性和缺乏保护有关。职业分布中,农民工、农民、个体工商户为道路交通伤害的高危人群,与其对交通规则缺乏了解、未遵守交通规则和交通安全意识差有关。应加强他们的交通安全教育,增加保护设施,做到人车分流。

全世界由道路交通伤害导致的死者中,有90%以上发生在低收入和中等收入国家,非洲和中东地区的低收入和中等收入国家发生的道路交通伤害死亡率最高。但在高收入国家,社会经济背景较低的人群更有可能遭遇到道路交通碰撞问题。年龄在15~44岁的人占全球道路交通死亡的48%。从年轻时起,男性比女性更有可能卷入道路交通碰撞。男性约占所有道路交通死亡的3/4(73%)。在年轻驾驶员中,25岁以下的年轻男性在汽车碰撞中死亡的可能性几乎是年轻女性的3倍。

二、时间分布

不同国家及同一国家的不同地区，由于地理气候条件、路况不同以及经济差别，道路交通伤害在一年里各月份的分布情况不同。国内报道一致认为，道路交通伤害发生的季节和时间高峰是9～12月。8～9月是我国学生的暑假，也是旅游旺季，人们的出行机会增加。12月～次年1月临近我国的传统节日，道路交通运输繁忙、疲劳驾驶等均使道路交通伤害的风险上升。

在一周中，周末的道路交通伤害发生率高于正常工作日。每日的高发时段为中午、下班高峰和凌晨。凌晨2：00～5：00发生交通事故的危险性是其他时段的5.61倍，与该时段车少、车速快而驾驶人员处于疲劳和困倦状态有关。

日本和法国的道路交通伤害以7～8月高发，1～2月最少；在美国是6～8月最多，1～2月最少。可见，夏秋两季机动车易肇事具有一定的普遍性。在一周中，每天交通伤害发生数以星期六、星期天略低，每天死伤人数大致相近。在一日中，半数以上的交通伤害发生在7～18时，下午发生率比上午高50%左右，夜间（指20：00～21：00和0：00～1：00时间段）发生的道路交通伤害和死亡人数有上升趋势。

三、地区分布

道路交通伤害的发生，城市多于农村，与人口和车辆密度相关，特别是城乡接合部是道路交通伤害的高发区。我国道路交通伤害发生比较严重的地区有西藏、新疆、青海、天津和浙江等西部和东部地区。

第三节
道路交通伤害发生的原因或影响因素

人、车、路在环境的作用下形成了一个完整的道路交通系统，在正常情况下，这几者相互配合形成一种动态平衡，一旦失去平衡就会发生伤害。

一、人的因素

道路交通事故发生的主要原因在于人。流行病学调查显示，95%左右的道路交通事故是人的因素，而驾驶员个人原因就占90%左右，其中80%～95%的道路交通伤害直接或间接与机动车驾驶员有关，1/3的致死性道路交通伤害是由于驾驶员的超速行驶、疏忽大意和措施不当造成。驾驶员在驾驶时感知、判断和操作的错误都可能导致道路交通事故或道路交通伤害的发生。因此，道路交通事故的预防工作应主要指向预防和控制人的因素，尤其是那些引发驾驶员事故行为的各种因素。与道路交通伤害有关的人员包括机动车驾驶员、非机动车驾驶员、行人和乘客等。

（一）机动车驾驶员

驾驶员完成驾驶操作的过程包含采集信息、处理信息、操作实施三个步骤，整个过程会受到个人行为、驾驶技能、身体健康状况以及心理素质的影响。驾驶员在任何阶段的错误都将造成整个信息处理过程的迟缓甚至失败，从而引起交通事故。

驾驶员感知外界信息对安全行车至关重要，其中80%以上的外界信息是通过视觉系统获取，而驾驶员的视觉功能对驾驶操作的影响很大。

1. 视觉功能

视觉包括静视力、动视力、视野、立体视觉、深视力、夜视力、辨色力等。

（1）视力：视力即视敏度，是指人的眼睛分辨细微或远距离物体的能力。在一定条件下，眼能分辨的物体越小，视力就越好。视力又分静视力和动视力，人在静止状态下测得的视力为静视力，动视力是指人和视标处于运动（其中的一方运动或两方都运动）时检查的视力。行车过程中95%的视觉信息都是动态信息，动视力比静视力更为重要。有实验表明，动视力随着车速的提高而下降，例如以60千米/小时的速度行驶的车辆，驾驶员可看清前方240米处的交通标志，可是当车速提高到80千米/小时时，则连160米处的交通标志都看不清楚了；动视力好者，静视力一般较好，静视力较弱者则动视力亦较弱，正常人动视力比静视力低10%~20%，特殊情况下甚至降低30%~40%。此外，驾驶员白天和黄昏的视力也是不一样的，黄昏时的视力又称为夜视力，由于黄昏时的光线较差，驾驶员在同等运行条件下动视力下降30%。

我国于2004年5月1日施行的《机动车驾驶证申领和使用规定》针对不同的机动车辆规定两眼裸视力或者矫正视力要分别达到4.9或5.0。国内有研究报告，低视力驾驶员的交通肇事率比视觉正常的驾驶员显著偏高，但视力在4.8以下与4.9~5.0之间的两组驾驶员之间并没有统计学差异。老年驾驶员因为视力较差更容易导致交通事故。但也有研究指出，视力较年轻驾驶员差的老年驾驶员交通肇事率并不比年轻人高，这可能是因为驾驶员本人由于视力较差而放慢了速度，而较慢的速度对驾驶员的动视力影响并不大。

（2）视野：人的眼睛注视前方，头部固定不动时，所能看到的范围称为视野（静视野）；仅将头部固定，眼球自由转动时能够看到的全部范围称为动视野；驾驶员在行车中注视正面一个点，可以看到上下左右的范围则称为驾驶视野。驾驶员视野按其功能可分为前方视野、侧方视野和后方视野。前方视野是从汽车风挡玻璃上看到的外界范围，是汽车运行中最主要的视野；侧方视野是通过侧窗所能看到的外界范围，它对车辆起步、停车、转弯和低速行驶有重要作用；后方视野是从后视镜所看到的外界范围，在超车、制动和转弯时发挥作用。

静止状态下，正常水平、垂直视野范围分别达到150°、115°。高速行驶出现的视野变窄使得驾驶员不能处理突发事件，容易导致交通事故。有研究指出，车速为40千米/小时，注视点在车前180米处，视野范围可达80°~100°；当车速达60千米/小时时，注视点在车前325米处，视野范围缩小到75°；如车速达70千米/小时，视野范围只有60°；如车速提高到100千米/小时，视野范围就只有40°了。

与视力相比，视野缺损更容易导致交通事故。新、老驾驶员在复杂路况下对现场处理不一致,并不是因为驾驶员随着驾龄延长而视野范围扩大,而是可能由于他们驾驶经验更丰富,对视觉功能下降起到了弥补作用。45 岁是人视觉系统开始变弱的转折时期,视野也开始变窄,排除性别、年龄、驾驶时间和慢性疾病等因素干扰后的分析也证实,视野缺陷的老年人肇事率是通常情况下的 2.2 倍。

(3) 立体视觉:立体视觉(stereopsis)也称深度感(depth-perception),是视觉器官准确判断物体三维空间位置的感知能力,是建立在双眼同时视和融合功能基础上的独立的高级双眼视功能。汽车驾驶是高风险职业,驾驶员需要不断判断自己所处环境的复杂情况,以回避各种危险。视觉异常或立体视觉盲的驾驶员无法准确判断前方车辆、行人等物体的精确速度、距离和位置,所以极易出现偏差而导致发生车祸。

Bauer 等在进行立体视觉对驾驶能力影响的实验研究时对驾驶员立体视觉异常组与正常组分别进行以下 4 项操作:在障碍物前停车、倒车进停车位、障碍路段行车和估计两车相对位置,结果发现,仅在障碍路段行车操作中,立体视觉正常组比立体视觉异常组有明显优势,而在其他 3 项操作时,立体视觉异常组反而显得更有优势,因此认为立体视觉仅仅对动态情况下的驾驶能力有积极意义。

(4) 色觉:色觉是人眼对颜色的感觉,是一种复杂的物理-心理现象,人看物体颜色之所以不同,主要是不同波长的光线作用于视网膜后在人脑引起的主观印象。人眼一般可在光谱上区分出红、橙、黄、绿、青、蓝、紫 7 种颜色,每种颜色都与一定波长的光线相对应,在可见光谱的范围内波长长度只要有 3~5 纳米的增减,就可被视觉系统分辨为不同的颜色。然而并不是所有人都能区分可见光光谱范围内的各种颜色,临床上依据三原色学说和它的实验依据,划分各种色弱和色盲。

有些色觉异常的人,只是对某种颜色的识别能力差一些,即他们并不是由于缺乏某种视锥细胞所致,而只是他们的反应能力较正常人为弱,这种情况有别于真正的色盲,称为色弱。红色盲为第一色盲,此外还有称为第二色盲的绿色盲和称为第三色盲的蓝色盲,它们都可能是由于缺乏相应的特殊视锥细胞所致。红色盲和绿色盲较为多见,在临床上都不加以区别地称为红绿色盲;蓝色盲则极少见。色盲除了极少数由于视网膜后天病变引起外,绝大多数是由遗传因素决定的。

研究表明,红绿色盲或色弱是导致交通事故的一个危险因素。在澳大利亚,禁止患有红绿色弱或色盲的驾驶员获得运营驾照,但对该类人并不限制其获得普通驾照。

(5) 视觉适应能力与眩光:人从亮处进入暗室时,最初看不清楚任何东西,经过一定时间,视觉敏感度才逐渐增加,恢复了在暗处的视力,这称为暗适应,暗适应需 3~6 分钟才能基本适应,10~13 分钟才能完全适应;相反,从暗处到亮光处,最初感到一片耀眼的光亮,不能看清物体,只有稍待片刻才能恢复视觉,看清物体,这称为明适应,明适应出现较快,约需 1 分钟即可完成。另外,驾车时对方灯光还易引起眩光,所谓眩光就是由于光在眼球内角膜与视网膜之间的媒质中产生的散射现象,这种散射现象使人感到晃眼,视力下降。

对于每个驾驶员来说,其视觉适应能力是有差异的,当汽车高速运行在明暗急剧变化的道路上,由于视觉不能立即适应,所以很容易危及行车安全,眩光敏感者更易导致夜间交通事故。在进行成年驾驶员的眩光感觉引起的视觉失能实验测试中发现,车前灯照射使驾驶员产生的眩光是诱导在黄昏或隧道中行驶的驾驶员视觉失能的一个关键因素,老年驾驶员以及白内障初期者,因为眩光感的原因不能满足夜间安全驾驶的视觉要求。我国交通法规对车前灯的使用进行了规范,一些有经验的驾驶员在隧道出、入口处会减慢速度以消除视觉适应明暗过渡阶段的危险因素。

2. 速度知觉

速度知觉中最主要的是速度估计,指对速度感知判断的准确性和过高过低估计车速的倾向。

驾驶员一般根据观察到的景物移动相对参照物来估计车速,景物移动的多少和丰富程度会导致对车速的不同判断。在市区道路上对车速易于估高,在原野道路上易于估低;在加速时易于将车速估高,减速时易于估低。长时间以某一速度行驶后会对该速度适应而对其余速度感觉不适,导致产生速度错觉。

在驾驶过程中,驾驶员经常要对距离和车速进行判断,如果判断不准确就容易造成交通伤害,导致车辆正常行驶时的追尾相撞或撞向固定物、超车时与迎面车辆相撞以及在盘旋公路上因行驶速度过快冲下陡崖等,这些均与驾驶员的速度估计不准确有关。

3. 信息处理功能

安全驾驶不仅在于对信息的感知,还需要迅速而准确地对信息作出判断和反应。反应时间常用来作为信息处理能力的标准,一般人的反应时间平均值为 0.75 秒。由于驾驶员对道路情况变化的反应时间延长来不及作出正确的判断而引起的交通伤害占了很大的比例。

一般来说,在 30 岁以前,反应时间随年龄的增加而缩短,30 岁以后则逐渐增加。同龄的男性比同龄的女性反应要快,例如在遇到正面冲撞之前的一刹那,多数男性驾驶员设法摆脱,而女性驾驶员则多恐慌、手足无措。导致反应时间延长的其他因素还有:车速越快时,视野越窄,注视点越远;疲劳驾驶时,注意力难以集中,动作反应迟缓;车内温度达到 35℃以上时;饮酒。

4. 智力水平

智力水平与道路交通伤害之间存在一定联系,国外学者认为道路交通伤害多发生于智力较低的驾驶员,智商低于平均数 20% 的人发生道路交通伤害的概率较高,而高于智商平均值 20% 的也同样是道路交通伤害多发者。智力水平低的驾驶员因判断能力低下,对外界信息把握不准,反应迟钝,不能很好应付复杂的道路环境,临危时不能作出适当行为,使道路交通伤害发生的概率增加;智力水平高者因对自身驾驶技术过于自信,也容易造成道路交通伤害。

5. 驾驶员的事故倾向性

1926 年,Farmer 等认为 3/4 的道路交通伤害发生于 1/4 的人群中,从而提出了事故倾向性(accident proneness,AP)这一说法,它指在同等情况下,有些人比另外一些人在本质上(性格、气质、技能、注意力等方面)更易发生事故,这种易发事故的特征因人因时而异。美国康纳狄克州心理学家曾对 29531 名汽车驾驶员 6 年中的交通伤害发生情况进行统计,发现 36.4% 的交通伤害是由 3.9% 的驾驶员所造成的。日本警察厅科学警察研究所对某出租汽车公司 2 年的道路交通伤害调查表明,有 4 次以上道路交通伤害的驾驶员虽然只占全体驾驶员的 19%，但他们发生道路交通伤害的次数却占总次数的 47.7%。

少数人的一生中始终具有事故倾向性，许多人则在生命进程中的不同阶段进入这种事故倾向性状态。如能辨认出具有事故倾向性的人群，对他们采取相应的防范措施，则可减少事故的发生从而避免伤害。事故倾向者往往有如下的特征：①感情冲动，容易兴奋；②脾气暴躁；③厌倦工作，没有耐心；④慌慌张张，不沉着；⑤动作生硬而工作效率低；⑥喜怒无常，感情多变；⑦理解能力低，判断和思考能力差；⑧极度喜悦和悲伤；⑨缺乏自制力；⑩处理问题轻率、冒失；⑪运动神经迟钝，动作不灵活。

与事故倾向性相提并论的是驾驶适性（driving adaptation），它指驾驶员能否有效安全地驾驶机动车的能力和素质。其包括两方面内容：①对尚未成为驾驶员的人，衡量其是否适应驾驶机动车工作，并对其职业适应性进行评价。②对已经是驾驶员的人，评价其安全行车的能力。即安全驾驶的可能性越大，其驾驶适性就越好；驾驶适性差者发生交通伤害的机会大。驾驶适性检测主要是检查适应驾驶工作的潜能和倾向，如灵敏度、判断能力、应变能力等。通过驾驶适性检测，筛选适合机动车驾驶的人员，对存在事故倾向性者进行生理心理素质提升、驾驶技能和职业道德培训，严重者禁止从事驾驶职业，可以从根本上减少交通伤害的发生。

6. 年龄

驾驶员年龄与道路交通伤害的关系呈"U"型分布，即 20 岁左右和 55 岁以后是道路交通伤害的易发年龄，30～55 岁是驾驶的最适年龄段。不同的年龄段其生理、心理特征不同，发生道路交通伤害的机会也不一样。

15～25 岁的男性青少年是道路交通伤害的高危人群，这个时期的青少年虽然生理上已经成熟，但心理上仍然未完全成熟，思想品质修养也未完善。反应敏捷、动作灵巧是该年龄段青少年的优点，但由于情绪不稳定、自控能力较差、过于自信、喜欢冒险、法制观念较差，加上驾驶经验不足，容易造成失误、超速或操作不当而导致道路交通伤害的发生。在工业发达国家，该年龄段男性引起的道路交通伤害最多，这主要与他们拥有汽车比例较高，而且与他们处于这种年龄阶段的生理、心理特点有关。

26～40 岁有较强的责任感，判断能力较好，不轻易冒险，有一定的"挫折容忍力"。这个时期身体各部分功能基本稳定，精神状态也比较稳定，对外界反应良好，有比较丰富的驾驶经验，发生道路交通伤害的机会最小。

41～55 岁，生理功能开始减弱，虽然驾驶经验丰富和谨慎，但反应开始出现迟钝，反应时间超过正常人 0.75 秒，而且应变能力较差，尤其是当遇到突发险情时常常不能及时采取恰当的应急措施。

55 岁以上者的生理功能出现明显衰退现象，感知能力下降，瞬间判断能力差，反应迟钝，故易发生道路交通伤害。

7. 驾驶经历

不同驾驶经历的驾驶员发生道路交通伤害的机会显然不同。一般而言，驾驶员随着驾驶年限的增加，发生道路交通伤害的危险性逐渐减少。新驾驶员技术不熟练且缺乏驾驶经验，但比较小心谨慎，一般不敢贸然违章；1～2 年驾驶经验者盲目自信、麻痹大意、责任心不强,容易发生道路交通伤害;驾驶年限3~4年者技术逐渐全面,也有一定经验,但驾驶心理仍不稳定,受到激惹时易产生逆反心理或冒险心理,道路交通伤害的发生率也比较高;有多年驾驶经历者往往把安全问题置于首要地位,责任心比较强,对挫折的承受能力也较强,一旦遇到不良的行车环境,心理不易产生困扰,情绪不会纷乱,行为不会过分,能够发挥自己良好的适应能力和正常的操作技能,发生道路交通伤害的危险性较小。

8. 心理因素

道路交通伤害多发者的情绪较不稳定,易于冲动,喜欢冒险,不受规章制度所约束。具有高度责任感和良好驾驶习惯的驾驶员,在任何紧急情况下都能表现出良好的应激状态与自控能力,而异常心态驾驶员则会出现意想不到的后果。

9. 不良行为

驾驶员的不良行为是道路交通伤害的主要危险因素。不良的驾驶行为包括超速行驶、超车、超载、越线行驶、措施不当、酒后驾车、疲劳驾驶等违反交通管理规章的行为,占驾驶员肇事原因的70%~80%,其中超速行驶、未按规定让行、无证驾驶、逆行和酒后驾车是引起道路交通伤害的前5位原因。

(1) 酒后驾车:驾驶员酒后驾车是道路交通伤害的重要危险因素。据世界各国统计,30%~50%的道路交通伤害是由驾驶员饮酒后驾车所致。据我国交通部门报道,酒后驾车的交通事故率比平常人至少高出5~6倍。我国现行标准规定,如果车辆驾驶人每百毫升血液中的酒精含量大于或者等于20毫克、小于80毫克,认定其为饮酒驾车;如果每百毫升血液中的酒精含量大于或者等于80毫克,即为醉酒驾车。

酒精对驾驶员的操作能力起决定性的作用。在酒精状态下,驾驶员的操作反应会发生一系列变化。驾驶员的简单反应时和判断反应时均会减慢,由于判断错误或协调能力降低做出的错误反应比饮酒前将增加70.4%。驾驶员饮酒后,大脑由于酒精兴奋和抑制作用,使视觉和触觉能力下降,难以分辨交通标志、红绿灯、标线的颜色;驾驶员过量饮酒时,驾驶平衡和协调能力降低,可发生水平凝视性眼震、眼充血、身体摇晃、言语不清、应答慢或答非所问。

驾驶员饮酒后常常伴随其他的危险驾驶行为,这些危险行为结合在一起,容易导致道路交通伤害的发生,例如超速。在美国致死性道路交通伤害中,有39%饮酒驾驶员超速行驶,相比之下,只有14%清醒驾驶员超速行驶。另外,饮酒驾驶员更少系安全带;饮酒也是引起驾驶员疲劳的原因之一;镇静剂和酒精混合服用,可能会加大酒精的毒性作用,使发生交通伤害的比例上升70%。

(2) 超速行驶:道路安全专家普遍认为,超速行驶是最重要的单项致死因素。因为过快的车速,驾驶员反应时间内所行驶距离和所需停车距离也随之增加,使车的制动距离加大,其间操作失误的可能性就会增加。另外,速度越高,碰撞中所需要吸收的机械能越大,因此造成严重伤害的可能性越高。研究显示,随车速的增加,行人致死的危险也会大大增加。据国内外资料显示,在所有交通事故中,由于车辆超速以及速度不当所造成的交通事故约占死亡交通事故的1/3。有研究发现,平均车速每小时增加1千米,交通事故伤害增加3%,死亡增加4%~5%。

在车辆行驶过程中,平均速度的上升与发生碰撞事故的可能性以及碰撞后果的严重性直接相关。一名成年行人如果被时速为 50 千米/小时的汽车碰撞,死亡风险在 20% 以下,但如果被时速为 80 千米/小时的汽车碰撞,则死亡风险几乎为 60%。因此,设定每小时 30 千米的速度区可以减少碰撞危险,并且建议在弱势道路使用者经常出现的地区(如住宅区和学校)使用。较低的平均交通速度除了降低道路交通伤害之外,对健康结果还有其他方面的积极效果(如减少与汽车排放相关的呼吸系统问题)。

(3)疲劳驾驶:疲劳是由于体力、脑力劳动过度致使产生生理和心理功能失调的综合反映。驾驶疲劳是驾驶员在驾车过程中由于主观和客观原因产生心理、生理疲劳致使驾驶功能降低的统称,包括反应迟钝、动作不协调、判断容易失误、操作不准确,甚至出现"视而不见,听而不闻"的状态。

处于疲劳状态时,驾驶员的动作准确性和协调性均会受到破坏,在制动、转向时表现得最为明显。同时,疲劳后驾驶员判断错误和驾驶错误的发生都远比平时增多。判断错误多表现为对道路的畅通情况、对潜在事故的可能性及应付方法考虑不周;驾驶错误多表现为转向盘掌控和制动换挡不当。

Philip 等在法国进行了大规模调查,按照严格的标准消除了许多混杂因素,结果发现 10% 的车祸与疲劳相关。在我国,因疲劳驾驶造成的道路交通伤害比较严重,在特大道路交通伤害中约有 40% 是驾驶疲劳造成的。2005 年 11 月 14 日发生在山西沁源的特大交通事故就是由于肇事司机连续 8 小时的疲劳驾驶,造成 21 名师生死亡的严重后果。

造成驾驶员疲劳的原因有很多:①驾驶员本身的原因有睡眠不足,身体状况不良,家庭关系不和谐,人际关系、社会关系紧张等;②行车的客观原因包括车内环境的温度、湿度、噪声、振动、照明、粉尘、有害物质以及车内座位、靠背等,车外环境如气候条件、交通条件、设备条件、道路条件等,还有运行条件,包括长时间长距离行车、驾驶任务繁重。其中驾驶员睡眠不足和健康状况不良是驾驶疲劳的主要原因,占全部原因的 60% 以上。

(4)药物:驾驶员服用某些药物可以增加交通伤害的发生风险。兴奋类药物(如大麻、可卡因)可以使人情绪激动、过分自信甚至产生狂妄感觉,使注意力和判断力下降。而服用镇静类药物(如催眠药、降压药、镇痛药或有镇静作用的止咳药)则会使人出现困倦、视物模糊、色觉改变、意识恍惚、反应时间延长,严重影响驾驶技能。

美国的致死性交通伤害中有 1/3 的货车司机药物呈阳性反应,包括脱氧麻黄碱、大麻和可卡因。德国的研究表明,11% 的交通伤害与驾驶员服用镇静药、催眠药、降压药、镇痛药或有镇静作用的止咳药有关。

(5)吸烟:多个国家的研究表明,开车时吸烟是交通中发生危险的又一个重要原因。美国安全专家分析认为,吸烟的人发生车祸的可能性比不吸烟的人高出 1.5 倍,在英国和德国,5% 的交通事故与开车时吸烟有关。

驾驶员在行车中,思想必须高度集中才能及时、准确地掌握道路环境、信号灯、交通标志及车辆、行人的动态等信息。行驶中吸烟,将转移驾驶员对道路情况的注意力,而且由于一只手被占用而放松了对方向盘的掌握。一项计算表明,在以 50 千米/小时的速度行驶时,驾驶员在点烟的动作中,"盲目"地行驶了大约 60 米;在黑暗中,火柴或打火机的火光能使驾驶员在短时间内产生目眩,在突然出现障碍物或意外情况时可能导致致命的后果。

吸烟产生的烟雾会持续刺激眼睛，影响视网膜的感光功能，引起视野模糊。另外，烟雾在封闭的汽车驾驶室或车厢空间内会造成空气污染，刺激呼吸道引起咳嗽；烟雾中的尼古丁对大脑中枢神经的刺激作用是在短时兴奋后的长时间的抑制，一氧化碳则会使驾驶员在7~8秒内缺氧。烟雾还会在车窗玻璃的内表面上沉积，降低玻璃透明度，增加被对面来车造成目眩的危险。吸烟后的烟头在车内引起火灾的危险性也不可忽视。

（6）电视：有些汽车特别是长途汽车会安装电视机。驾驶员开车时有意无意地看电视或者听电视会加重听觉负荷，分散注意力，降低判断力，容易发生道路交通伤害。另一方面近距离收看电视会消耗视网膜上的视紫红质，导致视觉敏感度下降。若开车前连续看电视4小时，9%的驾驶员会无意识地驶错路线，20%会认错灯光信号。

（二）摩托车驾驶员

摩托车因其灵巧方便、机动性能好而成为常见的交通运输工具，但因其稳定性差、安全性能差、能见度不足等原因，也是危险性较高的一种交通工具。与其他机动车驾驶员比较，摩托车驾驶员因道路交通事故致死或致伤的危险性更大，且伤害部位以头部为主。驾驶员超速行驶、无证开车、超负荷载人和不戴安全帽等是造成摩托车道路交通伤害的主要原因，未经良好驾驶技术训练的农民、工人和个体经商者是摩托车交通伤害的危险人群。

有研究发现，接受过37小时正规培训的摩托车驾驶员要比未经过训练的驾驶员事故发生率小，而且即使发生了事故，前者受伤的程度也较轻。因此，加强驾驶员的技术培训工作，严格管理驾驶执照的发放，提高驾驶员的技术水平，是降低摩托车事故发生率的有效措施。

有研究显示，驾龄少于3年者发生摩托车事故的比例高于驾龄多于3年者。但也有研究表明，随着驾龄的增长，事故发生比例也会越来越大，出现这种情况可能是由于研究者人为划分年龄段的不同引起。说明驾龄长短与交通事故的关系并非简单的驾龄越短事故越多，随着驾龄的增长，交通伤害可能呈现一种"低-高-低"的U形特征的现象。

与机动车驾驶员的危险因素类似，摩托车驾驶员的交通伤害也与不良行为因素有密切关系。有研究显示，驾驶员具有超速史和闯红灯史发生事故的危险性分别是无上述行为的1.834倍和1.729倍；摩托车驾驶员血液酒精含量只要高于0，发生事故的危险就会达到不饮酒者的5倍，而摩托车驾驶员的酗酒率常高于其他机动车驾驶员。

使用具有防撞性能的安全头盔能够有效预防摩托车驾驶员发生致死性和非致死性的道路交通伤害。研究表明，使用安全头盔能够使死亡和头部严重伤害减少20%~45%。

（三）自行车骑行者

1. 骑车者的心理行为因素

如目无法纪、安全意识差、随意在路上穿行、认为汽车不敢碰单车；在快车道上骑行、逆行、与机动车抢道；违章载物载人，手中持物骑车，攀附其他机动车，单手或双手撒把骑车；争强好胜心理作祟，互相追逐，迂回超车，等等。当然，也有一些人骑车时存在一种担心害怕的紧张心理，从而容易失去正常的控制能力和对突发事件的应变能力。

2. 骑车者技术因素

骑车技术欠佳，在遇到紧急情况时心中慌乱，易与其他车辆发生碰撞或自己跌倒被来不及刹车的机动车碾压。

3. 气候条件

雨雪天或大风天气，骑车人穿雨衣、戴帽子、手撑雨伞或风沙眯眼等都会影响骑车者对交通环境的感知、判断和应变能力。

4. 头盔的使用

骑自行车时戴头盔能降低颅脑损伤的发生率，有效减少死亡。

（四）行人

行人在道路交通伤害中是弱势群体，既容易受到各种交通工具的伤害，同时又可能因自身的违章行为而成为肇事者。

1. 儿童

儿童道路交通伤害是一个全球性的重要问题，是儿童伤害的主要原因。儿童由于生理和认知尚未发育完全，而且身材矮小不容易看见别人或被别人看见，因此常处于极为不利的地位。一般儿童到9～12岁时，才能基本上和成人一样能够对道路交通情况进行良好的观察和判断。

儿童的道路交通伤害程度和方式与道路使用的差别有关。在非洲，儿童容易在走路或搭乘公共交通时受到伤害；在东南亚，儿童容易在步行、骑自行车或搭乘小型摩托车时受伤；在欧洲和北美洲，儿童乘坐私人轿车和步行时发生道路交通伤害的危险性最大。另外，受到伤害的男孩多于女孩；贫困家庭的孩子受伤害的比例较高。研究发现，在高收入国家，贫困家庭和少数民族孩子发生意外伤害的比例更高，尤其是步行的儿童。

2. 老年人

道路交通伤害不是老年人的主要死因，但是相对于他们在人口当中所占的比例，老年人因交通死亡的比例通常超过应有的水平。作为道路安全的弱势群体，老年人交通伤亡率居高不下，主要是由于老年人生理机能衰退，在同样的力量作用下，老年人比年轻人更容易发生伤亡。

一般而言，老年人生理机能衰退，感觉和行为都较为迟钝，发现和躲避车辆的能力下降；对机动车的速度和距离判断误差大；交通安全意识低，且习惯性地认为老年人应受到礼让；喜欢穿深颜色的衣服，在夜间或傍晚时不易被发现；在横穿道路时，有突然折回的现象，常使驾驶员措手不及而造成事故。

3. 其他特殊人群

残疾人，如视力、听力丧失或障碍者，或肢体疾患等原因造成动作和反应迟缓；或精神状态不正常者，比正常人更容易发生道路交通伤害。来自农村、边远山区的外来工，由于缺乏基本交通常识，而且对新环境不熟悉容易惊慌失措。

总体来看，行人缺乏对交通规则的正确认知是发展中国家行人交通伤害的主要因素，例如为了方便而不看交通信号，不理会来往车辆而横穿马路，跨越护栏或在高架路和高速公路上行走，等等。

二、道路和车辆的因素

(一) 道路

道路因素虽然不是发生道路交通伤害的最主要因素，但其与道路交通伤害的发生有密切关系。美国12%~19%的道路交通伤害是由道路原因引发的，我国平均百公里道路交通伤害发生率依次为一级公路、高速公路和二级公路。

以公路为例，以下方面的问题是常见的道路安全影响因素：①道路线形设计不良，如直线路段过长，易使驾驶员因单调而产生疲劳、注意力分散、反应迟缓；②坡度影响，如路面坡度太大，上坡容易造成视线不良，下坡容易造成失速；③路面状况，如路面潮湿、积水、冰雪、泥浆等会导致路面的摩擦力变小；④道路结构不良，如弯道和交叉口是道路交通伤害的多发路段。

(二) 车辆

车辆本身的缺陷也是道路交通伤害发生的重要危险因素。

1. 车辆制动系统不良

制动系统是保障交通安全的关键系统，制动系统一旦出现故障而失灵，极易造成道路交通伤害。尤其是在下坡路、高速行驶、人流量大的道路上，容易造成群死群伤的严重道路交通伤害。

2. 车辆方向控制失灵

转向装置、转向系统失灵常导致汽车失控。

3. 车辆行驶系统不平衡

行驶系统由轮胎和传动部分组成，如果使用了假冒劣质轮胎或过期旧轮胎，当汽车超重超载时容易引起爆胎；另一方面，在行驶过程中如果驾驶员对车辆的操纵超过了车辆运动状态的限度，车辆就会失去稳定而发生侧滑或倾翻。

4. 车辆视觉显示系统不良

如照明不良；晚间对向来车眩光或不开灯；驾驶室结构影响视野；等等。

5. 车辆安全保护系统不当

如车外未安装碰撞缓冲装置；车身前后部无吸收冲击力的措施；安全带失效；安全气囊未配置；等等。

6. 车辆动力系统故障

如车辆动力不足；行车途中熄火；等等。

三、环境因素

1. 自然生态环境

气温、雨(雪)天、雾天或风沙等气象条件不仅影响路面条件和汽车性能，还会妨碍驾驶员与行人的视线，影响驾驶员或行人的情绪。

大雾天气会降低驾驶能见度，严重妨碍驾驶员视线，极易发生碰撞。雨雪天道路潮湿或结冰，轮胎面与路面的附着系数减少，车辆容易发生侧滑或溜滑的现象，并使制动距离增大；另外，当突如其来下雨时，行人、骑自行车者急于避雨，常不遵守交通规则，或急忙横穿马路，或低头骑车飞奔，不注意来往车辆。

气温过高或过低都会影响驾驶员的操作或情绪。天气炎热，驾驶员出汗多、易疲劳、心情烦躁，应变能力下降；气温太低时，手脚活动不灵敏，动作不协调，操作熟练程度降低。

2. 社会生态环境

城市规划、交通工程、城市机动化程度、交通法规的制订与执行、交通安全管理、驾驶人或行人的家庭环境和工作环境等，都会直接或间接影响道路交通安全。研究表明，社会经济地位低下或生活在贫困地区的人们发生道路交通事故伤亡的危险性最大，即使在高收入国家也是如此。20世纪90年代在新西兰进行的一项队列研究发现，就业地位和教育水平低下的司机发生伤害的危险性最高；在瑞典，体力劳动者家庭的儿童步行和骑自行车受伤的危险性比那些高收入雇员家庭的孩子高出20％～30％。

第四节
道路交通伤害的预防

联合国"2011～2020年道路安全行动十年全球计划"提出了加强道路交通安全的"五大支柱"——道路安全管理、更安全的道路和交通设施、更安全的车辆、使交通参与者更安全、事故发生后应对。这一提法要求交通、公安、卫生、教育等部门共同参与，采取综合有效的措施包括设计更安全的基础设施、将道路安全功能纳入土地使用和交通计划、提升车辆的安全性、改善为道路交通碰撞受害者提供的碰撞后护理、制定并执行与重要风险有关的法律、提升公众意识等方面。

一、道路安全管理

（一）交通行为的立法

常见的不安全行为包括超速、酒驾、不使用安全带、不戴摩托车头盔和不使用儿童约束装置等情况。

在机动车行驶时速低于30公里的情况下，行人能够相对安全地与机动车混行。减速技术措施包括：限制车辆进入特定路段；设置环岛；使道路变窄；铺设振动带等。

制定血液酒精含量法定限制标准，是减轻道路使用者酒精危害所有措施的基础。许多国家都将呼气测试法作为法律起诉依据。

强制使用安全带是道路伤害预防最成功的措施之一，已经挽救了无数人的生命。发达国家和发展中国家的研究均证明，安全带的使用是减少车内人员事故伤亡最重要的安全措施之一,可使严重和致命性伤害的发生风险分别降低40%和65%。在使用安全带并配备安全气囊情况下,可以避免8%～14%的事故死亡。

佩戴头盔是预防摩托车伤害最有效的措施。通过立法、执法提高安全头盔使用率,尤其是在两轮机动车较多而安全头盔使用率很低的中小城市、农村地区更为重要。另外,国外干预项目显示,强制骑自行车者佩戴头盔法规的实施同样可以降低事故造成的头部和脑损伤,可减少63%～88%的伤害事件。我国是自行车大国,但是自行车使用人群中头盔的佩戴几乎为零,因此这是一个空白的、有待开拓的研究领域。

儿童安全座椅(child safety seat)又名儿童约束系统(child restraint system),是专门为婴幼儿和儿童乘车安全而设计的装置。例如儿童增高座椅(booster seats)可以增加儿童在车辆固有座椅上的高度,使安全带可以更安全地固定儿童的臀部和躯干,减少"安全带综合征"(以颈椎或腰椎损伤和腹部伤为主要特征的损伤)对儿童的危害。儿童约束装置可以将婴儿道路交通事故死亡可能性降低70%,将幼儿道路交通事故死亡可能性降低54%～80%。

(二)车辆安全的立法

中国作为电动自行车生产和销售的世界第一大国,每年电动自行车产量约为3000万辆,社会保有量超过2亿辆,而与此同时,不少电动自行车在重量、速度等指标上明显超出标准的规定,被称为"超标车"。关于电动自行车的相关政策在全国各地陆续出台,不少城市通过地方立法的形式加强对电动自行车的管理,取得了一定的积极效果。根据新国标,电动自行车须具有脚踏骑行能力、最高设计车速不超过25千米/小时、整车重量(含电池)不超过55千克、电机功率不超过400瓦、蓄电池电压不超过48伏,此外还增加了防篡改、防火、阻燃性能、充电器保护等技术要求。

(三)路网规划中的安全意识

道路安全的考虑是路网规划、设计和运行的核心。在高收入国家,正在通过以下措施逐渐构建道路安全的系统管理框架:①根据道路的主要功能对路网进行分类;②根据道路的功能确定适当的行车限速标准;③改进布局和设计以鼓励更合理的道路使用。

在上述框架下,安全工程和交通管理的目标应该是:①避免道路的使用与所设计的功能不匹配;②隔离不同的道路使用者,减少混行现象,以消除低速行驶以外的车辆运动冲突;③防止道路使用者正常通行时发生意外。

二、道路安全设施

1. 车道分离

将人行道与机动车道进行分离,尤其是在事故高发地段,可以减少大量行人受伤。许多低收入国家没有设立人行道,与设有人行道国家相比,前者事故发生危险增加2倍。在高收入国家,自行车道的建设减少了35%的自行车伤亡。

2. 建立合理的道路安全设施

道路安全设施包括标识、标线、护栏、隔离、信号灯等。目前，新型材料在道路安全设施中开始得到广泛的应用，主要包括：①高亮度反光膜结合太阳能技术和 LED 发光器件能够使驾驶员远距离确认道路标志；②高分子量聚乙烯基缓冲吸能材料制成的新型道路护栏可以达到减轻损伤的作用；③防滑耐磨涂料可以保护路面、增加路面防滑性；④道路中央隔离与非机动车隔离设施对道路使用者合理分流，提高交通安全性。

此外，路边碰撞保护装置和防撞垫的使用，可以在车辆与桥墩、障碍物终端、灯柱和交通标志柱等坚硬的路边危险物碰撞之前起到缓冲作用，对于保护路边物体或减轻事故后果非常有效。美国对安装防撞垫进行的评估发现，它能够将事故现场发生的死亡和严重伤害降低 75%。在英国伯明翰，防撞垫的安装使造成伤害的事故减少了 40%，死亡和严重伤害人数从 67% 下降到 14%。

三、车辆安全

车辆的安全性能提升主要集中在增加驾驶员视野、碰撞保护设计和智能汽车等方面。虽然这些策略主要的目的是减少车内人员受伤，但同样有利于保护弱势道路使用者。发达国家实施的日间行车灯有利于减少事故发生，所谓日间行车灯是指使车辆在白天行驶时更容易被识别的灯具，装在车身前部，有信号灯的性质。该措施的出台使汽车与行人、骑自行车者的碰撞事故分别减少了 15% 和 10%；高位刹车灯可以增加机动车辆能见度，一般安装在车尾上部，以便后面行驶的车辆易于发现前方车辆刹车，防止追尾的发生。

除了安全带和安全气囊外，近年来车载驾驶员疲劳预警系统、超速预警系统、事故预警系统等新技术运用到机动车的设计中，可以辅助驾驶员驾驶，提高行车安全。通过人脸识别、脑电图识别、统计闭眼次数等方法可以检测驾驶员是否存在疲劳驾驶；单片机和 GPS 技术结合可检测是否超速，对驾驶超速行为及时进行提示；而 GPS 测距、红外线测距、超声波测距等技术广泛用于车载事故预警系统的设计。

当然，改进对机动车的设计不仅要考虑机动车驾驶员以及乘车人的安全因素，同时也应该考虑道路弱势群体（如行人）的安全因素，如在设计保险杠和汽车前部的空间结构时，采用吸能结构材料可减轻事故发生时头部与汽车前部的碰撞严重程度，车身安装 360°安全气囊保护系统可提升行人保护效果。

四、交通参与者安全

道路交通伤害的发生是人、车、路、环境和管理等道路交通综合系统的各环节失去协调的表现和结果。其中，人的因素，尤其是机动车驾驶员的自律行为与道路交通伤害关系密切，道路安全设施、交通管理等因素又对驾驶行为产生巨大影响。

（一）机动车驾驶人

① 车门、车厢没有关好不准行车。在车门、车厢没有关好的情况下行车会使乘车人或者货物有抛出车外的危险。

② 禁止在机动车驾驶室的前后窗范围内悬挂、放置妨碍驾驶安全的物品。前后窗是指前后风挡玻璃;"妨碍驾驶安全"有两层含义,一是可能遮挡机动车驾驶人视线,二是可能分散机动车驾驶人的注意力。

③ 驾驶车辆时不得有拨打或接听手持电话、观看电视、嬉闹等妨碍驾驶安全的行为。上述这些行为会直接影响、干扰正常驾驶,需严格禁止。另外,驾驶时穿拖鞋会影响驾驶人对制动器、离合器、油门等操作设施的控制,影响驾驶安全。

④ 禁止机动车下陡坡时熄火或者空挡滑行。主要有两个方面的原因:一是驾驶的安全性要求。下陡坡时如果车辆熄火,刹车会失去来自真空泵的助力,转向也会失去转向液压泵或电子助力泵的助力,从而使得刹车效果变差,转向感觉沉重;下陡坡时如果空挡滑行,由于没有发动机的制动,惯性变大,会增加制动距离,使刹车效果大打折扣。二是车辆使用的经济性要求。车辆空挡滑行,使变速箱内的部分齿轮失去润滑油的润滑而导致磨损,将缩短其使用寿命。

⑤ 禁止向道路上抛撒物品。机动车在道路上高速行驶,抛撒的物品因为惯性而具有很大的动能,对其他车辆和行人的安全会造成严重威胁。

⑥ 禁止驾驶摩托车时手离开车把或者在车把上悬挂物品。上述两种情况,均会严重影响摩托车驾驶人对摩托车的控制,造成很大的安全隐患。

⑦ 驾驶机动车不得超过 4 小时不停车休息或者停车休息时间不得少于 20 分钟。机动车驾驶人过度疲劳,将会影响驾驶人及时发现和准确处理路面交通情况,容易导致操作动作变形,直接影响驾驶安全。实践证明连续驾驶时间过长是形成驾驶疲劳的主要原因。

(二)非机动车驾驶人

非机动车包括自行车、三轮车、人力车、残疾人专用车和助动车。非机动车驾驶人应当具有自我保护意识,自觉遵守道路交通管理法规,文明骑车,坚持做到"十不要",养成良好的骑车习惯。

① 不要闯红灯或推行、绕行闯越红灯。
② 不要在禁行道路、路段或机动车道内骑车。
③ 不要在人行道上骑车。
④ 不要在市区或城镇道路上骑车带人。
⑤ 不要双手离把或攀扶其他车辆或手中持物。
⑥ 不要牵引车辆或被其他车辆牵引。
⑦ 不要扶身并行、互相追逐或曲折行驶。
⑧ 不要争道抢行,急转猛拐。
⑨ 不要酒醉后骑车。
⑩ 不要擅自在非机动车上安装电动机、发动机。

(三)行人

行人应当在道路交通中自觉遵守道路交通管理法规,增强自我保护和现代交通意识,掌握行人交通安全特点,防止交通事故。

① 行人要走人行道，没有人行道的靠路边行走。
② 横过车行道时须走人行横道；有交通信号控制的人行横道，应做到红灯停、绿灯走；没有交通信号控制的，须注意车辆，不要追逐猛跑；有人行过街天桥或地道的，须走人行过街天桥或地道。
③ 横过没有人行横道的车行道，须看清情况，让车辆先行，不要在车辆临近时突然横穿。
④ 横过没有人行横道的道路时须直行通过，不要图方便、走捷径，或在车前车后乱穿马路。
⑤ 不要在道路上强行拦车、追车、扒车或抛物击车。
⑥ 不要在道路上玩耍、坐卧或进行其他妨碍交通的行为。
⑦ 不要钻越、跨越人行护栏或道路隔离设施。
⑧ 不要进入高速公路、高架道路或者有人行隔离设施的机动车专用道。
⑨ 学龄前儿童应当由成年人带领在道路上行走。
⑩ 高龄老人上街最好有人搀扶陪同。

五、道路交通伤害发生后的应对

道路交通伤害发生后的应对旨在避免可预防的其他伤害和死亡，减轻道路交通伤害的严重程度和由此带来的痛苦，确保伤害幸存者日后最大限度地康复和回归社会。

（一）发挥旁观者的作用

事故现场的旁观者或者率先到达事故现场的人，可以在很多方面发挥重要作用。例如，联系急救服务或寻求其他形式的救助；帮助扑灭所有火苗；采取行动保护现场（防止发生新的事故；预防救助者和围观者受到交通伤害；控制现场聚集的人群）；进行现场急救。

（二）构建系统化、专业化的急救网络

如何能使患者在伤后 1 小时内得到正确及时的救治是减少死亡及伤残的关键。因此，通过构建系统化、专业化的急救网络，改善通信和运输工具，将院前急救、医院急诊科和急诊 ICU 有机结合起来，已成为伤后"黄金 1 小时"救治的重要保证。

当前，以车辆全球定位系统（global position system，GPS）数据、车辆牌照数据、道路视频监控数据、定点卡口数据、移动通信数据等交通大数据为基础，以互联网、物联网、云计算、数据挖掘等信息技术为依托，城市交通进入了智慧交通时代。研究证实，将物联网技术引入交通事故急救模式后，可使急救系统协助性大大增强。

（三）加强现场急救，提高抢救成功率

有学者提出，我国的急救体系应由社会急救体系、院前急救体系、院内急诊体系和重症监护治疗体系"四环"组成，社会急救体系是其中最薄弱的环节，也是最急需加快建设、不可替代的首要环节。社会急救是指由非医疗急救人员现场实施的救护伤者的活动；院前急救

是指在当地急救中心统一指挥调度下,在患者被送达医院救治前,开展的对患者以现场抢救、运送途中紧急救治以及监护为主的医疗和救护活动。

社会急救可以为专业的院前急救和入院后续治疗赢得时间与机会。目前,我国城市院前急救专业人员到达伤者现场的时间平均为10~15分钟。面对心搏呼吸骤停者,抢救时间早1分钟,成功率将上升10%;心搏骤停4分钟内,抢救成功率约50%;心搏骤停6分钟内,抢救成功率约10%;超过6分钟后,成功率仅为4%;超过10分钟以上,抢救成功率几乎为0。由此可见,如能充分发挥社会急救的作用,将大大减少因伤害导致的严重后果。

院前急救,既要快速又要准确有效,一些失血性、创伤性休克如能及时补液扩容,休克可逆转,从而为进一步处理争取时间;有些骨折,如颈椎骨折若搬运得当则有可能避免高位截瘫;意识不清伤员常因误吸胃内容物致窒息死亡。因此对伤员及时进行伤情判断、有效处理危及伤者生命的紧急情况是院前急救贯彻始终的主线,是降低院前死亡率的关键。

(四)加强急救队伍建设

如前所述,建立一支高效高水平的社会急救队伍,可为专业的院前急救和入院后续治疗赢得宝贵的时间与机会。有学者建议,应将社会急救的宣教工作常态化,个人、家庭、社会和政府各方共同参与,增强社会的普遍认知,提高个人的急救意识,增强自救互救的能力,将社会急救知识与技能融入日常生活,让每一个参与急救的人想救、敢救、会救、能救,营造一种有利于社会急救可持续发展的社会环境,实现全社会共建共享。

目前,提高道路交通伤害的院前及院内急救水平主要取决于随车急救人员的初级救治水平。我国多数医院的急诊科无专业的急诊外科医师,院内急救往往采取不同专科医师会诊的形式,急诊科仅起到"绿色通道"作用。对于严重多发伤患者涉及多系统、多脏器损伤时,各专科医师往往过分强调专科检查而忽视多发性损伤对患者整体的打击,同时容易导致漏诊和误诊。因此急诊外科需建立科学的创伤急救模式,努力提高创伤救治水平。

(五)重视伤者的后期康复

康复服务能最大限度地减少功能性残疾,并帮助伤者恢复积极的社会生活。医疗康复服务需要一系列专业人员参与,包括运动医学和康复医师以及其他专科队伍,例如整形外科、神经外科和普通外科;心理学、神经心理学;护理学等。通过门诊或家庭病床提供的医疗康复帮助,通常对防止伤者病情恶化具有重要作用。在许多国家,在急救治疗和提供辅助器械之后,以社区为基础的康复就成为残疾人重新回归社会的唯一现实手段。

(刘伟新)

参考文献

[1] 袁其微,农乐颂,黄理泰,等. 道路交通伤害的伦理审思 [J]. 卫生软科学,2007,21 (1):71-73.

[2] World Health Organization. Global status report on road safety 2013 [R]. Geneva:World Health Organization,2014.

[3] 张煌辉,刘宏伟. 珠海市斗门区某医院443例道路交通伤害住院死亡流行特征分析 [J]. 中国当代医

药，2017，24（10）：149-152.

[4] 周继红，邱俊，张良，等. 中国道路交通伤害数据差异与思考 [J]. 伤害医学（电子版），2012，1（2）：3-5.

[5] 黄理清，陈琪琪，余增辉，等. 新型竹材料汽车车窗 [J]. 科学与财富，2020（8）：378.

[6] 王声湧. 道路交通安全——全球共同关注的公共卫生问题 [J]. 中华预防医学杂志，2004，38（3）：147-148.

[7] 韩云飞，李得溪. 我国道路交通伤害的流行病学研究进展 [J]. 沈阳医学院学报，2014，16（4）：225-228.

[8] 周琳英. 这起事故由谁负责赔偿 [J]. 湖南农机，2003（5）：16.

[9] 李建. 中华人民共和国道路交通安全法释义 [M]. 北京：人民交通出版社，2003.

[10] 周卫红，周继红. 创伤伤害严重程度的定量评估 [J]. 伤害医学（电子版），2013，2（2）：44-48.

[11] 郑锡文. 流行病学进展（第八卷）[M]. 北京：中国科学技术出版社，1995.

[12]《汽车与安全》编辑部. 酒驾、醉驾为何屡禁不止 [J]. 汽车与安全，2016（5）：60-64.

[13] 李勤. 全球道路交通事故真实情况 [J]. 汽车与安全，2016（1）：75-79.

[14] 肖亚彬. 自然场景下道路交通标志检测与识别算法研究 [D]. 长沙：湖南大学，2017.

[15] 杨志新. 机动车驾驶员事故行为因素分析与预防 [J]. 人类工效学，2010，16（1）：50-52.

[16] 赵辉，尹志勇，王正国. 机动车驾驶员视觉功能与道路交通安全 [J]. 环境与职业医学，2006，23（1）：82-84.

[17] 陈华. 驾驶员的最高境界是掌握防御性驾驶技术 [J]. 汽车与安全，2016（11）：39-44.

[18] 韩文朝，申五一. 现代交通创伤诊疗学 [M]. 北京：北京医科大学出版社，2001.

[19] 过秀成. 道路交通安全学 [M]. 南京：东南大学出版社，2011.

[20] 邓晓，吴春眉，蒋炜，等. 2006-2008年全国伤害监测老年伤害病例分布特征分析 [J]. 中华流行病学杂志，2010，31（8）：890-893.

[21] 刘水桂，何作顺. 酒后驾驶与道路交通伤害关系研究进展 [J]. 现代预防医学，2008，35（19）：3803-3804.

[22] 毛建民，于博，张春学. 超速行驶对交通安全的影响及其对策 [J]. 公路与汽运，2009（4）：52-54.

[23] 刘水桂，何作顺. 驾驶员与道路交通伤害 [J]. 环境与职业医学，2008，25（6）：602-604.

[24] Philip P, Vervialle F, Le Breton P, et al. Fatigue, alcohol, and serious road crashes in France: factorial study of national data [J]. BMJ, 2001, 322 (7290): 829-830.

[25] 陈旭东. 浅谈驾驶员职业病及预防 [J]. 咸宁学院学报，2011，31（9）：173，198.

[26] 赵鸣，俞敏，张新卫，等. 2004-2008年浙江省15岁以上摩托车驾驶员道路交通伤害监测结果分析 [J]. 中国健康教育，2012，28（4）：272-274.

[27] 王剑，杨莉，梁冰，等. 摩托车驾驶员道路伤害危险因素分析 [J]. 中国公共卫生，2008，24（9）：1121-1122.

[28] 张睿，李丹，曹若湘，等. 儿童伤害的流行现状与预防控制 [J]. 中国健康教育，2006，22（4）：287-289.

[29] 邓晓，金叶，段蕾蕾，等. 中国3城市9484例儿童安全座椅使用及认知状况 [J]. 中国妇幼健康研究，2016，27（5）：551-555.

[30] 王伦. 两轮电动车市场规模将达千亿，新国标加剧行业洗牌 [J]. 电动自行车，2020（2）：3-4.

[31] Bambach M R, Mitchell R J, Grzebieta R H, et al. The effectiveness of helmets in bicycle collisions with motor vehicles: a case-control study [J]. Accid Anal Prev, 2013, 53: 78-88.

[32] 王亚，夏昭林，金克峙. 中低收入国家道路交通伤害预防的机遇和挑战 [J]. 伤害医学（电子版），

2018,7(4):43-48.

[33] 崔梦晶.道路交通伤害的流行病学研究[D].南京:东南大学,2014.

[34] 李建.《中华人民共和国道路交通安全法实施条例》适用指南[M].北京:中国市场出版社,2004.

[35] 官阳.预防道路交通事故有个关键概念被忽视了很多年[J].汽车与安全,2017(10):57-59.

[36] 周波,蔡文伟,史玲强,等.温州市应急联动系统"四台合一"后120现状与分析[J].中国急救医学,2019,39(4):318-322.

[37] 史立伟,余晶晶,李郦,等.我国道路交通伤的研究进展[J].浙江创伤外科,2008,13(3):273-276.

[38] Zou X, Vu HL. Mapping the knowledge domain of road safety studies: a scientometric analysis [J]. Accid Anal Prev, 2019, 132 (5): 105243.

[39] Aduayi OS, Aduayi VA, Komolafe EO. Patterns of pre-hospital events and management of motorcycle-related injuries in a tropical setting [J]. Int J Inj Contr Saf Promot, 2017, 24 (3): 382-387.

[40] Bachani AM, Peden M, Gururaj G, et al. Road traffic injuries [M] //Mock CN, Nugent R, Kobusingye O, Smith KR. Injury prevention and environmental health. 3rd ed. Washington (DC): The International Bank for Reconstruction and Development / The World Bank, 2017.

第三章
自杀及其预防

自杀是全世界公认的重大公共卫生问题和社会问题。在物质条件不断变化的现代社会，家庭的压力、职场的竞争、人际关系的复杂、突然的变故等都可能使得人们对生活丧失信心和希望，最终在无法承受的情况下，就可能选择最极端的方式结束自己的生命来寻求解脱。自杀行为不仅直接导致躯体损伤和生命终止，而且给家庭和社会造成劳动力和经济损失。世界卫生组织（WHO）2014 的统计数据表明，到 2012 年为止，每年有大约 100 万的人死于自杀，全球自杀率已达 11.4/10 万。在中国，由于人口基数大，自杀死亡的绝对人数占世界第一位。自杀已成为第五位的死亡原因，是 15～34 岁人群的首位死因。

第一节 自杀概述

一、自杀的定义

2003 年世界卫生组织（WHO）和国际自杀预防协会（International Association for Suicide Prevention，IASP）正式将每年的 9 月 10 日定为"世界预防自杀日"，以呼吁全世界关注心理健康，提高心理卫生水平，倡导个人进行自我心理调节。不同的国家及学科领域对"自杀"（suicide）从不同角度赋予了不同的定义，如精神病学、流行病学、心理学、社会学、生物学和哲学等多学科的学者从多种视角对自杀现象进行了研究和解释，社会学家杜尔克姆（Durkheim）在其《自杀论》一书中所下的定义是：由受害者积极的或消极的行动直接或间接导致的死亡都可以称为自杀，且受害者知道这样的行为会导致死亡。心理学家 Bacehler（1975）认为，自杀代表力图采取结束自己生命来解决现存问题的任何行为。美国国立精神卫生研究院（National Institute of Mental Health，NIMH）定义"自杀"为一系列伤害自身的行为，包括自杀想法、威胁、语言或文字、计划、蓄意自伤、未遂等。法学家 Black（1979）认为，自杀是自我毁灭，故意终止生命的存在。

在我国，自杀行为的定义分为狭义和广义两种。狭义的自杀行为是指有意识、自愿地直接结束自己生命的行为,而广义的自杀行为包括故意自伤行为和吸毒、酗酒等自我毁灭的慢性自杀行为。人们通常所说的自杀常常是指狭义的自杀行为。其中,关于自杀定义最常见的是指"个人有意识地、自愿地做出一种有目的、有计划的、蓄意的伤害或结束自己生命的行为"。虽然自杀的定义繁多,但研究者逐渐在三个方面达成共识:①有想死的主观意愿;②属于自我实施的行为;③行为导致死亡的结局。

二、自杀的分类

不同学者对自杀进行分类的侧重点不同,比较常见的有根据自杀起因、自杀结局、自杀动机、自杀手段或自杀过程等进行分类。

(一) 根据自杀起因分类

最经典的是法国社会学家杜尔克姆认为自杀起因于社会制度与社会规范的整合程度不佳。他提出了四种类型的自杀。

第一类:利己式自杀(egoistic suicide)。指因个人失去社会之约束与联系(社会整合不足),对身处的社会及群体毫不关心,因孤独而自杀。例如离婚者、无子女者、被抛弃者等的自杀,或因缺乏他人关怀倍感孤独情况下的自杀。即在极端个人主义支配下,个体脱离社会,远离集体,空虚孤独,丧失社会目标而自杀。通过对不同宗教教派在自杀率上的差异分析,杜尔克姆提出他的理论假设:群体整合程度不足是导致利己式自杀率上升的条件。整合性强的社会群体通过共同的规范和强有力的权威控制着成员的各项行为,使成员完全归属于群体,在个人遇到挫折时可以得到群体的保护和支持。因此群体的整合是遏制成员自杀倾向的社会因素。相反,个人主义的兴起增强了个人的独立性,削弱了群体对个人的约束和控制,降低了成员对群体的归属感,减少了成员之间的相互联系,这使得那些遭遇不幸的人很容易陷入沮丧、绝望而难以自拔,进而采取自杀以求解脱。

第二类:利他式自杀(altruistic suicide)。与利己式自杀相反,利他式自杀指在社会习俗或群体压力下,或为追求某种目标而自杀。当个人过度整合于社会时,常常是为了负责任、为了某种信仰或团体竭尽忠诚而献出生命。例如屈原、陈天华等的自杀,以及身患重病者为避免连累家人而自杀。这往往是个人利益服从于某种集体利益所促成。利他式自杀有两种表现形式:第一种是义务性自杀。这类自杀并非出于自愿,也不是个人享有的权利,而是群体强加给个人的义务。第二种是负疚性自杀。如果某群体对某成员抱有很高期望,同时该成员对群体怀有强烈的归属感,那么,在成员辜负了群体期望时,就会感到强烈的耻辱和自我价值的丧失,从而选择自杀向群体谢罪。利他式自杀的原因是社会过度整合。

第三类:失范式/动乱式自杀(anomic suicide)。个人感到社会适应不良甚至适应困难而产生极大恐慌、困惑时所致。例如失去工作、亲人死亡、失恋等,令人彷徨不知所措而难以控制而自杀。它主要发生在社会大变动时期或经济危机时期,个人丧失对社会发展的适应能力,新旧价值观念的冲突无法解决,或因社会变动而造成个人沉沦。

第四类:宿命性自杀(fatalistic suicide)。指个人因种种原因,受外界过分控制及指挥,感到命运完全非自己可以控制时而自杀。如监狱犯人的自杀，奴隶的自杀等。这是集体强加于个人的过多规定与束缚造成的。个人感到前途黯淡，压力过大，因此选择自杀来结束自己的生命。

可见，在杜尔克姆看来，表面上与他人无关的自杀现象归根结底可以通过社会规范及其扩散功能加以解释。

（二）根据自杀发展的不同阶段分类

我国学者肖水源把自杀分为自杀意念、自杀计划、自杀准备、自杀未遂和自杀死亡五个概念，其中，自杀意念和自杀计划是内隐行为，自杀准备和自杀行动是外显行为。

自杀意念（suicide ideation）：是有了明确的伤害自己的意愿，但没有形成自杀的计划，没有行动准备，更没有实际的伤害自己的行动。

自杀计划（suicide plan）：是有了明确的伤害自己的计划，但没有进行任何实际的准备，更没有采取任何实际的行动。如考虑自杀的时间、地点、方式、日期，并安排后事、写遗嘱等。

自杀准备（suicidal preparation）：是做了自杀行动的准备，但没有采取导致伤害生命的行动。这一类包括实际准备了用于自我伤害的物质、工具、方法，比如购买了用于自杀的毒物、药物，或者枪支弹药，或者到自杀现场作实际的考察。

自杀未遂（attempted suicide）：基本特征是采取了伤害自己生命的行动，但该行动没有直接导致死亡的结局。自杀未遂者通常存在躯体损伤，但躯体损害不是自杀未遂的必备条件。自杀未遂属于"失败的自杀"，必须将自杀未遂与蓄意自伤、类自杀、自杀姿势之类的术语区别开来，因为一定强度的死亡愿望是自杀未遂的必备条件。蓄意自伤（deliberate self-harm）、类自杀（parasuicide）、准自杀、自杀姿势（suicide gesture）、非自杀性自伤（non-suicidal self-injury，NSSI）的含义基本上是一致的，指的是明确地在没有死亡愿望的情况下出现的故意自伤行为，通常不造成死亡。

自杀死亡（commit suicide）：基本特征是采取了伤害自己生命的行动，该行动直接导致了死亡的结局。世界卫生组织（WHO）给出的定义是：自杀是个体启动和实施的一种杀死自己的行为，而死者事先知道或预计到此行为会有致命的结局。死者在采取行动时，必须有明确的死亡愿望，才能认为是自杀死亡。但死亡愿望的强烈程度不作为判断是否自杀的主要依据。

（三）根据情绪-理智主导程度分类

根据情绪-理智主导程度，一般把自杀分为情绪型自杀和理智型自杀。

情绪型自杀又叫冲动型自杀，是由明显的偶然事件所引起，在激愤、赌气、恐惧、绝望等失控情绪状态作用下，所产生的突然性自杀行为。这种类型的自杀进展快、发展期短、突发性强，预测和防范比较困难。自杀者有时会产生对自己行为极度后悔的心理，并采取力所能及的自救和求救措施，有些自杀未遂者事后对自己的行为感到荒唐可笑和后怕。

理智型自杀是个体经过较长时间的评价和酝酿，逐渐萌发自杀意念，并有目的、有计划进行的自杀行为。这种类型自杀进程较慢，发展期较长，在自杀发展过程中有比较复杂的心理表现，便于危机干预。

三、有关对自杀的误解

（一）与可能自杀的人讨论自杀将诱导其自杀

事实上应该与可能自杀的人讨论自杀。与一个想自杀的人讨论自杀将可能使其产生信任的感觉，能够帮助他们正确处理一些重大问题，并缓解他们的压力，使他们愿意花时间重新获得控制。

（二）想要自杀的人是真的想死

事实上很多人并不想死，他们只是想要逃离那个令人无法忍受的境遇，大部分曾经想过要自杀的人事后都庆幸他们现在还活着。

（三）自杀无规律可循

其实大部分自杀者都曾有过明显的直接或间接的求助信息。他们在决定自杀前会因为内心的痛苦和犹豫而发出种种信号。

（四）宣称自杀的人不会自杀

有研究表明，50％的自杀企图者在自杀前曾向他人谈论过自杀，因此对有自杀企图者必须高度重视，及时采取干预措施进行有效预防。

（五）一般人不会有自杀念头

国内外研究结果均显示，30％～50％的成年人都曾有过一次或多次自杀念头。对于大多数人而言，自杀意念可能只是一闪而过，很少发展为真正的自杀行动；而对于性格或精神卫生状况存在问题的个体，在缺乏社会支持时自杀念头有可能转变为自杀的行为。

（六）所有自杀的人都是精神异常者

研究证明，自杀的人大多不是精神病患者，只有20％左右的自杀者是抑郁症或精神分裂症患者。

（七）自杀危机改善后就不会再有问题

有自杀企图的人经过危机干预状态改善后，情绪会好转，周围的人常常会误以为其自杀危险性减低而放松防范。研究显示，个体自杀危机改善后，至少在3个月内还有再度自杀的可能，尤其是抑郁患者在症状好转时最有危险性。

（八）对有自杀危险的人不能提及自杀

实际上受自杀困扰的人往往希望别人与他交流，听其讲述对自杀的感受。如果故意避开不谈，反而会因被困扰的情绪无从疏解而加重情绪问题。

（九）学业问题是青少年学生自杀的主要原因

不少人认为青少年正处在求学阶段，学业问题的困扰是导致青少年学生自杀的主要原因。但学者们研究发现，50%以上青少年自杀者的自杀原因首先是与父母的关系，其次是男女感情，然后才是学校方面的问题。

第二节
自杀的流行病学特征

自杀率是一个国家人群心理卫生状况的重要参照指数。根据世界卫生组织（WHO）2014年出版的《预防自杀：全球要务》报告，每年全球超过80万人死于自杀，每40秒就有一个人自杀身亡，自杀已经成为15~29岁年龄段人群的第二死因。与西方国家相比，近年来我国的自杀特点是：①女性自杀率高于男性；②农村自杀率始终高于城市；③自杀年龄特征总体上表现为双峰型，第一个自杀高峰为15~34岁人群，第二个高峰为60岁以上。

一、人群分布

1. 性别差异

在全球大多数国家中，男性的自杀死亡率远高于女性，在发达国家大概是3.6倍；而在自杀未遂者中，女性则多于男性（性别比大致为3∶1）。自杀的性别差异在我国的体现是女性自杀率比男性高25%，尤其农村年轻女性的自杀率更高。有研究者认为，自杀意念与女性感情细腻、思维具体、情感脆弱和依赖性大等心理特征有关。同时，女性需要更早地处理性生理突增和性心理相对幼稚的矛盾、自我意识强烈与社会成熟相对迟缓的矛盾等。这些矛盾解决不好，可能导致自杀行为。在探讨中国年轻女性自杀率远高于男性这一独特的现象时，从个性发展的视角和社会结构的视角出发难以找到令人信服的原因，一些学者于是将目光投向了价值观和文化，提出了压力不协调理论，认为不协调压力才是直接导致自杀的原因。不过，近年来随着中国经济的发展、人口结构的改变、城市化的加速，女性地位的改变及女性受教育水平的提高，中国女性尤其是农村育龄妇女的自杀死亡率下降显著。

2. 年龄分布

世界大多数的国家和地区，自杀率都是随着年龄的增加而相应升高。近20年间，虽然我国自杀死亡率在青少年尤其是留守儿童中呈增高趋势，但是在各年龄段当中，60岁以上老年人的自杀死亡率仍居最高位，尤其75岁以上妇女的自杀死亡率位居世界最高水平，远远超出其他国家，是其他国家最高水平的6倍；75~80岁的男性自杀率开始下降。另外，有报告显示，我国自杀死亡者的年龄分布呈两个高峰：一是15~34岁青年人自杀死亡率较高，女性尤为突出；二是 60 岁以上自杀死亡率最高，这和世界大多数国家及地区的年龄分布基本一致。呈双峰年龄的分布可能与很多原因有关，但截至目前尚无可靠的资料及相关的研究做出对这种现象的合理解释。

3. 婚姻状况

2003～2015 年的有关国内自杀的统计数据分析结果显示，已婚群体中自杀死亡率相对较低，约为 11/10 万；单身未婚群体自杀死亡率是已婚者的 2 倍；丧偶独居群体自杀死亡率为 24/10 万；离异群体自杀死亡率为 40/10 万，其中男性离异者 69/10 万，女性离异者群体 18/10 万。

4. 社会阶层与就业

不同社会阶层的自杀率不同，一般社会底层人群的自杀率最高，其次为社会最高层，而中层阶层的自杀率最低。此外，近期失业者和某些职业者（如医务人员和农牧业人员）更易出现自杀行为。

5. 健康状况

精神疾病是导致自杀的主要原因之一。有研究显示，因各种精神疾病而自杀的人数占全部自杀者的 30%～40%，各类精神疾病总的自杀率为 51/10 万，约为普通人群的 6～12 倍。抑郁症、精神分裂症、酒精依赖和人格障碍是导致自杀的最常见精神疾患。

二、地区分布

从自杀的地区分布情况看，自杀率以东欧国家为最高，如白俄罗斯的自杀率在 20 世纪末高达 41.5/10 万；拉丁美洲和亚洲的一些国家的自杀率处于较低水平（巴拉圭 4.2/10 万，菲律宾 2.1/10 万）。世界卫生组织（WHO）数据显示，2012 年高收入国家的自杀率高于中低收入国家，然而中低收入国家的自杀死亡人数却占全球自杀死亡的 75.5%。发达国家中，城市居民的自杀死亡率远高于农村居民的自杀死亡率。而在中国，调查显示 2018 年中国人群自杀标化死亡率为 6.36/10 万，城市地区人群自杀标化死亡率为 4.37/10 万，农村地区人群为 7.40/10 万；男性自杀标化死亡率为 7.61/10 万，女性为 5.10/10 万。自杀死亡率随年龄的增长而增加，60～84 岁老年人自杀死亡率为 20.71/10 万，85 岁及以上老年人自杀死亡率达到 51.20/10 万。

三、时间分布

自杀呈现一定的季节性特点。许多国家报道夏秋之交是自杀的高峰季节。而我国自杀的高峰季节为 6～8 月，其次为春季。此外，某些自杀者常常选择特定节日（如圣诞节、感恩节等）或时间（如午夜、凌晨等）自杀。欧洲一些国家和日本在春季出现自杀高峰，美国则在春秋两季。季节性情绪影响的研究显示，春季是心理健康疾患高发的季节，天气乍变、阴雨绵绵，容易让人情绪低落甚至抑郁，行为容易失控。

第三节
自杀发生的原因或影响因素

自杀是一种非常复杂的病理性行为,不是由单一因素所致,它受生理、心理、社会、文化和环境等多方面因素的影响。每一起自杀事件的产生都有其刺激事件和相应的原因,不论这些原因是直接的还是间接的。有学者将自杀的原因分为精神疾病原因自杀、躯体疾病原因自杀和非疾病人群自杀。精神疾病是导致自杀的主要原因之一,世界卫生组织(WHO)的一项关于自杀的大型研究分析显示,自杀人群中抑郁症占24%,神经症和人格障碍占22%,物质滥用占16%,精神分裂症占10%,器质性脑综合征占5%,其他精神障碍占21%,无精神疾病诊断占2%。非疾病人群自杀既有个人因素,也有社会因素,常见的社会因素包括家庭矛盾、恋爱受挫或失败、婚姻冲突、人际关系紧张、失业及晋级失败等,日常生活中存在的负性生活事件、社会支持不健全、应对策略不当等因素均可增加其心理健康问题乃至自杀行为发生的可能性。现从心理与行为因素、社会因素、生物学因素三方面对自杀的原因予以介绍。

一、心理与行为因素

尽管90%的自杀者有精神障碍,但精神障碍患者中自杀的比例仅有5%。大部分精神障碍患者并不会自杀,甚至没有自杀企图。研究认为,心理因素能解释为何有些人会自杀,而另一些人却不这样。从人格、认知和情绪情感的角度可将影响自杀行为的心理因素分为:易损特质、失调认知和心理痛苦。

(一)易损特质

1. 完美主义

完美主义是指个体追求凡事都做到尽善尽美的倾向,为自己或他人设定了不切实际的高标准,且以是否达到这些标准来对自己或他人作出评价。完美主义有三个维度:自我取向、他人取向和社会决定。此外,完美主义与其他影响因素相互作用,共同增加自杀行为的风险。研究表明,面临生活压力与学业困难时,完美主义水平较高者的自杀意念较多。

2. 冲动性

美国自杀协会(American Association of Suicidology)将冲动性列为自杀的风险因子。多项研究表明,冲动性与自杀行为有密切的联系。然而也有研究发现,冲动型自杀行为与自杀者的冲动性特质之间没有显著的相关,甚至有计划的自杀组的冲动性特质水平高于无计划的自杀组。造成这种不确定关系的原因可能有两个:①特质冲动与状态冲动二者之间存在差异。特质冲动是个体快速决策,不计后果,也无事先的计划;而状态冲动是个体在特定情境下的行为风格。因此,冲动型自杀与自杀者冲动性有重叠,但不完全相同。②冲动性与自杀之间还存在其他变量。有研究发现,冲动性在痛苦与刺激事件和获得自杀能力之间起中介作用，而自杀能力是自杀企图和自杀的影响因素。

(二) 失调认知

1. 绝望

绝望是指对获得某种目标有较低的期待，以及对获得成功有较少的信念，是一种对未来消极期待的认知图式。有学者发现，绝望至少会增加3倍的最终自杀风险。控制抑郁水平后，绝望与自杀意念及自杀企图仍显著相关，说明绝望与自杀的关系并非抑郁所致。并且，持续稳定的绝望相对偶然一次的绝望更能预测自杀行为。另有研究发现，绝望与自杀意念存在强烈的同步关系，而非预测纵向关系，说明绝望也可能是自杀的伴随状态，而非因果关系。

2. 认知僵化

认知僵化是指不能适应外在反馈及环境因素来改变决策行为。临床和理论研究者均发现，自杀者的认知僵化导致其常认为自杀是唯一的选择。有学者以抑郁症患者为被试，控制早期自杀企图的次数、年龄、抑郁及言语智力后，发现当前有自杀意念组的认知僵化水平显著高于无自杀意念组。同样以抑郁症患者为被试，自杀企图组较无自杀企图组的认知僵化水平更高。还有研究发现，自杀方式的致命程度较高者，认知僵化的水平也比较高。另有研究报告，认知僵化能预测2~3年后的自杀意念，并且认知僵化增加更多的反刍与绝望，进而产生更多的自杀意念。

3. 过度概括的自传记忆

自传记忆（autobiographical memory）是个人对过去生活事件的回忆。多项研究表明，自杀者具有过度概括的自传记忆特点。然而，过度概括的自传记忆并非仅限于自杀者。Williams等发现，抑郁、创伤性应激障碍与过度概括的自传记忆也有着稳定的联系。Leibetseder等试图进一步了解抑郁、自杀和自传记忆之间的关系，发现重度抑郁症患者（无论有无自杀企图）与有过自杀企图者（但没有情感障碍）相比，提取具体自传记忆时受损情况相同。这说明过度概括的自传记忆是自杀与抑郁的共同易损因子。不过，依据当前的研究结果难以发现精神障碍（尤其是抑郁症）对自杀者的自传记忆受损是否起作用，或起多大的作用。

4. 问题解决不足

自杀者普遍认为生活没有出路而选择自杀，这种现象让研究者开始关注问题解决与自杀行为的关系。问题解决不足体现在两个方面：①问题解决的能力或技能不足；②个体对自身问题解决能力的评估水平较低。自杀者的问题解决能力不足主要体现在人际方面，具体表现有：有效的问题解决策略较少；更关注负性结果；回避尝试解决问题；对任务的反应时更长。自杀者的问题解决能力不足并非智力或精神障碍（如抑郁）所造成的，因此研究者认为它是自杀者独有的认知特点。研究还发现，个体对自身问题解决能力的评估与自杀行为有关。个体对自己问题解决的自信程度越低，越容易产生绝望与自杀意念。进一步研究发现，问题解决评估通过绝望影响自杀意念。不仅是自杀意念，较低的问题解决评估也与自杀企图显著相关。Gibbs 等的研究以抑郁症老年患者为被试,发现有过自杀企图组较非自杀企图组更倾向知觉整体的问题解决不足,知觉更消极。

(三) 心理痛苦

心理痛苦(psych ache),是指一种由心理需要受阻或没有实现而引起的羞辱、内疚、愤怒、孤独以及绝望等精神痛苦的状态。当这种精神痛苦的程度超过个体所能承受的最大限度,个体会将自杀视为终止这种不可承受的意识流动的唯一方法,从而发生自杀行为。Shneidman 认为心理痛苦是引发自杀的直接原因,而其他因素如抑郁与绝望,只有与心理痛苦相联系时才与自杀相关。

二、社会因素

(一) 家庭环境

中国家庭正面临结构转型,由几代同堂的家庭转为核心家庭(由夫妻和子女组成的家庭)。家庭一般有五大功能:①生产功能;②消费功能;③人口再生产功能;④生育子女和赡养老人功能;⑤满足家庭成员生理与心理需要,包括满足夫妻之间的爱情、性生活和全体家庭成员的娱乐、休息等。相对于几代同堂的家庭来说,核心家庭的自我支持和自我调节能力较弱,容易滋生自杀或自杀倾向的潜在因素。另外,家庭关系、代际关系的改变,例如夫妻的越轨行为、家庭暴力、家庭内的代际剥削等,都可导致自杀事件的发生。

(二) 人际冲突

与自杀密切相关的人际冲突主要包括婚恋冲突、家庭人际冲突和社会人际冲突。引起青年自杀的人际冲突主要与婚恋纠纷有关,失恋、单相思、被遗弃、未婚先孕、第三者插足、离婚等造成的心理创伤与痛苦,是造成自杀与自杀倾向的诱因。在各种社会因素中,以人际关系中断或恶化所造成的影响最为重要。

(三) 重大的负性生活事件

负性生活事件所造成的压力往往会增加个体自杀的风险。政治迫害、受虐待、严重的创伤或疾病、亲人去世、离婚、失业等事件均可以成为自杀的致病因子。当个体受到上述事件的应激时,会产生焦虑、愤怒、悲痛、沮丧及绝望等显著的生理和心理反应,如果事件反复且持久,将进一步使个体的应对能力受损甚至崩溃,从而导致自杀行为的发生。

(四) 社会地位及经济状况

研究显示,不同社会阶层的自杀率不尽相同,社会底层者自杀率最高,其次为社会高阶层,自杀率最低者是介于两者之间的中产阶层,如技术工人。在所有职业中,医学和农牧业是危险因素。西方的有关研究显示,内科医师的自杀率是普通人群的 2~3 倍,如美国女性内科医师的自杀率为 41/10 万,而普通人群仅为 12/10 万。另外,从事音乐、司法、律师、保险业的人员自杀率也较高。

经济因素与自杀关系非常密切。经济不景气、贫穷可导致自杀人数增加,例如企业倒闭、公司裁员、失业、重大疾病等。有研究表明,失业率每上升1%,自杀率便升高0.99%。

(五) 人口老龄化

人口老龄化是一个社会趋势,而老年人是自杀的高危人群。老年人慢性病多,社会救济面窄,自救能力差。研究表明,老年人的自杀往往都是孤独、患病、丧偶、儿女不孝或者生活保障没有来源等原因引起的。

三、生物学因素

(一) 疾病

1. 精神障碍

约90%的自杀死亡者至少有一种精神障碍,精神障碍者的自杀危险率高于普通人群3～12倍。自杀者最常见的精神障碍是抑郁症,酒精、毒品等物质滥用或依赖也是公认的自杀高危因素。依据病因可将精神障碍分为两类:心境障碍和人格障碍,其中心境障碍(主要是抑郁症)患者占29%～88%。有研究显示,抑郁症和其他精神障碍者约占全部自杀原因的41%;自杀未遂者中,抑郁症和其他精神障碍约占29%。另外,精神障碍共病的数量越多,自杀风险就越高,甚至共病的数量比共病的类型更具有预测力。

2. 躯体疾病

70%的自杀者死亡时都有一种或多种慢性疾病,自杀率较高的躯体疾病包括神经系统疾病(如癫痫、脊髓和大脑损伤)、癌症、艾滋病、慢性疼痛性疾病、慢性肾病、心脑血管疾病、残疾致活动受限、容貌损毁等。据研究,11%～15%的自杀者为各种严重躯体病症的病人。

(二) 遗传

有研究表明,约30%～50%的自杀与遗传因素有关。家系调查、双生子研究提示自杀有遗传倾向,可能与其精神疾病的遗传有关。单卵双生子的自杀一致率为13.2%(17/129),显著高于双卵双生子的自杀一致率(0.7%)。家系调查发现,6%～8%的自杀未遂者有自杀家族史。自杀者一级亲属的自杀危险性是一般人群的10～15倍。布里斯托尔大学的研究者从自杀未遂者的血样中发现大脑中的5-羟色胺(5-hydroxytryptamine,5-HT)含量不足。若脑内5-HT含量降低,制止冲动能力下降,则容易引起沮丧情绪、出现抑郁,导致偏激行为。由于控制5-HT的酶是由某种基因直接产生的,所以认为自杀与遗传有关。另外,自杀在某个家庭有规律地重复出现,甚至连自杀的方式都一样,也提示自杀有一定的遗传倾向。例如多名海明威家族成员相继埋进了爱达荷州基特初姆市的那座公墓,令人不可思议的是,他们几乎无一善终,不是死于酗酒、怪病,就是死于精神抑郁。

(三) 神经内分泌激素

女性体内神经内分泌激素水平的变化会对自杀行为产生影响。约有 2/3 女性患者的自杀发生在月经前期和月经期。另有研究发现，自杀与下丘脑-垂体-肾上腺轴（hypothalamic-pituitary-adrenal axis，HPA）有关，自杀者的去甲肾上腺素活动过度。

(四) 血清胆固醇

流行病学和临床研究均显示，血清胆固醇与 5-HT 之间存在明显的相关性。血清胆固醇水平的下降会导致脑内的 5-HT 活性下降（细胞膜上胆固醇含量降低，受体减少，使中枢 5-HT 功能减退），使人产生情绪或精神症状，进而增加其冲动性和自杀行为的风险。

第四节 自杀的预防

自杀是低概率事件，对于年龄各异、个性迥异、情境不同的个体，从开始有自杀的想法到最后实施自杀行动的时间长短是不同的，有的可能长达数年，有的可能只有几天，甚至更短，但至少都有一个发展的过程，且随着自杀意愿的不断增强，其自杀的危险程度也在逐步增加。正是由于自杀存在逐步发展的过程，因此也为自杀的预防提供了时机。

由于自杀问题十分复杂，涉及伦理、社会、生物、文化和环境等多方面的因素，因此预测个体自杀的发生是极其困难的事情，甚至有学者认为个体的自杀是无法预测的。不过，在自杀危机形成和发展的过程中，在自杀危机的不同阶段会出现一些自杀风险的预警信号，使自杀的早期预防仍有一定的机会和条件。

一、自杀的预警

预警（early warning）一词源于军事，是指通过预警飞机、预警雷达、预警卫星等工具来提前发现、分析和判断敌人的进攻信号，并把这种进攻信号的威胁程度报告给指挥部，以提前采取应对措施。目前，预警思想已经在自然灾害、环境保护、经济管理、社会发展、文化教育等诸多领域得到了广泛应用。预警指的是在警情发生之前对其进行预测报警，即在现有知识和技术的基础上，通过对事物发展规律的总结和认识，分析事物的现有状态及特定信息，判断、描述和预测事物的变化趋势，并与预期的目标进行比较以实现预告和示警，以使预警主体有足够的时间采取相应的对策进行防范。

显然，如能把自杀危机消灭在萌芽状态，为自杀的预防提供更多处理时间，对于最终减少自杀的发生具有重要意义和现实价值。因此，建立预警系统无疑是关键的第一步，其中危机发现系统的完善是自杀危机预防与干预的核心所在。有效鉴别、及早发现自杀危机者不仅为挽救非理性自杀者赢得时间和机会，而且正确评估自杀危机的心理状况也为后续的针对性干预策略手段提供依据和方向。

目前，关于自杀预警尚无明确和统一的定义，其操作性定义是"以自杀的早期预防为目的，以自杀的理论模型和自杀危险因素实证研究的结果为依据，以自杀风险评估的理论与方法为参考，通过建立自杀风险预警指标体系，制定预警规则，定义预警级别，完善预警流程，及时发现预警信号，迅速做出警情判断，早期发现自杀高危个体，为自杀危机干预赢得时间采取相应对策和反应措施"。

（一）自杀的高危人群

为了有效进行自杀的预防和控制，关键需要对自杀高危人群（具有较高自杀风险的人群）进行早期的识别。与自杀有关的危险因素主要包括：①曾有自杀未遂史；②不良生活事件造成的严重急性或慢性应激反应，如失去亲人、失恋、离婚等导致的心理创伤与挫折；③面临生活质量低、失业等巨大生活压力；④近期内患有严重的抑郁症等。此外，患有严重躯体疾病的个体，如果患病时间长、治疗效果差并伴随长期的疼痛和心理痛苦，也常有较高的自杀风险。

（二）自杀危机征兆

自杀危机是指主体蓄意或自愿采取各种手段以结束自己生命的行为。自杀危机通常持续24～72小时，处于危机中的人，如得不到及时干预，可发生焦虑、忧郁、精神崩溃，甚至轻生自杀。它包括以下几个方面。

1. 语言征兆

约2/3～4/5的自杀者曾向他人表达过想死或自杀的意愿，可能在交谈中、日记中或行为中不止一次地流露出死亡意愿，有的甚至直接将想死的想法告诉他人并有过求助行为。

2. 行为征兆

自杀者在自杀前往往会有一些反常行为，如特别热衷于讨论自杀方法或特别回避自杀话题；无端地拒绝医疗救助或家人照顾；长期的焦躁情绪突然平静下来；准备一些自杀工具，如毒药、剪刀等；将自己的财产分给他人；找一些相关的人谈论事情；特别安排出一些时间等。

3. 环境征兆

有的自杀者近期遭受过重大应激性生活事件，如外科手术、严重的慢性疾病、亲人死亡、失业及退休等。

4. 综合征征兆

指那些与自杀紧密联系的情绪，其中抑郁最为常见。当然，其他情绪也可导致自杀，如处于急性谵妄状态的患者为逃离想象的威胁（极度恐惧）而实施自杀行为；精神分裂症患者的冲动控制力受损，在命令性幻听或其他妄想的影响下可能采取自杀行为；傲慢的人在自尊受到真实或想象的威胁时，会把自杀看成是一种高尚行为；依赖性极强的人在自己的要求未得到满足时，自杀便成了其表达敌意和不满的方式，目的是让对方感到愧疚。

5. 自杀未遂

自杀未遂也是一个重要的自杀征兆。研究发现，自杀未遂者在事后1年内有1%～2%

自杀死亡，第 2 年内又有约 1% 自杀死亡，最终会有约 10% 的自杀未遂者死于自杀。

二、自杀危机的识别与干预

自杀危机的识别，是指基于上述自杀危机征兆判断个人是处于正常状态还是自杀危机状态，若处于自杀危机状态需判别是何种自杀危机及其程度。自杀危机干预（crisis intervention），是指针对有可能诱发自杀行为发生的种种因素，在不同的发展阶段，采取不同的干预策略，最终目的在于预防自杀，减少自杀率。

（一）危机识别

1. 情绪变化

个体往往表现为高度紧张、焦虑、抑郁、悲伤和恐惧，部分人甚至会出现恼怒、敌对、烦躁、失望和无助等情感。

2. 认知改变

在急性危机阶段，当事者的注意力往往过分集中在悲伤事件或反应之中，出现记忆和认识能力方面的"缩小"或"变窄"，难以区分事物的异同，体验到的事物间关系含糊不清，做决定和解决问题的能力受影响，一旦危机解决可迅速恢复。

3. 行为改变

不能专心学习或工作；回避他人或以特殊方式使自己不孤单；令人生厌或黏着性；与社会联系破坏，可发生对自己或周围的破坏性行为；拒绝帮助，认为接受帮助是软弱无力的表现；行为和思维情感不一致；出现过去没有的非典型行为。

4. 躯体症状

失眠、多梦、早醒、食欲下降、心慌、头痛、全身不适等多种躯体不适表现，部分患者还会出现血压、心电生理及脑电生理等方面的变化。

5. 人际关系改变

不愿与人交谈或见面，人际关系恶劣，经常责怪他人或孤立自己；与人沟通时无法集中注意力。

（二）危机程度

低度危机者出现孤独无助感与低忧郁状态，有模糊的自杀想法或计划，但能获得周围人的关心和开导，即身边存在支持系统。

中度危机者开始出现无力与无望感，有自杀的想法，开始酝酿或形成初步的自杀计划。

高度危机者有明显心理上的痛苦，呈现高度焦虑，否认有任何支持系统，甚至有酗酒、吃药等生活失序情形并实际发展出自杀计划。

（三）危机干预的方式

1. 电话和网络危机干预

电话和网络危机干预方便及时，且经济、保密性强，但实施难度较大，因为互不见面，声音是获得信息、施行干预的唯一途径。治疗者应迅速从音调、语气及简洁应答中判断求助者的心理状态，基本干预策略是先稳住对方的情绪，导其倾诉，晓之以理。

2. 面对面帮助

其基本方法为倾听、评价及干预，干预措施包括：①调整认知；②改善应对技巧；③松弛训练；④充实生活内容；⑤扩大交往，建立支持系统。

3. 家庭和社会干预

家庭和社会干预包括成立各种自助组织，及时识别高危人群（如抑郁悲观者、绝症患者、老年人、残疾人及突发事件的当事人等），在社区中宣传心理卫生知识及应对技能，提高扶弱济困救危的公众意识，减少或预防危机所产生的不良后果。

（四）危机干预的实施

目前，危机干预的实施普遍采用"六步法"。

第一步：明确核心问题。即迅速明确自杀者当前存在的问题和困难，分析其自杀的直接原因（不要与当事人讨论或争辩，更不要试图说服对方。即使干预者的认识与当事人不同，也应暂时顺从当事人）。在确定问题时，一个重要的技术是倾听技术，并保持同情、理解、真诚、接纳和尊重，可以适当插话表达理解。

第二步：保证求助者安全。危机干预是一种紧急短程心理治疗，实施干预的过程中，保证当事者的安全应为首要目标，即尽快说服或帮助当事人终止自杀行为或脱离危险处境，同时接受必要的医疗救助或自救。在此阶段，需对当事人当前的状态进行评估，包括评估危机的严重程度、当事人目前的情绪状态、后果的危险性（对自我或他人的生理和心理伤害危险性），同时评估可变通的应对方式、应付机制、支持系统及其他资源等。

第三步：提供情感支持。干预实施者应无条件地以积极的方式与态度接纳所有的求助者，通过交流让当事人感受到危机干预工作人员的关心和帮助，让求助者相信"在这里真的有人很关心我并希望帮助我"。倾听是危机干预中一个重要的支持技术，准确和良好的倾听不仅有利于建立良好的沟通关系，明确求助者问题，而且有利于当事人宣泄压抑的情感。实际上，有时仅仅倾听便是危机干预的全部。

第四步：检查替代解决方法。就当事人的问题和困难提出可能的解决方案，一起讨论各种可供选择的解决方案，罗列并澄清各种方案的利弊及可行性。帮助当事人开发可供利用的资源，包括从外部环境（如社区、亲戚和朋友等）寻求支持和帮助，并尽可能地开启内部资源；帮助当事人尝试用新的、积极的、建设性的思维方式去思考和理解问题，改变其对迫使他自杀的"压力"的看法，减轻反应的严重程度。

第五步：制订康复计划。根据当事人的具体情况，制订一个帮助其康复的项目表和时间表，干预工作者与当事人共同制订行动实施计划。需注意的是，不应直接将计划或安排传达给当事人,而是让求助者积极地参与到计划的制订中去,从而使其能更加坚定有效地执行。另外,要确定是否有另外的个人、组织团体和有关机构能够提供及时的支持,确定当事人现在能够采用的、积极的应付机制,确定当事人能够理解和把握的行动步骤。

第六步:得到当事人的承诺。干预后期一定要得到当事人的明确承诺,关心当事人康复计划的执行情况,并给予适当的强化、支持和鼓励。干预工作人员应要求当事人口头小结计划和要采取的行动步骤,这样可以了解求助者对计划的认识和保证,并可以发现和澄清一些误解,调动求助者的积极应付动机。如果计划完成得较好,获得保证则比较容易。应该看到,保证不是孤立的,如果没有前面的步骤,单纯的保证是没有价值的。

三、自杀的预防

必须明确的是,自杀是可以预防的。预防自杀,应着眼于切断应激源(危险因素),缓解不良情绪,力求从根本上杜绝自杀的发生。自杀作为一个公共卫生问题,其预防工作也可基于三级预防策略来进行。

(一)三级预防策略

1. 一级预防

一级预防即病因预防,通过消除或减少病因或致病因素来预防个体自杀倾向发展和自杀行为的发生。世界卫生组织(WHO)制定的自杀一级预防指南指出,抑郁症和物质滥用是自杀的主要危险因素,男性、老年、单身和有躯体疾病的患者是自杀的高危人群。指南建议通过以下6项措施降低自杀死亡率:①精神疾病患者的治疗;②枪支拥有的控制;③家用煤气的去毒化处理;④汽车排出废气的去毒化处理;⑤有毒物质获得途径的控制;⑥人性化的新闻报道。

例如,服毒自杀在我国农村地区较常见,因此需加强对有毒物质生产、销售和使用的管理,教育农民认识杀虫剂的毒性作用,并建议家庭做好农药的保管工作。

2. 二级预防

二级预防即早期发现、早期诊断和早期治疗,对处于自杀边缘的人实施早期干预(即危机干预),防止进一步实施自杀行为。设立预防自杀的专门机构,如自杀预防中心、危机干预中心,其功能是对处于困难的个体提供随时可行的面对面帮助、书信服务和上门访问等干预措施,让意图轻生者得到求助机会和及时帮助,让自杀未遂者得到及时有效的支持和危机干预。

3. 三级预防

防止曾经进行过自杀尝试或者自杀未遂的人再次自杀。自杀未遂者通常伴有多种自杀行为的危险因素,比如精神障碍或负性生活事件等。在进行干预前,要筛查出该类人群个体的危险因素,针对危险因素进行心理治疗或者心理疏导,必要时要服用精神药物。另外,在定期进行心理治疗或者疏导的同时,周围的个体应提供必要的社会服务和支持,帮助其重新构建对生活的信心,摆脱恶劣心境,预防自杀行为的再次发生。

(二)自杀预防机构的建立

自杀预防机构包括国家一级的协调机构、自杀预防研究中心以及各地的自杀预防组织机构。国家级自杀预防协调机构一般由中央政府牵头,有关部门组成。自杀预防研究中心接受协调机构的领导,具体实施自杀预防规划。中心设统计室,负责收集和整理有关自杀的流行病学资料;培训各地从事自杀预防研究的精神卫生人员;中心应配备心理学家和社会学家共同参与工作。已有国家通过建立自杀预防网络,利用新媒体技术,拓宽了自杀防控渠道。在当今互联网和手机等新媒体技术迅猛发展的新形势下,对自杀的预防和干预工作要不断创新教育引导和危机干预的手段与途径,积极运用网站、博客、微博、网络及时通信、手机媒体等新工具,逐步建立起传统手段和新媒体充分结合,多层次、广覆盖的自杀预防与干预的信息平台和专业网络。

(三)自杀预防的宣传和教育

根据不同人群的要求,宣传内容可以灵活安排,但一般应包括以下内容:对自杀的认识和态度;自杀行为的内在和激发因素;如何识别高危人群;消极言行的重要意义;预防措施;服务和转诊的方法;自杀者的处理;侍候(自杀未遂后)照顾的需要。

社区介入是开展自杀预防的关键,广泛开展社区精神卫生服务是重要的措施。建立自杀的社区预防网络已在一些国家实行。

(四)加强自杀预防的科学研究

近100多年来的大量研究发现,自杀行为在不同的性别、年龄、民族、职业、社会阶层中的分布不同,精神障碍、严重躯体疾病、慢性或剧烈疼痛、应激性生活事件、自杀未遂史、精神障碍和自杀家族史、冲动性人格、社会隔离、社会歧视、便利的自杀手段甚至某些基因位点的变异等都可能是导致自杀行为的"危险因素"(risk factors),而丰富的经历、坚强的个性、强大而有效的社会支持网络等可能是阻止自杀的"保护因素"(protective factors)。然而,在上述因素中,哪些因素发挥最主要的作用、因素之间是否存在交互作用,这些问题仍有待进一步的深入研究和挖掘。另外,也有研究发现导致自杀意念、自杀未遂和自杀死亡的原因可能并不相同。再者,从个体水平上预测自杀行为是否发生依然是学术界的重要任务。

(唐寒梅)

参考文献

[1] 王娟,王家骥,王心旺.广州中学生自杀意念与家庭关系研究[J].实用预防医学,2012,19(7):1087-1088.
[2] 赵久波,赵静波,肖蓉,等.中国大学生自杀死亡接触状况及其在生活事件与自杀风险之间的调节效应[J].南方医科大学学报,2013,33(8):1111-1116.
[3] 唐芳.大学生自杀行为影响因素及其交互网络模型研究[D].济南:山东大学,2015.
[4] 季善玲,王惠萍,倪青青.青少年自杀死亡的原因现状及预防对策[J].心理医生,2016,22(13):

215-217.

[5] 张小乔. 心理咨询的理论与操作［M］. 北京：中国人民大学出版社，1998.

[6] 肖水源，周亮，徐慧兰. 危机干预与自杀预防（二）——自杀行为的概念与分类［J］. 临床精神医学杂志，2005，15（5）：298-299.

[7] 马剑侠. 大学生自杀问题与干预策略［J］. 中国学校卫生，2002，23（6）：536-537.

[8] 蔡茂华. 心理健康教育理论与实务［M］. 成都：四川大学出版社，2008.

[9] 樊富珉，费俊峰. 青年心理健康十五讲［M］. 北京：北京大学出版社，2006.

[10] 王卫红. 抑郁症、自杀与危机干预［M］. 重庆：重庆出版社，2006.

[11] 熊光练，吴静，沈秋英，等. 中国四城市初中生自杀倾向的现况调查［J］. 中华流行病学杂志，2007，28（2）：127-130.

[12] 彭国胜. 青少年自杀问题研究进展［J］. 青年探索，2009（5）：55-60.

[13] 肖水源，王小平，徐慧兰. 我国现阶段自杀研究及预防工作中的几个问题［J］. 中华精神科杂志，2003，36（3）：129-131.

[14] 张文超. 山东省农村自杀死亡特征及相关因素的生态学研究［D］. 济南：山东大学，2015.

[15] Krug E G, Mercy J A, Dahlberg L L, et al. The world report on violence and health［J］. Lancet, 2002, 360 (9339): 1083-1088.

[16] 张胜洪，胡胜. 自杀高危人群的识别及预防研究［J］. 医学与哲学，2013，34（13）：61-64.

[17] 张斌，宋佳钦. 大学生完美主义倾向的现状及教育对策［J］. 科技资讯，2012（28）：193-194.

[18] 张薇. 高中生自杀意念易感因素的研究及综合心理干预的效果评价［D］. 重庆：重庆医科大学，2018.

[19] 郭久亮. 负性应激事件、易感人格特质、抑郁与军人自杀意念关系研究［D］. 西安：中国人民解放军空军军医大学，第四军医大学，2017.

[20] 谭蓉，胡德英，刘义兰，等. 基于系统论的综合医院住院患者自杀影响因素的研究进展［J］. 护理学杂志，2017，32（7）：103-106.

[21] 尹慧芳，徐广明. 与自杀行为相关的神经认知因素研究进展［J］. 神经疾病与精神卫生，2017，17（1）：56-59.

[22] 刘嘉琦. 浅谈中学生自杀意念的影响因素以及干预对策［J］. 青年时代，2019（19）：257-258.

[23] 郑爱明. 自杀倾向大学生家庭因素及其家庭治疗的个案研究［D］. 南京：南京师范大学，2012.

[24] 陈国梁. 大学生心理健康教育［M］. 广州：华南理工大学出版社，2009.

[25] 王伟. 心理卫生［M］. 杭州：浙江大学出版社，2007.

[26] 蒋荟. 基于信息融合的铁路行车安全监控体系及关键技术研究［D］. 北京：中国铁道科学研究院，2013.

[27] 潘洁珠，吴共庆，胡学钢，等. 基于领域知识的预警规则发现研究［J］. 计算机技术与发展，2008，18（7）：66-68，73.

[28] 张宏宇. 自杀危机者心理动因的理论模型研究［J］. 中国青年研究，2011（11）：15-19.

[29] 杨敏. 社区精神卫生护理学习指导［M］. 长沙：中南大学出版社，2009.

[30] 翟惠敏. 护理心理学［M］. 北京：中国协和医科大学出版社，2011.

[31] 陈鹏，陈华. 职业指导与就业［M］. 北京：中国商业出版社，2000.

[32] 任桂秀. 行为医学［M］. 成都：四川大学出版社，2004.

[33] 肖水源. 个体自杀预防工作相关的几个问题［J］. 中华行为医学与脑科学杂志，2018，27（3）：193-196.

[34] Vijayakumar L, Phillips MR, Silverman MM, et al. Suicide［M］//Patel V, Chisholm D, Dua T, Laxminarayan R, Medina-Mora ME. Mental, neurological, and substance use disorders: disease con-

trol priorities, 3rd ed (Volume 4). Washington (DC): The International Bank for Reconstruction and Development / The World Bank, 2016.

[35] Conejero I, Olié E, Courtet P, et al. Suicide in older adults: current perspectives [J]. Clin Interv Aging, 2018, 13: 691-699.

[36] Berardelli I, Corigliano V, Hawkins M, et al. Lifestyle interventions and prevention of suicide [J]. Front Psychiatry, 2018, 9: 567.

第四章
暴力伤害及其预防

暴力是人类社会的头号公敌，已成为一个全球性的社会问题。严重的暴力行为即犯罪，它与吸毒贩毒、环境污染一起被称为世界三大公害，成为影响人们身心健康，危害家庭和谐、校园安全、社会稳定的严重问题。

第一节 暴力伤害概述

一、基本概念

1996 年，第 49 届世界卫生大会（WHA）首次将暴力（violence）作为严重危害健康的公共卫生问题提出，将其定义为：暴力是指蓄意滥用权力或躯体力量，对自身、他人、群体或社会进行威胁或伤害，导致身心损伤、死亡、发育障碍或权利剥夺的一类行为。该定义在"运用躯体的力量"之外加上了"权力"一词，扩展了暴力行为的本质，即暴力包括由能力产生的作用如威胁和恐吓。定义还包含了多种结果，包括了精神伤害、发育障碍和权益剥夺，反映出当前对暴力研究的不断深入。2014 年全球预防暴力状况报告指出，暴力不但会导致受害者遭受"生理、精神和行为问题""性和生殖卫生""慢性病"等严重后果，而且还对卫生和刑法系统、社会和福利服务以及社区经济生活造成沉重负担。

在心理学上，暴力常与攻击（aggression）联系在一起。Goldstein 认为，攻击行为是意图引起他人身体或心理伤害的行为，而暴力行为则专指造成他人身体伤害的行为。Baron 和 Richardson 认为，攻击是任何形式的、有目的地伤害另一生物体且为该生物体所不愿接受的行为，攻击的极端形式称为暴力行为。暴力的手段常较激烈，且后果较为严重。攻击与暴力的外延有所区别，Christopher 和 Kevin 认为，所有的暴力都属于攻击行为，但很多攻击行为并非暴力。攻击是暴力行为的本质属性，是暴力的目的，暴力与攻击相伴而生，在表现暴力行为的背后，隐藏着攻击的动力与意图。因此，可通过攻击行为机制的研究揭示暴力行为发生的机制。近年来，学术界对暴力的理解更加深入和全面，除了身体伤害、威胁、恐吓、歧视、关系攻击等心理伤害也被纳入暴力的范围中，暴力与攻击的区别已逐渐淡化。暴力也常与欺负相联系。Thomas和Kevin认为欺负（bully）是强者用躯体或心理力量对弱者实施的伤害。欺负与暴力的主要区别在于欺负强调行为双方力量的非均衡性，暴力则不管力量强弱，弱者也可能攻击强者造成暴力。欺负行为是一种特殊类型的暴力，暴力包含欺负，即所有的欺负都是暴力行为。

暴力从本质上讲是一种行为，构成暴力行为的要素如下。

1. 暴力行为具有蓄意伤害性

蓄意是指施暴者怀有伤害对方的意图。因一时疏忽而意外造成的伤害行为不属于暴力的范围，暴力的核心特征是有意伤害性。

2. 暴力行为涉及施暴者、受害者和目击者三种角色

暴力行为主体是施暴者（violator），指主动实施暴力行为的人。施暴者通常是个体，但也可能是团体。暴力行为的受害者（victim）是暴力行为的客体，是遭到暴力行为的人。暴力受害者不仅是他人，还包括自身和群体。暴力目击者（witness）指没有施暴或遭受暴力但亲眼见证暴力发生过程的人。

3. 暴力行为的手段和方式多种多样

暴力不仅包括使用工具或躯体力量等显而易见的形式，也包括使用言语与非言语的暴力行为，如威胁、恐吓、辱骂、嘲笑、歧视、怒视等，甚至是更为隐匿的漠视与关系攻击。

4. 暴力行为的后果包括伤害身体和心理两个方面

暴力不仅导致身体伤害或死亡，同时也给人们造成心理创伤，导致成长障碍，影响其生活质量。因此，遭受暴力者不仅需要身体治疗，更需要心理治疗。

5. 暴力行为环境

暴力行为环境指暴力发生的地点。暴力可发生于家庭、学校、工作场所以及社区、街头等任何有人的地方。躯体暴力常发生在一些较少引人注意的死角，如厕所、空房、楼梯间、小巷子等，而心理暴力则不受场合与地点的限制。

二、暴力行为的分类

1. 根据施暴者特征分类

根据施暴者特征可将暴力分为三类：自我主导的暴力、人际间暴力、群体暴力。自我主导暴力分为自杀和自虐两类亚型，其中自杀是以结束生命为目的，包括自杀意念、自杀未遂和自杀成功；自虐是以虐待自己来获取精神满足，包括自残或自我伤害等行为。人际间暴力可分为家庭或亲密伴侣间暴力及社区暴力两类亚型。前者包括虐待家庭成员或亲密伴侣的暴力行为，后者则是非亲属间的暴力，施暴者和受暴者可能相互认识或不认识，通常包括团伙间的暴力、陌生人的强奸、偶发暴力等，以及发生在学校、监狱等公共机构中的暴力行为。群体暴力可分为社会暴力、政治暴力和经济暴力三类亚型，与前两种分类不同，群体暴力的分类体现了大的群体或国家暴力行为的动机。

2. 从施暴者与受害者角度分类

从施暴者角度，根据施暴人数差异，可以分为个体暴力与团伙暴力。暴力受害者不仅包括他人，还包括自己及群体，因而从受害者的角度又可以把暴力分为自我暴力和人际间暴力。

3. 根据暴力行为的本质分类

根据暴力行为的本质不同，主要分为躯体的、性行为的、精神的、剥夺与忽视四种类型。剥夺与忽视的受害人主要是儿童与老人，忽视是指拒绝或没能完成监护义务。

4. 依据施暴方式分类

依据施暴方式可以分为硬暴力和软暴力。硬暴力是指针对人身和财物的暴力，如打架、斗殴、抢劫、强奸、盗窃等；软暴力主要是指心理上的暴力，如言语羞辱、起侮辱性外号、恐吓、取笑、捉弄他人等。

5. 依据施暴环境分类

依据施暴环境可以分为家庭暴力、校园暴力和社会暴力等。

（1）家庭暴力（domestic violence，DV）：简称家暴，家庭暴力常发生于有血缘、婚姻、收养关系并生活在一起的家庭成员之间，比如丈夫对妻子、父母对子女、成年子女对父母等，妇女和儿童是家庭暴力最主要的受害者，有些中老年人、男性和残疾人也会成为家庭暴力的受害者。一般而言，家庭暴力包括冷暴力和热暴力两种暴力行为。冷暴力主要是在夫妻双方存在矛盾时，并不是通过殴打等暴力行为来处理，而是通过一种冷淡、疏远、忽视、放任等的方式，对对方毫不关心，以冷战式的方式回应对方，从而使自己与对方的关系直线下降或与对方的交流直接断绝，以达到所谓惩罚对方为目的的暴力行为。而热暴力则是在夫妻双方发生矛盾时直接采用殴打、残害等的方式来达到惩罚对方目的的暴力行为。

（2）校园暴力（school violence，SV）：包括发生在校内、上下学途中，学校组织的活动及其他所有与校园环境相关的暴力行为。从广义上讲，校园暴力包括老师和学生之间、学生与学生之间、校外人员与校内师生之间的所有暴力行为；狭义上的校园暴力一般仅指学生与学生之间发生的所有暴力行为。目前，国内外研究者一般采用广义的校园暴力定义。主要表现有：①学生之间的暴力；②教师体罚学生，或学生对教师施暴；③校外人员对校内师生施暴。方式包括躯体暴力（推、打、踢、撞及其他可导致疼痛、伤害、损伤的攻击行为）、言语/情感暴力（威胁、恐吓、歧视性辱骂等）、性暴力（各种形式的性骚扰、性侵犯）和财物暴力（抢东西、故意破坏他人物品等）。随着社会信息化程度的提高和互联网技术的发展，网络暴力作为一种新型的校园暴力类型引起了社会各界的广泛关注。伴随近年来全球暴力事件的普遍化、严重化，多数学者已认识到，发生在校园或以其为媒介的社交群体内的欺负行为，实质上是暴力的前奏。

（3）社会暴力（social violence，SV）：是指在社会环境中发生的，利用身体力量或者其他工具损害他人身体或者公私财物的行为。主要表现有：

① 群体性暴力事件：3个或3个人以上有着共同利益诉求的特定群体或者对某一社会现实不满的偶合群体，通过对如政府部门、企业、组织单位等采取不合法的规模聚集、游行示

威，甚至是打、砸、抢、烧等途径来谋求实现自身利益、要求公平或恶意破坏等目的而发生的社会事件。

② 个体性暴力事件：3个人以下由于自身利益的诉求得不到实现或自身利益与他人利益产生冲突与矛盾时，通过对其他个人或人群采取暴力或极端的各种行为方式来实现自身利益、心理满足等目的的社会事件。

三、暴力的危害

暴力产生的危害主要包括四个方面。

（一）导致身心伤害

经常遭受暴力不但会导致身体的伤害和残疾，而且将导致受害者出现恐惧、不安、焦虑、抑郁、失眠等症状，自我认知降低甚至在自卑绝望或情绪失控的情况下出现自伤、自杀或者杀人。暴力在受害者身体上留下伤痕，在受害者心理上烙下印记，这些痛苦的经历对他们今后的人生都将产生严重的负面影响。例如，对身边的人产生恐惧，不能开始新生活，严重的甚至患上精神方面的疾病，始终处在暴力的阴影之下。

（二）诱发违法犯罪

暴力可能会引发青少年违法犯罪。在一个充满暴力、恐惧和怨恨的环境中成长起来的未成年人，容易出现心理障碍并进一步形成畸形的心理状态，成年后很可能成为新的暴力实施者，若不及时进行教育和干预，易导致反社会人格和行为，从而走上犯罪道路。Olweus等学者的研究表明，经常侵犯他人的儿童成年后的犯罪率是正常者的4倍。也有研究结果显示，侵犯者从小接受恃强凌弱的暴力意识，很可能导致他们成年后虐待老人和儿童，甚至发生其他犯罪行为。尤其是长期受虐待的妇女，由于始终生活在暴力阴影之下，在绝望中常常选择"以暴抗暴"的极端方式进行应对。据调查，某省1000多名女犯人中有100多人是因为杀夫犯罪入狱，她们由于不堪忍受丈夫的虐待而最终选择极端手段。

（三）破坏社会和谐

家庭暴力会使家庭产生隔阂甚至破裂，对儿童的暴力会被儿童模仿并使儿童具有暴力倾向；校园暴力会对校园的安全构成威胁，影响教师的施教和学生的学习；社会暴力会破坏社区的结构和秩序，导致社区安全感的缺失，引起社会的不稳定，并可能使得其他社会成员更倾向于使用暴力来解决问题。

此外，暴力常导致人际关系障碍、就业困难等其他问题，又可能加重其对家庭和谐与社会安定的不利影响。

（四）造成经济损失

暴力常造成各种经济损失，包括直接经济损失和间接经济损失。直接经济损失主要有治疗康复、损害赔偿、法律诉讼等费用；间接经济损失主要有误工停工、劳动能力丧失导致的收入损失等。据全球经济与和平研究所报道，2017年暴力导致经济的损失为14.8万亿美元，占全球GDP的12.4%，相当于每人近2000美元。

第二节
暴力伤害的流行病学特征

由于家庭暴力和校园暴力是暴力伤害的主要类型，故本章仅对家庭暴力和校园暴力的流行病学特征进行描述。

一、家庭暴力的流行病学特征

1. 性别特征

家庭暴力受害者中绝大多数是家庭妇女，约占72%，儿童约占15%，老年人约占11%。2011年全国妇女联合会和国家统计局共同开展的社会调查结果显示，在婚姻家庭中经历过丈夫殴打侮辱、控制其人身自由、强迫进行夫妻性生活等家庭暴力的女性占24.7%。实施家庭暴力的绝大部分是家庭成年男性，但在少数由"女强人"当家的家庭中，也有女性对丈夫不尊重，甚至直接实施暴力的情况。除了殴打捆绑这种传统暴力外，也有人对受害者采取"软暴力"，比如讽刺挖苦、随意谩骂、冻饿等虐待方法，这种"软暴力"，同样侵犯受害者的身心健康和合法权益，危害家庭关系。

2. 种族特征

由于各个民族在经济水平、教育、居住环境、传统信仰和习俗方面存在差异，因此各民族的家庭暴力发生率也有所不同。据调查，美国印第安人和阿拉斯加人比其他民族的人群更易发生家庭暴力。另一项研究则指出，美国有35%的黑人女性遭受家庭暴力，这一比例明显高于白人女性。

3. 时间特征

有调查指出，2/3的女性受害者以及1/2的男性受害者遭受家庭暴力的地点都是在受害者的住所内，发生家庭暴力的时间则是在晚上七点到早晨六点之间。这说明，在家庭内伴侣接触的机会越多，发生家庭暴力的可能性也就越大。不过，也不能单纯片面地看待这种接触机会导致家庭暴力的可能性。

4. 地区特征

有报道指出，在欠发达国家的地区家庭暴力的发生率显著高于发达国家的地区；城区女性遭受家庭暴力的比例明显高于郊区女性，且略高于农村女性。多项研究的结果显示，妇女报告在过去任何时候曾经遭受躯体暴力的比例为10%~69%，总体来说，发达国家的家庭暴力发生率低于发展中国家，妇女报告的过去1年遭受躯体暴力率在澳大利亚和加拿大只有3%，而在尼加拉瓜、秘鲁、孟加拉国和东地中海地区，遭受躯体暴力率都在15%以上，有的国家甚至超过了50%。中国反家庭暴力网络2012年的调查数据显示，浙江、甘肃和湖南三省份的家庭暴力普遍程度为34.7%。

二、校园暴力的流行病学特征

1. 人群特征

青少年作为校园暴力的主要受害者，暴力行为常常发生在12~18岁，暴力行为的发生率在进入青春期（13~18岁）前或者青春期早期开始上升，青春期后期达到最高，在青春期结束之后开始呈现递减的趋势。近年来，暴力事件制造者和受害者的年龄越来越小。美国司法部统计局2012年公布的《全国犯罪受害调查报告》显示，2011年有580万12岁及以上美国人成为暴力犯罪受害者，这意味着每千人中就有22.5人受到暴力犯罪侵害，与2010年的每千人有19.3名受害者相比，暴力犯罪增加17%，打破了从1993年开始的全美暴力犯罪连续下降趋势。美国司法部统计局认为，2011年暴力犯罪率上升的主要原因是暴力攻击上升了22%。

校园暴力的涉及者存在性别差异。国内外许多研究表明，男生的校园暴力发生率高于女生。一般说来，在青春期，男生往往比女生更容易冲动、喜欢冒险，但又由于涉世不深、缺乏明辨是非的能力，从而使男生比女生更容易涉及校园暴力事件。也有研究认为，这可能与社会文化对男性暴力行为更加宽容有关。不过，也有调查显示，在校园暴力行为发生上，男女差异无统计学意义。

另外，男生一般涉足身体暴力（或称硬暴力，如打架斗殴），而女生更多涉足间接暴力（或称软暴力，如言语侮辱）。值得注意的是，近年来有研究发现，女生校园暴力行为的发生率有增长的趋势。

2. 地区特征

校园暴力行为在全世界均很普遍。发展中国家校园暴力发生率高于发达国家；发达国家持枪械施暴于同伴的行为较发展中国家多见。国内外大多数校园暴力的研究都聚焦于城市，而农村相对较少。一般而言，由于经济水平、基础设施以及教育质量上的差异，农村校园暴力的发生率要高于城市。但也有学者发现，城乡校园暴力的发生率差异无统计学意义。可能由于农村学生对校园暴力的认知上存在不足，而本应定义为校园暴力的行为，他们并不认为是暴力。

第三节
暴力伤害的原因或影响因素

一、家庭暴力伤害

（一）个人因素

从心理学角度看，实施家庭暴力的男性一般具有如下心理特征。

1. 感情冲动型

俗称"火爆脾气"，此类个体头脑简单，感情用事，不管在家还是在外，遇上不顺心的事，或者和他人产生某些分歧，通常没有耐心去讲道理，动辄拳脚相向，但又常有事后后悔的情况。此种性格的男性在我国以北方居多。

2. 性格阴鸷型

此类个体通常是多面人格，表面上温文尔雅，一副正人君子的样子，但遇事善于动心机，骨子里面"男子汉大丈夫"思想严重，这种人一旦对妻子产生不满，更多的是采取"冷暴力"，在人前表现得温柔体贴，在人后冷若冰霜。

3. 自卑怀疑型

非常自卑的人通常会表现出过于的自尊，被批评两句便认为是打击他，表扬两句便认为是讽刺他。此类个体敏感多疑，患得患失。如在夫妻关系中，有人夸他妻子好，他会认为这是说他配不上妻子；有人无意中看了他妻子一眼，他会认为这是"眉来眼去"。这种人自卑胆小，不敢对自己假设的"情敌"动武，却会对自己的妻子施以暴力，而且把自己的"妄想"当作"事实"，不容许辩驳和解释，越解释越辩驳其疑心越重，甚至会感到委屈和绝望。

4. 性趣变态型

有的男性因自身生理问题，或者性功能不全，靠打骂妻子发泄内心的郁闷；有的男性性心理变态，有着极端另类的性取向，靠折磨妻子发泄自己的欲望。

（二）社会压力因素

根据暴力发生的"压抑-诱发"模式，当某些因素造成了个体需要的压抑，可能会产生严重的心理冲突，当遇到一定的外界刺激以后，很容易外化为攻击性行为。中国近二十年经历了巨大的社会变革，一方面提高了人民的物质文化生活水平，另一方面也增加了人们的生活竞争压力。特别是在计划经济向市场经济转型的过程中，社会体制的变革，思想观念的冲击，造成了社会秩序的震动，也带来家庭生活观念的转变。

（三）法律因素

目前司法实践中，我国《刑法》《婚姻法》《妇女权益保障法》《未成年人保护法》《老年人权益保障法》等法律法规关于惩处侵害妇女、儿童、老人人身权利的家庭暴力行为都有禁止性规定，但是在具体的实施过程中，由于受传统的"民不告，官不究"和"清官难断家务事"等观念的影响，不仅一部分执法人员不去依法惩处家庭暴力行为，甚至连有些公安机关的报警电话也通常不接受家庭中暴力事件的报案。他们认为"两口子吵架不记仇"，家庭内部事物不便干预，"多一事不如少一事"。

（四）经济地位因素

随着社会文明的进步和经济结构的变化，夫妻间的经济收入可能差距较大，由此导致家庭控制角色的转换。家庭暴力从某种角度上可以认为是权力的控制方式之一。施暴者是权力控制的一方，其目的是使另一方屈服和遵循自己的意志，包括在身体上、性生活乃至精神上的控制。一旦男性在自己的妻子和儿女面前表现得拥有了国王般的无边权力和地位，就构成了企图建立权力与控制的重要依据。而女性一旦与这种控制角色发生冲突，就容易发生家庭的暴力。另外，很多男性因为经济收入的变化出现外遇，也常使用暴力的手段逼迫妻子离婚。

（五）道德伦理因素

经济发展决定道德建设，市场化对传统道德观念的冲击是导致家庭暴力增多和婚姻家庭破裂的一个主要原因。人们追求利益最大化，一方面使家庭人员的行为倾向于金钱和物质利益，而忽视了对感情、亲情的培养和巩固，另一方面，开放的社会促进了人的个性张扬和人格独立，交往空间的相对扩大使人对家庭的依恋感和责任感相对减弱，一些家庭由此变成了一个松散的联合体。社会生活节奏的加快，使夫妻间的情感交流日益减少以至淡漠。而社会的高速发展和变迁又使人们在工作、生活中的社会压力不断增加，当这种压力无法排解时，极易导致出现家庭矛盾甚至家庭暴力。

二、校园暴力伤害

校园暴力行为是青少年"内"（身心特点）"外"（环境）因素综合作用的结果。其中，家庭-学校-社会三联屏障的作用缺失、偏离往往起核心作用。

（一）学生自身的原因

1. 身心发展

一个人随着年龄的不断增长，生理和心理也会逐渐成熟，但其认识能力和控辩能力不一定能得到相应的发展。例如，青少年辨别是非和自控的能力比较薄弱，处理问题容易情绪化；独立意识渐强，爱出风头、喜欢逞强，希望充当伙伴崇拜的"老大"。在此种情况下，青少年易以暴力挑衅来获得成就感，满足虚荣心。

2. 学习压力

学生的压力来源各不相同，其中很重要的一个方面就是学习上的压力。在大多数中国家长看来，学生的首要任务就是学习，考出好成绩，考上好学校，然后找到好工作。可见，学习上的压力不仅来自学校，更多来自家长。学校的各种考试和排名、家长的各种督促和监管，都可能会导致学生产生厌学情绪，在学习压力积累到无法忍受的程度时，学生就可能把学习压力通过暴力的形式进行排解或释放。

3. 不良交往

随着年龄的增长，学生开始选择和同龄人交往并融入群体当中，有强烈的伙伴团体倾向，发展帮派成员，为扩大地盘打架，成为团伙暴力的根源。也有一些学生缺乏交往技能，难以与别人沟通相处，出现彷徨、孤独等情绪问题，可能逐渐形成暴力倾向。

4. 应对措施不当

受到暴力侵害的学生，在应对时常有两种极端情况：一种是忍气吞声、息事宁人，但恰恰是这种忍气吞声，助长了施暴者的嚣张气焰；另一种就是针锋相对、以暴制暴。两种极端情况都会造成恶性循环，前者会导致受害者心理问题，例如情绪不稳定、学习兴趣锐减，甚至精神失常等；后者会导致暴力行为持续化、严重化，双方均成为受害者并深陷其中。

5. 法律意识淡薄

有研究表明，实施暴力行为的学生大多法律意识淡薄或缺失，对暴力可能引发的后果及可能承担的责任了解不够。

6. 其他因素

吸烟、饮酒和滥用毒品等均能增加青少年产生暴力行为的风险。

（二）家庭的原因

家庭环境、家庭氛围、亲子关系对青少年的成长发育影响很大。父母是孩子的第一任老师，对青少年的成长至关重要。现代社会中的家长工作压力大，生活节奏紧张，缺少时间与孩子沟通，父母角色弱化，亲子关系疏离，因此在教育和培养孩子的过程中容易出现两种倾向。一种是"强制"。家长对孩子期望过高，要求过严，甚至对孩子的生活和学习采取强制措施，例如强迫参加各种学习班，不准使用电脑、手机，不准玩游戏，成绩不理想就非打即骂，等等。另一种是"溺爱"。家长常常无原则地满足孩子不正当的要求，导致孩子自私自利、为所欲为。上述两种倾向会产生不同的后果，前者容易使孩子产生逆反心理，喜欢采用违背父母意愿的方式行事，注重于享受此行为带来的快感，并逐渐形成一种对抗的习惯；后者容易使孩子从小养尊处优、高高在上、漠视规则，一旦个人要求得不到满足，便会气急败坏、恼羞成怒，常通过暴力行为发泄私愤。

当然，有些家长由于自身素质较低，语言粗俗，行为粗鲁，家庭暴力不断，常使孩子在耳濡目染中形成动辄拳脚相向的习惯。此外，由于离婚等家庭变故，孩子生活在单亲或重组家庭内，易产生偏执、冷漠、好斗心态，也可能增加暴力发生的风险。

（三）学校的原因

学校是培养和教育学生的场所，但如果学校自身存在问题，会对校园暴力的形成和发展产生重要的影响。正如研究犯罪的学者娜妮·丁·西格尔在《青少年犯罪》中所说："由于学校之宗旨在于陶冶人的情操，又由于青少年大部分时间在学校度过，青少年犯罪和学校之间存在某种关系是符合逻辑的。"学校方面导致校园暴力行为发生的主要原因有以下两方面。

1. 校风校纪

学校由于管理制度不健全、措施不到位，校风校纪较差，校园秩序混乱，学生纪律涣散，易染指各种恶习，从而滋生校园暴力。

2. 应试教育

从某种角度来看，校园暴力也与学校长期以来的应试教育有一定的关系。学业上的压力、成绩唯上的竞争模式可能会使学生长期处于精神压抑状态，产生过度的竞争及嫉妒心理，进而引发校园暴力事件。

（四）社会的原因

1. 暴力文化

影视或书籍作品中描写的所谓"正义"，青少年不一定能够正确理解，相反他们可能更欣赏的只是其中的暴力手段和行为，而这些暴力手段和行为却常常被包装和美化，加之通过网络技术的应用和渲染，使得青少年沉溺其中，刻意追求"英雄""侠客"的角色满足感和成就感。长此以往，由于青少年的模仿能力很强，辨别是非的能力又不够，暴力场面的浸染只会让孩子崇尚暴力、欣赏暴力，乃至在现实中使用暴力。

2. 道德环境

近年来，高校校园暴力事件的频发反映出部分大学生出现了道德滑坡和道德失范现象，其较为显著地表现在社会公德失范和学校道德失范两个方面，主要原因包括西方不良思潮的传入、教育方式的偏差和公共权力的失范。

三、社会暴力伤害

毋庸置疑，任何国家都存在社会暴力。因为随着社会经济的发展，社会阶层不断分化，导致新的利益结构、利益组织和利益群体以不同的形式出现，不同利益阶层的诉求也开始多样化。此时，如果政府的社会管理缺失或不力、个体或群体的正当诉求得不到法律的保障、社会的公平正义得不到伸张、政府的公信力降低导致信任危机，此时民众就可能采取某些极端的方式（如冲击政府机构，无目的加害不确定对象）来声明或争取自身的利益，从而造成社会暴力事件的发生。当然，也有所谓人格缺陷者、性格冲动者、法律意识淡薄者、受人蛊惑者刻意通过社会暴力（如打砸抢烧等行为）进行蓄意破坏和伤害他人来发泄不满或实现其他不可告人的目的。

总体而言，造成社会暴力的原因虽然复杂多样，但基本可以归为三个方面。

（1）政府层面：管理制度缺失；执政能力不足；法治不彰；公信力下降；处理群体事件的方式方法不合理；等等。

（2）社会层面：社会经济状况变差，民众生存压力加大；社会道德溃败；各种不良思潮的泛滥；非法组织的诱骗或蛊惑；等等。

（3）个人层面：三观不正；人格缺陷；仇官仇富；法律意识淡薄；从众心理；发泄私愤；等等。

第四节
暴力伤害的预防

一、家庭暴力的预防

联合国将每年 11 月 25 日定为"国际消除对妇女的暴力日"，体现了对防止家庭暴力工作的重视。

(一) 加强宣传教育

1. 充实家庭成员的法律知识

通过开展广泛的法制宣传教育活动,转变"打老婆孩子不犯法""清官难断家务事"等错误观点,让更多的人认识到家庭暴力问题可用法律武器来解决,尤其要在农村和经济落后的偏远地区加强预防家庭暴力方面的法制教育。

2. 提高家庭成员的文化道德素质

提高家庭成员的文化素质、思想道德素质,树立人权平等意识,主动建立和睦、团结的家庭关系,才能从根本上解决家庭暴力问题。

(二) 提供家暴救助

建立专业的家庭暴力法律援助机构非常重要,例如开通反家庭暴力热线,为受害者提供直接的法律咨询和心理咨询;设立家庭事务调解机构、家庭暴力援助中心、家暴调查事务所等,对家暴受害者进行最直接的临时救助。

1. 落实村委、社区制止家庭暴力的制度

家暴发生时,村委、社区离得最近,及时的干预可有效保护家庭弱势群体的人身权利。因此,可在农村和社区中逐步建立由派出所、群众团体组织(妇联、团委)、专业机构(医院、鉴定机构、律师、法院)组成的"反家暴"网络,为被害人提供庇护和物质帮助。

2. 及时对受害者进行心理干预

受害者在经历家庭暴力后,往往在心理上留下阴影和恐惧,如不及时对其进行心理疏导和治疗,将对其今后的生活产生长期的不良影响,甚至导致精神崩溃,发展成精神病。

(三) 完善立法执法

目前,已有40多个国家采取了预防和制止家庭暴力的法律措施。在美国,许多地方法院创立专门的家庭暴力法院,审理民事案件、轻微刑事案件中涉及家庭暴力的案件;在英国,1996年《家庭法案》中设置了"互不妨害令""附加挽留权"等来预防和制止家庭暴力。2015年12月27日,十二届全国人大常委会第十八次会议表决通过了《中华人民共和国反家庭暴力法》,并于2016年3月1日起施行,标志着中国正式拥有了专门应对家庭暴力的法律。

为了充分发挥法制的威慑与教育作用,还需加大执法力度,以维护法律权威。加拿大政府的"零容忍"政策,规定对家庭暴力不分轻重必须立案,警察有权入室制止;因家暴离婚时,用作生活的房屋归被虐配偶所有。

总之,家庭暴力是一个严重的社会问题,需要全社会共同承担责任。要充分利用法律、行政、舆论等多种途径,坚决同一切家庭暴力作斗争,尽最大的努力来消除家庭暴力。

二、校园暴力的预防

校园暴力的预防与控制是一项庞大的社会工程,需要全社会、多部门的共同参与,更需要政府的高度重视。校园暴力的预防涉及医学、心理学、教育学、社会学、法理学等多门学科,国家在加快制定法律法规的同时,还应该加强在这些领域的联合研究,通过采取综合有效的干预措施来减少校园暴力的发生,保障学生的健康成长。

世界卫生组织(WHO)专家倡导的"社会生态学理论"是迄今为止最理想的预防校园暴力的理论模式,其干预步骤主要为:①全面了解群体健康危险行为(包括暴力倾向)的发生状况;②分析家庭、学校、社会等环境危险因素及其相互作用;③从三级预防角度出发,针对危险因素制定预防措施,干预的核心是建立学校-家庭-社区三联屏障。

(一)一级预防

一级预防的措施作用于暴力行为发生前,以防患于未然。整个过程需要家庭、学校和社会的共同参与和密切配合。其中健康教育就是一项低投入、高收益的措施,内容应由以下四部分组成。

(1) 认知暴力:从什么是暴力、暴力的表现形式开始,介绍暴力的危害及其与其他青少年健康危险行为之间的关系,进而通过普法教育,帮助青少年在培养良好道德品质的同时,知法、懂法、守法,建立牢固的法律意识;指导青少年运用法律知识和技能保护自身的合法权益,强调既不能"以暴制暴",也不能"忍气吞声"。

(2) 安全教育:具体传授抗暴御辱的方法,如:迷路怎么办;遇到坏人怎么办;遭遇暴力袭击怎么办等,尤其应重视培养个体独立应对突发事件的能力。

(3) 人际交往技能:如何在日常生活中以积极态度与人交往,以诚恳、谦虚、宽容态度对待他人;怎样建立和保持友谊;怎样正确和异性交往等。

(4) 生活技能教育:指导学生正确认识自我,充分发挥自身能力;学会正确的拒绝方法。

1. 家庭方面

(1) 创设温馨的家庭环境,多和子女相处,充分沟通,满足亲子情感需要,让孩子从小建立安全感。

(2) 提高家长自身素质,建立平等协商机制。

(3) 从小进行是非观念、品德和纪律教育,让孩子在日常生活中学会正确鉴别自身言行,增强约束力;养成宽容、理解的好品质;正确处理与同学的矛盾、争执或纠纷。

(4) 多和学校积极沟通,了解孩子在校的学习生活情况。发现孩子与他人存在矛盾时,帮助其通过正常、理性的渠道解决,不护短、不推波助澜。

(5) 面临家庭破裂危机时父母需保持冷静,消除"战争";家庭破裂发生后,应妥善安排孩子的后续生活,尽量减少对孩子的负面刺激。

2. 学校方面

(1) 摒弃应试教育,提倡素质教育。发挥所有学生特长,给予他们充分受关注、被接纳的机会。

（2）加强校园安全管理。根据需要组织校卫队，维护校园治安。

（3）加强心理辅导。通过心理咨询机构和心理专业老师排解学生的自卑、孤独、嫉妒等心理问题和自暴自弃、怨天尤人、偏激等不良情绪，提高应对挫折和失败的承受力。

（4）组织丰富多彩的文体活动，将学生从不良娱乐场所吸引回来。

（5）保护学生正当权益。不随意开除劝退学生，防止其辍学和流失到社会。

（6）加强师德教育。做到教书育人、管理育人、服务育人，使学校形成良好的育人环境。

3. 社会方面

（1）加强危害社会安全物品的管理。

（2）清理校园周边的歌舞厅、网吧、迪吧等青少年易聚集场所，营造良好环境。

（3）加强对暴力色情影视作品的管理。

（4）推广积极向上的社区文化和活动，等等。

（二）二级预防

二级预防包括在校园暴力事件发生前及时发现隐患和苗头，通过干预及早将其消除在萌芽状态，同时将所造成的伤害减少到最低限度。为此，家长、教师和学生的同伴都应具备发现一些早期暴力警告信号的能力：①过去有攻击、违纪行为史，此时重现以往的异常情绪，如沉默、社交障碍、孤立、拒绝、受迫害感等。②注意力、学习效率、学习成绩急剧下降。③无法控制愤怒情绪，如在胡乱涂鸦和图画中显示暴力；对小事反应异常强烈；破坏财产；寻找凶器；有强烈自杀意念和企图等。④原本具有的危险行为超常规表现，女生常见的如吸烟、吸毒、无自尊、与父母冲突、离家出走，男生常见的如酗酒、吸烟、药物滥用、逃学和打架。无论男女生，其吸烟、酗酒、打架等的频率与暴力伤害之间存在明显的剂量-反应关系。

二级预防应以学校和家庭为重点范围，并做好以下工作：①对学校相关人员进行危机干预培训，提高校园暴力预防意识；②发现、识别早期警告信号，对可能出现的暴力倾向进行预测评估；③学校建立干预小组，并和家长充分沟通；④对高危青少年进行心理矫治，提供指向性干预。

（三）三级预防

三级预防指暴力事件发生后立即采取行动，力争将伤害损失降低到最低限度。其具体措施主要包括以下几个方面。

（1）启动应急机制进行应对。包括从公安、司法机构获得及时支援；建立有效联络系统，落实个人的危机干预责任；进行院前急救、急诊和治疗。

（2）正确处理暴力的后续影响。例如，帮助父母理解孩子对所受暴力的反应，消除恐惧；必要时接受精神卫生咨询；协助性侵犯受害者接受检查，防治性传播性疾病；指导受害者寻求公安、司法等后续帮助。

（3）根据受害者状况，提供必要的护理、康复服务，尽力减轻暴力导致的损伤和残疾。

（4）帮助师生接纳改造后的施暴者（包括来自少年劳教机构者）回校，真正实现社会回归。

三、社会暴力的预防

总体来看，社会转型期是世界各国暴力事件频发的高峰期，因此加快完成社会转型的过渡，不仅有利于社会结构趋于合理化，促进社会经济的进一步发展，更有利于缓解社会矛盾和冲突。因此，从国家层面应科学调整和布局社会生产力，转变经济发展方式，合理配置资源，促进社会经济的协调发展，同时建立科学合理的社会财富分配方式，尽量缩小贫富差距。

为了预防社会暴力的发生，同样需要全社会的共同努力，主要体现在以下几个层面。

（1）政府层面：政府部门应积极拓展民意传递渠道，建立和完善利益表达与协调机制；提高基层组织的社会治理能力，及时有效地处理矛盾或纠纷；加强法制宣传，增强全社会的法律意识；提高执法和司法水平，提升政府的公信力；建立健全社会信息网络，及时发布权威信息。

（2）社会层面：社会各级组织和民间力量应摆正位置，传播主流文化，发挥沟通官方和民间的桥梁与纽带作用；加强心理和精神健康的教育与研究，推动创建文明安全社区。

（3）个人层面：个人应努力提升文化素养、道德素养和法律素养，学会明辨是非和自我防范，不随波逐流、不盲从盲信；等等。

（唐寒梅）

参考文献

[1] 蔡清水，李开慧，王斌武. 心理健康教育读本［M］. 成都：电子科技大学出版社，2008.

[2] WHO Global Consultation on Violence and Health. Violence: a public health priority [R]. Geneva: World Health Organization, 1996.

[3] 季成叶. 预防校园暴力：一项值得高度关注的公共卫生课题［J］. 中国学校卫生，2007, 28（3）：193-196.

[4] 张卫，潘绮敏. 青少年暴力及其预防［J］. 华南师范大学学报（社会科学版），2004（5）：90-96, 103.

[5] 马梅，王小琴，惠沼沼，等. 校园暴力现状及对策研究进展［J］. 中国医学伦理学，2017, 30（4）：420-426.

[6] 郑春玲. 中学生暴力行为量表的编制及其初步应用［D］. 太原：山西大学，2013.

[7] 张延婷，杨皓斌，周瑛瑛，等. 青少年暴力遭遇研究进展［J］. 伤害医学（电子版），2014, 3（4）：47-51.

[8] Jennifer T, Lynn L, Michael P, et al. Criminal victimization [R]. Washington DC: Bureau of Justice Statistics, 2013.

[9] 于文勃. 浅谈家庭暴力及其原因［J］. 学理论，2014（29）：49-50.

[10] 周小青，董红. 试论马斯洛需要层次理论与家暴问题解决［J］. 新西部（下旬刊），2015（1）：6, 11.

[11] 黄泽鹏. 中小学生自我报告欺凌行为流行现状及其影响因素研究［D］. 汕头：汕头大学，2017.

[12] 陈雪蕊，姜平. 浅析我国的家庭暴力的防范措施［J］. 商，2012（4）：69.

[13] 陈道湧. 社区青少年暴力的成因及社会干预模式研究［D］. 上海：复旦大学，2009.

[14] 马红娟. 试述当前我国家庭暴力的现状、原因与对策［J］. 华章，2013（6）：33.

[15] 李武，李增庆. 家庭暴力及其影响因素［J］. 国外医学（社会医学分册），2001，18（4）：152-157.

[16] 高燕秋，Jacka Tamara. 西部农村地区家庭暴力发生情况及对妇女精神健康的影响［J］. 北京大学学报（医学版），2012，44（3）：379-386.

[17] 张仙花. 家庭暴力现状分析及对策研究［D］. 上海：上海交通大学，2008.

[18] 黄教珍，张停云. 社会转型期青少年犯罪的心理预防和教育对策［M］. 北京：法律出版社，2008.

[19] 杜美香. 关于家庭暴力问题探析［J］. 活力，2011（20）：91-93.

[20] 杨淑鸿，张爱军. 论我国家庭暴力的危害、成因及对策［J］. 甘肃农业，2004（8）：92-93.

[21] 李晓蓉. 家庭暴力对未成年人的危害及其防治措施［J］. 遵义师范学院学报，2010，12（3）：8-10.

[22] 谭雨晨. 论家庭精神暴力的法律属性及制度完善［D］. 上海：上海师范大学，2018.

[23] Ballesteros MF，Williams DD，Mack KA，et al. The epidemiology of unintentional and violence-related injury morbidity and mortality among children and adolescents in the United States［J］. Int J Environ Res Public Health，2018，15（4）：616.

[24] Cherpitel CJ，Ye Y，Monteiro M. Risk of violence-related injury from alcohol consumption and its burden to society in Latin America and the Caribbean［J］. Rev Panam Salud Publica，2018，42：e7.

[25] Mercy JA，Hillis SD，Butchart A，et al. Interpersonal violence：global impact and paths to prevention［M］//Mock CN，Nugent R，Kobusingye O，Smith KR，eds. Injury prevention and environmental health. 3rd ed. Washington（DC）：The International Bank for Reconstruction and Development / The World Bank，2017.

第五章
职业伤害及其预防

职业伤害又称工作伤害，通常影响的是18~64岁的青壮年劳动力，是职业人群缺勤、致残、致死的重要原因，对伤者本人、家庭以及社会都带来巨大的损失，因此是任何国家都面临的重要公共卫生问题。据国际劳工组织（International Labor Organization，ILO）和世界卫生组织（WHO）研究显示，发达国家中所有的死亡病例有5%~7%归因于职业伤害和疾病。全球每年因生产安全事故和职业病造成的直接成本和间接成本，占世界国内生产总值（GDP）的4%左右，约2.8万亿美元。

第一节
职业伤害概述

一、职业伤害的定义

职业伤害（occupational injuries）又称工作伤害，简称工伤，是在生产劳动过程中，由于外部因素直接作用而引起机体组织的突发性意外损伤，如因职业性事故（occupational accidents）导致的伤亡及急性化学物中毒。

1921年国际劳工大会通过的公约中对"工伤"的定义是：由于工作直接或间接引起的事故为工伤。1964年第48届国际劳工大会规定了工伤补偿应将职业病和上下班交通事故包括在内。因此，当前国际上比较规范的"工伤"定义包括两个方面的内容，即由工作引起并在工作过程中发生的事故伤害和职业病伤害。职业病，是指企业、事业单位和个体经济组织等用人单位的劳动者在职业活动中，因接触粉尘、放射性物质和其他有毒、有害物质等因素而引起的疾病。

二、职业伤害的分类

一般情况下，职业伤害通常按结局分为致死性伤害和非致死性伤害。此外，也有根据不同研究目的而使用的其他分类方法。

1. 按受伤程度分类

一般分为轻伤、重伤和死亡。轻伤是指造成职工肢体伤残或某器官功能性或器质性的轻度损伤，表现为劳动能力轻度或暂时丧失的伤害，一般指受伤职工歇工在一个工作日以上（含一个工作日）但够不上重伤者。重伤是指造成职工肢体残缺或视觉、听觉等器官受到严重损伤，一般能引起人体长期存在功能障碍、劳动能力有重大损失的失能伤害。

2. 按致伤因素分类

（1）机械性损伤，如锐器造成的切割和刺伤、钝器造成的挫伤、建筑物倒塌造成的挤压伤、高处坠落引起的骨折等。

（2）物理性损伤，如烫伤、烧伤、冻伤、电损伤、电离辐射损伤等。

（3）化学性损伤，如强酸、强碱、磷和氢氟酸造成的灼伤。

3. 按受伤部位分类

可分为颅脑伤、面部伤、胸部伤、腹部伤和肢体伤。

4. 按皮肤或黏膜表面有无伤口分类

可分为闭合性损伤和开放性损伤两大类。

5. 按受伤组织或器官多寡分类

一般分为单个伤和多发伤。

三、职业伤害的类别

（一）工伤事故

工伤事故涉及不同的工种。所谓工种，是根据劳动管理的需要，按照生产劳动的性质、工艺技术的特征，或者服务活动的特点而划分的工作种类。目前大多数工种是以企业的专业分工和劳动组织的基本状况为依据，从企业生产技术和劳动管理的普遍水平出发，为适应合理组织劳动分工的需要，根据工作岗位的稳定程度和工作量的饱满程度，结合技术发展和劳动组织改善等方面的因素进行划分的。

根据损伤原因划分，工伤事故可以分为物体打击、车辆伤害、机械伤害、起重伤害、触电、淹溺、灼烫、火灾、高处坠落、坍塌、冒顶片帮、透水、放炮、瓦斯爆炸、火药爆炸、锅炉爆炸、容器爆炸、其他爆炸、中毒和窒息以及其他伤害（凡不属于前面各项的伤亡事故，如扭伤、跌伤、冻伤、动物咬伤等）共计20种类型。一般来说，工业企业的职业伤害以物体打击、高处坠落、车辆伤害、机械伤害、起重伤害、触电、坍塌、爆炸和火灾等类别为主要构成，兼有毒物中毒等。农业劳动过程中的伤害以农业机械伤害、触电、车辆（拖拉机）伤害、农药中毒等类别为主要构成。

1. 物体打击

指失控物体的惯性力造成的人身伤害事故，如落物、滚石、锤击、碎裂、崩块、砸伤等造成的伤害，不包括爆炸、主体机械设备、车辆、起重机械、坍塌等引发的物体打击。

2. 车辆伤害

指本企业机动车辆引起的机械伤害事故。如机动车辆在行驶中的挤、压、撞车或倾覆等事故；在行驶中上下车、搭乘矿车或放飞车所引起的事故，以及车辆运输挂钩、跑车事故。

3. 机械伤害

指机械设备与工具引起的绞、碾、碰、割、戳、切等伤害。如工件或刀具飞出伤人，切屑伤人，手或身体被卷入，手或其他部位被刀具碰伤，被转动的机构缠压住等。

4. 起重伤害

指从事起重作业时引起的机械伤害事故。包括各种起重作业引起的机械伤害，但不包括触电、检修时制动失灵引起的伤害、上下驾驶室时引起的坠落式跌倒。

5. 触电

指电流流经人体，造成生理伤害的事故。适用于触电、雷击伤害。如人体接触带电的设备金属外壳或裸露的临时线、漏电的手持电动手工工具；起重设备误触高压线或感应带电；雷击伤害；触电坠落等事故。

6. 淹溺

指因大量水经口、鼻进入肺内，造成呼吸道阻塞，发生急性缺氧而窒息死亡的事故。适用于船舶、排筏、设施在航行、停泊、作业时发生的落水事故。

7. 灼烫

指强酸、强碱溅到身体引起的灼伤，或因火焰引起的烧伤，高温物体引起的烫伤，放射线引起的皮肤损伤等事故。适用于烧伤、烫伤、化学灼伤、放射性皮肤损伤等伤害。不包括电烧伤以及火灾事故引起的烧伤。

8. 火灾

指造成人身伤亡的企业火灾事故。不适用于非企业原因造成的火灾，比如，居民火灾蔓延到企业。此类事故属于消防部门统计的事故。

9. 高处坠落

指由于危险重力势能差引起的伤害事故。适用于脚手架、平台、陡壁施工等高于地面的坠落，也适用于因地面踏空失足坠入洞、坑、沟、升降口、漏斗等情况。但需排除以其他类别为诱发条件的坠落。如高处作业时，因触电失足坠落应定为触电事故，而不能按高处坠落划分。

10. 坍塌

指建筑物、构筑、堆置物等的倒塌以及土石塌方引起的事故。适用于因设计或施工不合理而造成的倒塌，以及土方、岩石发生的塌陷事故。如建筑物倒塌，脚手架倒塌，挖掘沟、坑、洞时土石的塌方等情况。不适用于矿山冒顶片帮事故，或因爆炸、爆破引起的坍塌事故。

11. 冒顶片帮

矿井工作面、巷道侧壁由于支护不当、压力过大造成的坍塌，称为片帮；顶板垮落为冒顶。二者常同时发生，简称为冒顶片帮。适用于矿山、地下开采、掘进及其他坑道作业发生的坍塌事故。

12. 透水

指矿山、地下开采或其他坑道作业时，意外水源带来的伤亡事故。适用于井巷与含水岩层、地下含水带、溶洞或与被淹巷道、地面水域相通时，涌水成灾的事故。不适用于地面水害事故。

13. 放炮

指施工时，放炮作业造成的伤亡事故。适用于各种爆破作业。如采石、采矿、采煤、开山、修路、拆除建筑物等工程进行的放炮作业引起的伤亡事故。

14. 瓦斯爆炸

指可燃性气体瓦斯与煤尘、空气混合形成了达到燃烧极限的混合物，接触火源时引起的化学性爆炸事故。主要适用于煤矿，同时也适用于空气不流通，瓦斯、煤尘积聚的场合。

15. 火药爆炸

指火药与炸药在生产、运输、贮藏的过程中发生的爆炸事故。适用于火药与炸药在配料、运输、贮藏、加工过程中，由于振动、明火、摩擦、静电作用，或因炸药的热分解作用，贮藏时间过长或因存药过多发生的化学性爆炸事故，以及熔炼金属时，废料处理不净，残存火药或炸药引起的爆炸事故。

16. 锅炉爆炸

指锅炉发生的物理性爆炸事故。适用于使用工作压力大于 0.7 个大气压（0.07 兆帕）、以水为介质的蒸汽锅炉（以下简称锅炉），但不适用于铁路机车、船舶上的锅炉以及列车电站和船舶电站的锅炉。

17. 容器爆炸

容器（压力容器的简称）是指比较容易发生事故，且事故危害性较大的承受压力载荷的密闭装置。容器爆炸是压力容器破裂引起的气体爆炸，即物理性爆炸，包括容器内盛装的可燃性液化气在容器破裂后立即蒸发，与周围的空气混合形成爆炸性气体混合物，遇到火源时产生的化学爆炸，也称容器的二次爆炸。

18. 其他爆炸

凡不属于上述爆炸的事故均列为其他爆炸事故。

19. 中毒和窒息

人接触有毒物质，如误吃有毒食物或呼吸有毒气体引起的人体急性中毒事故称为中毒；在废弃的坑道、暗井、涵洞、地下管道等不通风的地方工作，因为氧气缺乏，有时会发生突然晕倒，甚至死亡的事故称为窒息。两种现象合为一体，称为中毒和窒息事故。不适用于病理变化导致的中毒和窒息的事故，也不适用于慢性中毒的职业病导致的死亡。

20. 其他伤害

凡不属于上述伤害的事故均称为其他伤害，如扭伤、跌伤、冻伤、野兽咬伤、钉子扎伤等。

（二）职业病

在生产劳动中，接触生产中使用或产生的有毒化学物质，如粉尘气雾、异常的气象条件、高低气压、噪声、振动、微波、X射线、γ射线、细菌、霉菌，以及长期强迫体位操作，致局部组织器官持续受压等，均可引起职业病，一般将这类职业病称为广义的职业病。对其中某些危害性较大，诊断标准明确，结合国情，由政府有关部门审定公布的职业病，称为狭义的职业病，或称法定（规定）职业病。

职业病具有以下特点：①病因明确，病因即职业危害因素，在控制病因或作用条件后，可以消除或减少发病；②所接触的病因大多是可以检测的，有剂量-反应关系；③接触同一职业因素者常有一定的发病率，很少只出现个别病例；④如能早期诊断，合理处理，预后较好；⑤大多数职业病目前尚缺乏特效治疗，除职业性传染病外，治疗个体无助于控制人群中发病。

2013年12月23日，国家卫生计生委、人力资源和社会保障部、国家安全监管总局、全国总工会4部门联合印发《职业病分类和目录》。该分类和目录将职业病分为职业性尘肺病及其他呼吸系统疾病、职业性皮肤病、职业性眼病、职业性耳鼻喉口腔疾病、职业性化学中毒、物理因素所致职业病、职业性放射性疾病、职业性传染病、职业性肿瘤、其他职业病10类132种。

（1）职业性尘肺病及其他呼吸系统疾病：如硅肺，棉尘病等。

（2）职业性皮肤病：如接触性皮炎，光接触性皮炎等。

（3）职业性眼病：如化学性眼部灼伤，电光性眼炎等。

（4）职业性耳鼻喉口腔疾病：如噪声聋，铬鼻病。

（5）职业性化学中毒：如汞及其化合物中毒，锰及其化合物中毒等。

（6）物理因素所致职业病：如中暑，减压病，高原病等。

（7）职业性放射性疾病：如外照射急性放射病，外照射亚急性放射病，外照射慢性放射病，内照射放射病等。

（8）职业性传染病：如炭疽，森林脑炎等。

（9）职业性肿瘤：如石棉所致肺癌、间皮癌，联苯胺所致膀胱癌等。

（10）其他职业病：如金属烟热，滑囊炎（限于井下工人）等。

四、职业伤害的认定

（一）工伤的认定

我国的《工伤保险条例》第十四条规定：职工有下列情形之一的，应当认定为工伤。

（1）在工作时间和工作场所内，因工作原因受到事故伤害的。"工作时间"和"工作场所"是两个必须同时具备的条件，而且还须是"因工作原因"而受到的负伤、致残或者死亡。事故伤害是指职工在劳动过程中发生的人身伤害、急性中毒事故等类似伤害。例如，职工操作设备不慎导致的伤害；医生在手术时被患者含细菌或病毒的血液喷溅而造成的感染；等等。

（2）工作时间前后在工作场所内，从事与工作有关的预备性或者收尾性工作受到事故伤害的。

（3）在工作时间和工作场所内，因履行工作职责受到暴力等意外伤害的。"工作时间"和"工作场所"必须同时具备，并且必须是在履行本职工作。如医务人员在医院诊治期间受到医闹者的暴力殴打和教师在课堂授课期间受到学生的暴力殴打所致的伤害均属于工伤。

（4）因工外出期间，由于工作原因受到伤害或者发生事故下落不明的。

（5）在上下班途中，受到机动车事故伤害的。

（6）法律、行政法规规定应当认定为工伤的其他情形。

（二）职业病的认定

《中华人民共和国职业病防治法》规定的职业病，必须具备以下四个条件（缺一不可）。

（1）患病主体是企业、事业单位或个体经济组织的劳动者。

（2）必须是在从事职业活动的过程中产生的。

（3）必须是因接触粉尘、放射性物质和其他有毒、有害物质等职业病危害因素引起的。

（4）必须是国家公布的职业病分类和目录所列的职业病。

我国政府规定，诊断为法定（规定）职业病的，需由诊断部门向卫生主管部门报告；职业病患者在治疗休息期间，以及确定为伤残或治疗无效而死亡时，享受工伤保险待遇或职业病待遇。对职业病的诊断，应由省级以上人民政府卫生行政部门批准的医疗卫生机构承担。

第二节
职业伤害的流行病学特征

职业伤害严重威胁职工在生产工作环境中的安全和健康。据国际劳工组织2019年发布的数据估计，每年约有3.74亿人遭受不同程度的职业伤害，其中非致死性伤害占了绝大多数，每年约有278万人因工死亡。在与工作相关的死亡中，疾病所占比例最高，达86%，每天约有6500人死于职业病，约有1000人死于职业事故，并且这些数字还在增加。死亡的最大原因是循环系统疾病（31%）、与工作有关的癌症（26%）和呼吸系统疾病（17%）。全球每年因工作相关事故伤亡和职业病相关造成的经济损失多达2.99万亿美元，占全球每年GDP的3.94%。

一、工伤事故的流行病学特征

（一）地区分布

不同地区、不同行业的工伤事故具有不同的流行特征。一般而言，不发达国家的工伤事故发生率（工伤率）和死亡率均高于发达国家。不同行业由于其工种的不同，导致其工人受伤类型和受伤部位也各有特点。如建筑行业，工伤主要为坠落、碰撞等；化工行业主要为爆炸、中毒、火灾、灼烫等；工矿行业主要为瓦斯爆炸、电离辐射等。在各种工伤事故中，眼睛伤害最为常见，眼伤发生率最高的是服务行业和劳动行业。

国外的多数研究发现，在所研究地区的众多行业中，建筑业工人的工伤发生率是最高的，这种现象的出现可能与建筑工人在工作过程中频繁地暴露于各种类型的危险因素有关，而且劳动者的年龄、接触方式、事故的时间、工龄、公司规模等均可影响工伤事故的严重程度。美国对1997~2005年的伤害相关数据进行分析发现，不论是本土还是国外来的劳动者，在建筑业、农业、林业、渔业以及机器制造业的工伤发生率都是最高的，但是该报告同时显示，国外劳动者的工伤发生率（50例/1万个工人）低于本国劳动者报告的发生率（89例/1万个工人）。在西班牙，同类型的研究则发现，国外的劳动者在工厂中发生工伤的危险性更高，在建筑、商业、餐馆饭店等行业则较低。最近，国外一项测试职业危险度的研究宣称，工矿企业发生工伤的危险度最高，其次是交通运输业和通信行业。来自德国的研究发现，即使在同一行业，全日制职工和倒班职工的工伤发生率也存在差异。

近年来，我国职业安全卫生工作取得了积极进展和显著成效。在安全生产方面，包括煤矿、金属非金属矿山等在内的工矿商贸企业安全生产基础条件逐步改善。我国生产安全事故起数、死亡人数从历史最高峰2002年的107.3万余起、13.9万余人，降至2020年的3.8万余起、2.7万余人，按可比口径累计分别下降85.1%和70.9%；重特大事故从2001年的140起、2556人降到2020年的16起、262人，累计分别下降88.6%和89.7%。尽管如此，我国现阶段仍处于生产安全事故的高发期，亿元GDP生产安全事故死亡率、工矿商贸十万就业人员生产安全事故死亡率和道路交通万车死亡率均远远高于发达国家。全国发生的各类生产事故以道路交通事故最多，工矿企业中以煤矿发生的生产事故最为严重。我国每年因各类事故造成的经济损失在2000亿元以上，约占GDP的2%。

（二）时间分布

工伤事故的发生具有明显的季节性，如春节期间为生产淡季，职业暴露机会较少；夏季和秋季是事故高发期，在夏秋这种高温湿热的环境下进行生产活动，职工的生理、心理适应能力均较差，容易身心疲劳、思想麻痹，从而造成工伤事故高发。有研究表明，工伤事故在7月份高发；而在一天之中，中班为高发时段。也有研究提示夜班为事故高峰期，以凌晨4点为最多，可能与夜班员工肾上腺素水平较低有关。

来自美国的研究发现，周日的伤害发生率最高（比周一到周六的平均水平高37%），其次是周一和周六，而在不同性别的劳动者中，这种分布则稍有不同。男性职工在周一的伤害发生率最高（比其余6天的平均水平高27%），而女性则在周日和周六相对较高（分别比周一至周五平均水平高122%和66%）。这种周末高发生率的现象可能与在周末进行工作的大多数是一些工龄较短、年龄较小的工人有关（多为兼职），他们的工作经验尚浅、操作不熟练以及缺乏必要的安全防护措施。我国学者对某经济开发区的工伤调查同样也发现了意外事件在周日和周一最高，随后逐渐减少、周末又趋于增多这一趋势。

(三) 人群分布

不同性别和不同年龄发生工伤事故的危险性不同。大部分研究结果显示工伤多发生在20～40岁年龄段，在这一年龄段的人群中工伤率和死亡率都较高；多数工伤事故受害者男性居多，这可能与女性较少暴露于危险工种有关。不过，有研究发现女性清洁工与男性相比，发生挫伤的危险性更高。

有研究表明，年龄较大者在工作中更易发生工伤，年龄较大者的体力、应激能力和动作协调性较年轻人都有所下降，导致面对危险所作出的反应没有年轻人敏捷。一项对某港口企业的职业伤害流行病学研究发现，伤害发生者以40～49岁年龄段为主，占47.39%。老年人的视力、听力下降也是工伤发生的危险因素。国外有研究观察了5600名51～61岁老年人的工伤发生情况，结果表明，视力、听力较差和一般性的残疾增加了工伤事故的发生率。

多数研究表明，工伤与职工工龄之间服从U形分布的特征，即工龄短者多发，随工龄增长工伤发生率逐渐降低，但随着年龄越来越大，职工的工伤发生率又逐渐增高。另外，工伤事故的发生有低龄化的趋势，可能是因为年轻工人缺乏经验，安全防护意识不强，防护知识不够，同时为了获得更多薪酬而主动从事危险性大的工作。

二、职业病的流行病学特征

就职业健康而言，在工业发达国家，传统的职业危害因素及所致的职业病（如尘肺、化学中毒、噪声性听力损伤等）已退居次要地位，因心理压力大、工作负荷重引发的职业病越来越多。美国约有高达1.3亿的雇员受到职业病困扰。2011年，欧盟统计署公布的2009年欧盟国家职业安全健康状况显示，欧盟27个成员国中有9.6%的工人存在职业健康问题，职业性肌肉骨骼劳损、与工作有关的压力、焦虑或抑郁症是最普遍的疾病。

不同国家或地区职业病报道的类型差异很大。例如，2010年，中国报道的27240例职业病中，有23812例由工作场所粉尘引起；阿根廷报道的22013例职业病中，肌肉骨骼病例和呼吸道病例占大多数。2011年，日本报道的7779例职业病主要为腰痛；英国5920例职业病症赔偿案例中，尘肺、弥漫性间皮瘤和骨关节炎是3个最常见的疾病；美国有207500名工人出现非致命职业病，其中皮肤病、听力损失和呼吸系统疾病最为普遍。

我国现有1600多万家企业存在着有毒有害的作业场所，受不同程度危害的职工总数有2亿人，职业健康工作面临的形势比较严峻。2007年全国共诊断各类职业病14296例，其中尘肺新发病例10963例，死亡病例875例，新发病例中89.37%为煤工尘肺和硅肺；急性职业中毒事故（同时中毒10人以上或死亡5人以下）39起，涉及188人中毒，死亡76人，重大急性职业中毒事故病死率高达40.43%，引起急性职业中毒的化学物质近60种，中毒例数排在前两位的化学物质依次为一氧化碳和硫化氢，中毒致死例数居首位的化学物质为硫化氢；慢性职业中毒1638例，导致慢性职业中毒人数排在前三位的化学物质分别是铅及其化合物、苯和三硝基甲苯；职业性肿瘤48例，其中焦炉工人肺癌25例，苯所致白血病16例，石棉所致肺癌、间皮瘤4例，联苯胺所致膀胱癌2例，砷所致肺癌、皮肤癌1例。

我国职业危害因素广泛分布在矿山、冶金、建材、有色金属、机械、化工、电子等多个行业，而且伴随着新技术、新工艺、新材料的应用，新的职业危害因素也在不断出现。由于职业病具有迟发性和隐匿性的特点，我国职业病在今后一段时期内仍将呈现高发态势。

总体来看，我国职业病呈现出五大特点：①接触职业危害因素的人数多，发病率高，患病率高，常以群体形式暴发（具有行业集中趋势）。②职业危害因素分布行业广，中小企业（我国企业中80%为中小企业）危害严重，尤其是个体私营企业。从煤炭、冶金、化工、建筑等传统工业，到汽车制造、医药、计算机、生物工程等新兴产业，都不同程度地存在职业病危害。③职业病危害流动性大（大量雇用农民工）、危害转移严重（由境外向境内转移，由城市和工业区向农村转移，由经济发达地区向欠发达地区转移，由大中型企业向中小型企业转移）。④职业病具有隐匿性、迟发性特点，危害往往被忽视；慢性职业病特别是尘肺和某些化学中毒的潜伏期较长，一旦发病，往往难以治疗，死亡率高。严重职业病发病形势依然严峻，尘肺依然是我国最严重的职业病，以硅肺为主，其次为煤工尘肺；发病工龄缩短，速发型尘肺病例以煤矿开采和洗选业为主。⑤职业病危害造成的经济损失巨大，影响长远。农民工家庭因职业病致贫、返贫的现象在一些地区大量存在，职业病危害已成为影响社会和谐的公共卫生问题和社会问题。

第三节 职业伤害发生的原因或影响因素

职业伤害的发生是由多因素造成的，如职工个人、工作场所、设备、心理、社会环境等，这些因素有的是直接原因，有的是间接原因，且相互交织、相互影响，构成了一个多因素系统，贯穿于整个生产过程中。

一、工伤事故发生的原因或影响因素

包括工作环境、社会环境、劳动者的个人因素和组织管理因素。工作环境主要有厂房大小、地面状况、采光、气温、通风、噪声、有害物质等；社会环境主要有上下级关系、同事关系、社会关系、家庭关系和社会对其职业的认可等；劳动者的个人因素主要有个人特征、生活习惯等；组织管理因素主要有制度、规定以及其落实和监督措施等。

（一）工作环境

工作环境方面的因素主要有：

(1) 机器设备因素：生产设备质量差、有缺陷或维护不善；生产设备防护设施缺乏或不全，如机器的轮轴、齿轮、皮带、切刀等转动部分缺乏安全防护罩；机器设备的设计未遵循人-机工效学原则（如劳动体位和姿势不当）。

(2) 工作场所环境不良因素：易发生职业伤害的企业多是化工行业、钢铁业、采矿和建筑业等，这些企业大多存在工作场所环境不良因素，包括高温、噪声、采光照明不良以及空气中含有有害气体等，易造成作业人员视觉听觉疲倦、注意力不集中。

(3) 生产环境布局因素：工作场所的功能界定不清、拥挤杂乱、地面凹凸不平等。

（二）社会环境

除了工作环境外，职业压力、同事朋友间的关系、获得的社会支持和家庭因素等社会环境也是职业伤害发生的影响因素。

1. 压力和社会支持

近年来，随着社会的进步与发展，人们生活节奏的日益加快和竞争意识的增强，职业压力已成为引起职业伤害的重要影响因素。有研究认为，工作环境中的社会心理因素与工人发生职业性意外伤害有关，工人感觉"工作中存在管理问题及与同事间的关系压力大"是过去1年发生职业性意外伤害的危险因素。提示加强对工人的培训和工作指导，提倡同事间的相互合作和支持，对降低工作中职业性意外伤害的发生有着重要意义。

有关社会支持的研究表明，社会支持对处于压力状态下的个体具有有益的缓冲作用。在高度紧张的工作环境中，工作人员所获得的社会支持越多，对健康就越有利，发生疾患和职业性意外伤害的可能性就越小。

2. 家庭因素

生活中遭受负性生活事件打击比如离婚、亲人去世、意外事故等，或者居住条件不良、收入低等都会对情绪造成直接影响，令人产生焦虑、紧张、恼怒、悲伤和抑郁等不良情绪，导致大脑皮质兴奋抑制失调，从而易引发劳动作业中的工伤事故。而家庭的和睦对减少工作中的压力有积极的作用，使人在繁重的工作中得到精神、心理和生理的舒缓。

（三）劳动者的个人因素

有研究显示，只有10%的工伤事故是由于危险的工作环境造成的，而90%都是由于人的不安全操作引起的。由此可见，在引起工伤事故发生的众多因素中，劳动者自身的因素往往是事故发生的主要原因。人的因素包括年龄、性别、工作经验、工作岗位、健康状况、心理因素、知识态度、不安全行为、个人防护用品的使用等。目前研究较多的影响因素有性别、年龄、工种、职业、文化程度、睡眠、疲劳、残疾、体重（肥胖）、饮酒等。

1. 个人特征

如前所述，性别和年龄与职业伤害的发生有关。此外，工作经验少、工作负担重常常增加职业伤害的发生风险。

心理因素和职业伤害的密切相关性逐渐被人们所重视。有研究发现，外向、敏感者易发生事故；A型行为或偏A型行为是职业伤害发生的高危因素。具有A型行为特征的个体，表现为性格急躁、求成心切、争强好胜，情绪常不稳定，在工作过程中的耐性减少，冲动性增强等。

2. 生活习惯

有研究发现，吸烟和饮酒是职业伤害的危险因素。吸烟能导致交感神经系统紊乱，并可导致注意力分散，不能及时察觉和排除出现的危险情况。国外有研究报道，每天饮酒是职业伤害的高危因素。

3. 疲劳与失眠

很多研究表明，工人体力负荷过重而导致的疲劳是发生工伤事故不可忽视的原因，疲劳会使工人的安全意识松懈，对紧急情况的判断和处理能力降低；疲劳还会影响工人的身体状况，增加疾病的风险。近年来，国内外有多项研究提示失眠是发生职业伤害的危险因素之一。

4. 安全认知和行为

国内多项研究表明，安全认知和行为与职业伤害的发生有必然的联系。一项对某钢铁企业伤害的调查研究发现，4年内职业伤害发生的原因以操作不当（22.20%）和安全意识不强（15.85%）为主。安全意识不强，在操作过程中容易麻痹大意，不能有效地保护自身而易造成职业伤害的发生。一项对造船工人的知信行调查显示，有21.48%的工人认为职业伤害纯属偶然，对职业伤害的可控、可防性认识不足；6.69%的工人没有把安全需求放在应有的重要位置上。其安全行为调查显示，约20%的工人在实际作业中存在着明显的不安全行为。

（四）组织管理因素

工作的有效组织和管理对于提高工作质量、效率、安全以及职工的健康都有重要作用。就职业伤害而言，不良的组织管理会造成职工注意力不集中，容易疏忽大意，从而增加职业伤害发生的机会。

常见的不良组织管理因素有：

（1）工作负荷大、安排过于紧凑，缺乏合理的轮班和休息制度，缺乏合理的岗位或工种调配机制等。

（2）管理层对安全工作不重视，对职工技术指导及安全操作的教育或培训不够，特别是对新职工或换岗职工的安全教育和培训尤为重要。另外，临时从事非本工种的工人往往缺乏本工种的工作经验，影响与其他熟练工人的配合程度，同时对生产设备的性质、设备本身存在的缺陷、工作中可能出现的问题以及工作场所周围的环境等因素缺乏了解，因而更容易发生职业伤害。

（3）生产设备及安全防护装置无专人管理，缺乏维护制度或制度落实不够。

（4）设备操作规则和安全制度不健全。

（5）个人防护用品缺乏或不适用。

（6）加班加点和长时间的重复工作。有研究表明，在工作中加班者受伤害的风险率比不加班者高61.0%，每天至少工作12小时可增加37.0%的风险率，每周工作60小时可增加23.0%的风险率。

二、职业病发生的原因或影响因素

职业病是由职业病危害因素造成的。职业病危害，指对从事职业活动的劳动者可能导致职业病的各种危害。职业病危害因素包括：职业活动中存在的各种有害的化学（如有机溶剂类毒物，铅、锰等金属毒物，粉尘等）、物理（如噪声、高频、微波、紫外线、X射线等）、生物（如炭疽杆菌、森林脑炎病毒等）等因素，以及在工作过程中产生的其他职业有害因素（如不合适的生产布局、劳动制度等）。

（一）生产工艺过程中的有害因素

1. 化学因素

（1）生产性毒物：如铅、苯、汞、一氧化碳、有机磷农药等。
（2）生产性粉尘：如硅尘、煤尘、水泥尘、石棉尘、有机粉尘等。

2. 物理因素

（1）异常气象条件：如高温、高湿、低温等。
（2）异常气压：如高气压、低气压。
（3）噪声、振动。
（4）非电离辐射：如紫外线、红外线、射频辐射、微波、激光等。
（5）电离辐射：如 α、β、γ、X射线等。

3. 生物因素

如炭疽杆菌、布鲁氏菌、森林脑炎病毒等传染性病原体。

（二）劳动过程中的有害因素

（1）劳动组织和劳动休息制度不合理。
（2）劳动过度精神（心理）紧张。
（3）劳动强度过大，劳动安排不当，不能合理安排与劳动者的生理状况相适应的作业。
（4）劳动时个别器官或系统过度紧张，如视力紧张等。
（5）长时间用不良体位和姿势劳动或使用不合理的工具劳动。

（三）生产环境中的有害因素

（1）自然环境因素的作用：如炎热季节的太阳辐射。
（2）厂房建筑或布局不合理：如有毒与无毒的工段安排在同一车间。
（3）来自其他生产过程散发的有害因素的生产环境污染。

此外，劳动者自身的身体素质状况（如有无基础性疾病），缺乏防尘、防毒、防暑降温、防寒保暖等设施或设施不完善，安全防护设备或防护器具有缺陷，家庭和社会支持等也是职业病发生的影响因素。

第四节
职业伤害的预防

如前所述,职业伤害发生的原因可分为直接原因和间接原因。工伤事故发生时人(如操作行为、心理状态等)、物(如设备、原料等)和环境(如气象条件、作业空间安排等)的状态常是直接原因;而间接原因则与技术、教育和管理状态密切相关。职业病的发生主要由职业危害因素造成,因此其预防措施的针对性较工伤事故的预防更高。

一、职业伤害的总体预防策略

总体而言,职业伤害的预防措施可通过贯彻"5E"综合策略进行相应的设计和考虑。

1. 教育措施

其目的在于通过教育普及劳动安全和健康知识来形成职工的安全行为。人的安全行为主要来源于安全意识,安全意识主要基于个人所具有的安全知识、理念和价值观,即安全文化素质。要提高这种安全文化素质,就必须从操作人员的知识、技能、意识、观念、态度、品行、认知、伦理、修养等方面进行职业安全和健康教育的专门培训,并塑造单位(组织)安全文化的良好氛围。

根据我国有关规定,应当对从业人员进行上岗前和在岗期间的职业卫生培训,普及职业卫生知识,督促劳动者遵守职业防治法律、法规、规章和操作规程;对特殊工种的职工,如从事电气、起重、锅炉、受压容器、焊接、车辆驾驶、爆破、瓦斯检查等,必须进行专门的安全操作技术培训,经考试合格后才能上岗;用人单位必须建立安全活动日和班前班后的安全检查制度,对职工进行经常性安全教育;在采用新生产方法、添设新技术设备、制造新产品或调换工种时,必须对工人进行新操作和新岗位的上岗培训与安全教育。

在市场经济条件下,劳动用工制度的多样性使用工形式发生了很大的变化。例如,各行各业的脏、苦、累、险的工作岗位常常使用文化素质低、流动性大、专业技能差的人员,因其多数缺乏安全操作技能和自我保护意识,发生职业伤害的风险远远高于其他岗位。因此,提高人的安全意识和控制人的不安全行为是减少伤亡事故的主要途径。

2. 经济措施

其目的在于通过经济手段去影响用人单位的行为。如工伤保险的差别费率制和浮动费率制的应用。差别费率制针对工伤风险大、工伤事故易发生的用人单位多征收保险金,对风险小、工伤事故少的则少征收,促进用人单位工伤保险基金的收付平衡,在经济上激励用人单位重视改进劳动安全保护措施,促进对工伤事故的预防,在降低工伤赔付成本的同时也有效保障了职工安全和健康。

3. 强制措施

其目的在于通过法律、法规、标准来规范或约束用人单位和职工的行为。安全法律法规是国家法律法规的重要组成部分，其主要任务是调整生产过程中人与人之间和人与自然之间的关系，保障职工在生产过程中的安全和健康，提高企业经济效益，促进生产发展。

我国历来重视保障员工在劳动过程中的安全与健康，制定了如《中华人民共和国劳动法》《中华人民共和国安全生产法》《中华人民共和国职业病防治法》《中华人民共和国尘肺病防治条例》《职业健康监护管理办法》等法律法规，对职业危害的预防和控制提出了系统和具体的要求。这些法规的颁布和实施使我国职业安全和健康管理逐步实现了制度化、法制化。

4. 工程措施

目的在于通过工程干预措施影响媒介及物理环境，以减少工伤事故的发生。例如，在设备设计时，应就设备对人或环境可能产生的影响进行充分的预见和评估，运用人-机工程学原理在人机的结合面上进行最优化设计，以实现人机的最佳配合。在具体技术上，通过提高机械设备操作的自动化、程序化，可减少人为错误的发生；对必须暴露在外的传动带、齿轮、砂轮、电锯、飞轮等危险部分，应在设备周边安装防护装置；起重设备、锻压设备等应安装信号装置或警告系统等。通过这些附属技术装置可使"人-机-环境"处于良好的运行状态，使潜在的危害降到最低程度。同时，对机械设备加强日常安全管理，实施定期安全检测制度，对安全状况进行持续监控，可以及时发现安全缺陷或安全隐患。

5. 紧急救护措施

也称"第一时间的紧急救护"，指在工伤事故发生时，尽早进行就地及院前的紧急救护，维持伤者的生命体征（如呼吸、心跳、血压等），对减少死亡和伤残非常关键。

二、工伤事故的预防

（一）用人单位方面

从前述分析的工伤事故原因来看，用人单位预防工伤事故发生的措施主要有以下几方面：

(1) 加强劳动者安全生产的培训，让劳动者有安全生产的强烈意识。
(2) 及时合理发放合格的劳动保障用品。
(3) 在危险岗位醒目位置张贴安全生产警示标志。
(4) 建立安全生产的标准程序，并严格监督执行。

（二）职工个人方面

无论在哪个行业或岗位工作，作为职工个人，均可以通过"五步安全工作法"来规避工伤事故的发生风险，即询问自己是否确认了以下五个事项：①是否具备了从事此项工作所需要的技能和知识；②是否持有此项工作所要求的许可证或得到批准；③是否对此项工作的风险进行了识别，并采取措施以保证自己的安全；④是否检查过自己的活动不会危及或影响其他人员的安全；⑤是否使用了正确的个人防护用品或正确使用了个人防护用品。当然，具体到某个行业，工伤事故的预防也有一些不同之处。

1. 建筑行业

出入工地要戴好安全帽，行走安全通道；操作各类工程机械应严格遵守安全流程；安装或拆卸各类支架需小心谨慎，预防坍塌；规范使用和管理各类用电设备，时刻牢记用电安全；等等。

2. 化工行业

火灾和有毒气体液体泄漏是化工行业的常见风险，职工要熟悉化学品的安全规定，做好生产前、生产中、生产后的安全检查工作，正确使用和佩戴劳动防护用品。

3. 物流行业

杜绝酒后驾车、疲劳驾车、超速行驶、违章装载等不安全行为；驾驶员在出行前务必检查车辆是否存在缺陷或故障；物流园区内的工人应穿戴反光背心。

4. 机械加工行业

职工上岗前应接受培训和考核，尤其操作特种设备的要持证上岗；在切割、打磨过程中必须佩戴护目眼镜，防止碎屑飞溅入眼；操作车床时禁止戴手套，避免金属丝挂入手套；正确摆放物料，培养良好的行为习惯。

三、职业病的预防

相对而言，在职业病的预防中用人单位应承担更多的责任、发挥更多的作用，职工个人主要是增强自我保护意识，做好生产过程中的自我防护，正确使用劳动防护用品（如防护头盔、防护服、防护眼镜、防护面罩、呼吸防护器及皮肤防护用品），定期接受健康检查，养成良好的个人卫生和生活习惯（如保持皮肤清洁，不吸烟，节制饮酒，合理饮食）等。

具体来说，职业病的预防应在贯彻三级预防的原则下分别采取相应的措施。

1. 一级预防

一级预防亦称病因预防，即从根本上消除和控制职业病危害因素，防止职业病的发生。

（1）技术措施：以无毒物质代替有毒物质；使用远距离操作或自动化、半自动化操作，防止有害物质跑、冒、滴、漏；加强通风、除尘、排毒措施。

（2）组织措施：合理组织、安排劳动过程；建立、健全劳动制度；贯彻执行国家制定的卫生法规。

（3）卫生保健措施：做好就业前体格检查；做好卫生宣传、健康教育；注意平衡膳食和保健食品供给；加强锻炼，提高机体抵抗力。

2. 二级预防

二级预防又称临床前期预防，即通过早期发现、早期诊断、早期治疗防治病损的发展。

（1）对职业接触人群，开展普查、筛检、定期健康检查，明确诊断，及时治疗。

（2）定期对生产环境进行监测，发现问题立即采取防治对策。

3. 三级预防

三级预防又称临床预防，伤者在明确诊断后，给予及时、合理的处理，预防伤情恶化及复发,防止劳动能力丧失。对慢性职业病患者,通过功能性和心理康复治疗,预防并发症和伤残。

(王海清)

参考文献

[1] 武越,胡国清,胡建安. 职业伤害流行情况及其监测现状 [J]. 中华劳动卫生职业病杂志,2015,33(10):789-791.

[2] 全立明,兰亚佳,潘瑞胤. 个体特征、职业紧张与职业伤害的关系 [J]. 现代预防医学,2008,35(14):2645-2647.

[3] 罗灿. 工伤索赔技巧和赔偿计算标准 [M]. 北京:法律出版社,2012.

[4] 李菁凤. "过劳死"法律探讨 [J]. 湖南医科大学学报(社会科学版),2010,12(1):47-49.

[5] 法律出版社法规中心. 中华人民共和国职业病防治法注释本 [M]. 北京:法律出版社,2017.

[6] 李世蓉,兰定筠,罗刚. 建设工程施工安全控制 [M]. 北京:中国建筑工业出版社,2004.

[7] 郑希文. 事故处理与工伤保险知识 [M]. 北京:中国劳动社会保障出版社,2004.

[8] 庄洪胜,刘志新. 职业病伤残鉴定与赔偿 [M]. 北京:人民法院出版社,2005.

[9] 杨丽丽. 急救护理学 [M]. 北京:清华大学出版社,2006.

[10] 王战朝. 现代创伤与急救 [M]. 北京:北京科学技术出版社,1997.

[11] 陈胤,郭寒宇,陶美成. 大学生职业生涯规划 [M]. 武汉:武汉大学出版社,2009.

[12] 梁成柱. 工程机械施工安全读本 [M]. 北京:中国铁道出版社,2003.

[13] 李景森. 劳动法学 [M]. 2版. 北京:北京大学出版社,1995.

[14] 杨树峰,周恩海. 建筑工程管理案例分析 [M]. 重庆:重庆大学出版社,2013.

[15] 李孜军,吴超. 企业安全管理知识问答 [M]. 北京:中国劳动社会保障出版社,2004.

[16] 白龙. 浅析职业生理健康与心理健康 [J]. 中外企业家,2016(5):151,156.

[17] 陈沅江,吴超,胡毅夫. 职业卫生知识问答 [M]. 2版. 北京:中国劳动社会保障出版社,2005.

[18] 陈晶. 职业病防治的发展历程 [J]. 湖南安全与防灾,2015(9):56-58.

[19] 李涛,王焕强,李德鸿.《职业病分类和目录》修订概况 [J]. 中华劳动卫生职业病杂志,2014,32(10):798-800.

[20] 法律出版社法规中心. 工伤保险条例配套规定:实用注解版 [M]. 北京:法律出版社,2012.

[21] 刘晓兵,刘宏波,韩丹丹. 世界职业安全与健康现状及分析 [J]. 现代职业安全,2016(3):91-93.

[22] 夏昭林,李朝林,苏志,等. 职业病伤与工伤保险 [J]. 劳动医学,2000,17(4):242-245.

[23]《劳动保护》编辑部. 踏上新征程砥砺再前行 [J]. 劳动保护,2019(10):5.

[24] 何学秋,宋利,聂百胜. 我国安全生产基本特征规律研究 [J]. 中国安全科学学报,2008,18(1):5-13.

[25] 孙涛. 当代中国社会合作治理体系建构问题研究 [D]. 济南:山东大学,2015.

[26] 白梅,杨莉. 非致死性职业伤害危险因素的研究进展 [J]. 中国职业医学,2008,35(6):512-514.

[27] 陈荣川,王木清,崔日林,等. 涉外电子行业职业伤害人群流行病学特征 [J]. 职业与健康,2008,24(14):1351-1354.

[28] 谭因锋,刘波,何春宏,等. 国内外职业病危害防治综述 [J]. 安全、健康和环境,2013,13(12):1-4.

[29] 2007年全国职业病发病情况 [J]. 劳动保护,2009(2):100.

[30] 方冰青. 保护劳动者 防治职业病 [J]. 健康博览, 2019 (6): 10-13.
[31] 王定军. 常见职业卫生隐患 [J]. 劳动保护, 2014 (1): 72-73.
[32] 茅蓉, 姚耿东. 我国职业健康监护现状 [J]. 浙江预防医学, 2010, 22 (2): 15-17.
[33] 崔志伟. 机械行业职业伤害特点及危险因素的调查 [D]. 上海: 复旦大学, 2013.
[34] 廖哲安, 罗文焕. 工伤预防的措施与流程 [J]. 现代职业安全, 2012 (10): 93-95.
[35] 杨平, 杨培民, 徐凌忠. 卫生法学 [M]. 北京: 人民军医出版社, 2004.
[36] 詹思延. 流行病学 [M]. 7 版. 北京: 人民卫生出版社, 2012.
[37] 林大泽, 韦爱勇. 职业安全卫生与健康 [M]. 北京: 地质出版社, 2005.
[38] 晏志勇, 吴苇. 预防医学 [M]. 南昌: 江西科学技术出版社, 2008.
[39] Abdalla S, Apramian S S, Cantley L F, et al. Occupation and risk for injuries [M]. Washington (DC): The International Bank for Reconstruction and Development / The World Bank, 2017.
[40] Nasarwanji M F, Dempsey P G, Pollard J, et al. A taxonomy of surface mining slip, trip, and fall hazards as a guide to research and practice [J]. Appl Ergon, 2021, 97: 103542.
[41] Guerin R J, Reichard A A, Derk S, et al. Nonfatal occupational injuries to younger workers-United States, 2012-2018 [J]. MMWR Morb Mortal Wkly Rep, 2020, 69 (35): 1204-1209.

第六章
消费品所致伤害及其预防

第一节
消费品伤害概述

随着科学技术日新月异的发展，新材料、新工艺大量应用，产品的复杂性不断提高，种类繁多、数量庞大的消费品在带给人们丰富多彩生活的同时，也带来了不少安全隐患，涉及消费品的伤害事件也时有发生，消费品的安全问题正引起全球的关注。

根据美国国家伤害电子监测系统（National Electronic Injury Surveillance System，NEISS）数据库的不完全统计，美国每年因消费品安全问题造成近7万人死亡，3600万人受伤，社会财产损失高达9000亿美元。欧盟建立的伤害数据库IDB对涉及消费品的伤害事件进行抽样统计，发现平均每年每千人中就有50多人次因涉及消费品造成的伤害到医院就诊。

我国消费品安全状况同样不容乐观，据卫生部门统计，在所有伤害中因为产品安全原因造成的伤害约占30%。幼儿误食打火机滑轮、热水袋烫伤、啤酒瓶爆炸、服装过敏、玩具伤人等消费品安全事件屡见不鲜。2017年全国各级消费者协会共受理消费者投诉552398件，其中消费品安全事故占到2.37%。

一、消费品的定义与特点

所谓消费品，指为满足社会成员生活需要而销售的产品，如家用电器、儿童玩具、家具、服装鞋帽、箱包等。也有人把消费品定义为"由最终消费者购买并用于个人使用的产品"。一般而言，消费品是指用来满足人们物质和文化生活需要的那部分社会产品，也可以称为"消费资料"或者"生活资料"。

我国国家市场监督管理总局和中国国家标准化管理委员会发布的国家标准《消费品分类与代码》中，对消费品的定义如下：为了但不限于个人使用而设计、生产的产品，包括产品的组件、零部件、配件、包装和使用说明。

消费品具有以下特点：①消费品涉及千家万户和社会所有成员，全社会中的每一个人都是消费者；②消费品因社会需求千差万别而呈现出多样性和多变性的特点；③消费品市场交易量不一定很大,但交易次数可能很多,涉及面很广;④作为最终产品,消费品市场与其他商品密切相关,能集中反映着整个国民经济的发展水平,体现了国家综合竞争实力。

二、消费品的分类

基于不同的目的或用途,消费品有不同的分类方法。

(一)根据使用周期分类

根据消费品的使用周期,一般将消费品分为快速消费品和耐用消费品两大类。快速消费品是一个外来词,其英文名为"fast moving consumer goods",业内人士一般用其首字母缩写形式"FMCG";与快速消费品相对应的是"耐用消费品",其英文名为"durable consumer goods"。耐用消费品通常使用周期较长,一次性投资较大,包括(但不限于)家用电器、家具、汽车等产品,而快速消费品是指消费者消耗较快、需要不断重复购买的产品。近年来随着市场的不断发展,FMCG 又出现了一种新叫法"PMCG(packaged mass consumption goods)",即包装消费品。顾名思义,此类产品经过包装成一个个独立的小单元来进行销售。从 PMCG 和 FMCG 的对比上来看,前者更加着重包装、品牌化以及大众化对这个类别的影响。最容易让人理解的对它的界定包括包装的食品、个人卫生用品、烟草、酒类和饮料。而其之所以会被称为"快速",是因为它们首先是日常用品,依靠消费者高频次和重复的使用与消耗,通过规模的市场量来获得利润和价值的实现。

1. 快速消费品

(1)个人护理品:由口腔护理品、护发品、化妆品、纸巾、鞋护理品和剃须用品等品类组成。

(2)家庭护理品:由以洗衣皂和合成清洁剂为主的织物清洁品以及以盘碟器皿清洁剂、地板清洁剂、洁厕剂、空气清新剂、杀虫剂、驱蚊器和磨光剂为主的家庭清洁剂等品类组成。

(3)食品饮料品类:由健康饮料、软饮料、烘烤品、巧克力、冰激凌、咖啡、肉菜水果加工品、乳品、瓶装水以及品牌米面等品类组成。

(4)烟酒类:包括各类香烟以及白酒、啤酒、红酒、黄酒等。

(5)医药类:指药品中的非处方药(OTC)。

2. 耐用消费品

耐用消费品是指那些使用寿命较长,可多次使用、重复消费率低的商品。主要包括家用电器、家具、房产、交通工具等。

(二)根据物价指数计算要求分类

我国在计算消费者物价指数(consumer price index,CPI)时,将消费品分为八大类,包括:食品、衣着、居住、家庭设备用品及服务、医疗保健、交通和通信、教育文化娱乐及服务、其他商品及服务。

(三)根据消费品满足的需要层次分类

有学者将消费品按满足人们需要的层次分为三类,包括:生存消费品(如衣、食、住、用方面的基本消费品)、发展消费品(如用于发展体力、智力的体育、文化用品等)、享受消费品(如高级营养品、华丽服饰、艺术珍藏品等)。

(四)根据消费品信息处理和信息交换的需要分类

我国的国家标准《消费品分类与代码》中,将消费品分为 11 个大类。所谓大类产品,主要是指消费者在日常生活中直接使用的产品。大类产品依据用途,兼顾特殊使用对象(儿童),分为以下 11 个大类:①文教体育用品;②家用电器及电器附件;③电子及信息技术产品(计算机、数码、通信产品);④儿童用品;⑤家具及建筑装饰装修材料;⑥服装鞋帽及家用纺织品;⑦日用化学制品及卫生用品;⑧交通用具及相关产品(包括自行车及其配件);⑨食品相关产品(食品用塑料包装容器工具等制品,食品用器皿等制品);⑩日用杂品;⑪其他消费品。

需特别指出的是,该标准适用于消费品生产企业及开展消费品安全风险控制,不适用于食品、药品、化妆品、烟草、特种设备、飞机、船舶、军用产品等产品。

三、消费品伤害的定义、类型和特点

(一)定义

关于消费品伤害,目前大多数使用的定义是:由于消费品自身设计上的缺陷或质量方面的问题而对使用者造成的人身伤害,称为消费品伤害。也有学者定义为:消费品伤害是指消费品在使用过程中可能发生人身伤害或财产损失的一个或一系列的非预期事件。

(二)类型

关于消费品伤害的分类目前尚无公认的标准。

1. 根据消费品的危害来源分类

从消费品的危害特征属性来看,主要包括物理危害、化学危害、生物危害(图 6-1)。因此,消费品所致伤害可分为物理伤害、化学伤害和生物伤害三类。

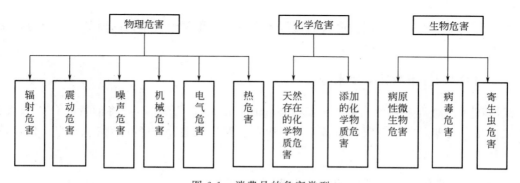

图 6-1 消费品的危害类型

2. 根据消费品所致伤害的结局分类

不同的消费品因不同的材质和使用方式，常导致不同的伤害结局。在美国，基于国家伤害电子监测系统的数据库，将常见的伤害分为 19 种类型，分别是：amputation（截肢）；avulsion（撕裂）；burns. scald（烧烫伤）；burns. thermal（热灼伤）；concusion（脑震荡）；contusion or abrasion（挫伤、擦伤）；crushing（挤压、压碎）；dental injury（牙损伤）；dermat or conj（皮炎、结膜炎）；dislocation（脱臼）；foreign body（异物）；fracture（骨折）；hematoma（血肿）；ingested object（咽下异物）；inter organ injury（内组织伤害）；laceration（割破、裂伤）；poisoning（中毒）；puncture（穿刺）；strain. sprain（扭伤）。

3. 根据消费品的用途分类

在国家标准《消费品分类与代码》中，将消费品依据用途分为 11 个大类。由这些大类消费品造成的伤害也相应分为 11 类。例如，家用电器伤害，儿童用品伤害，等等。

（三）消费品伤害的特点

1. 因果性

消费品伤害是由相互联系的多种因素共同作用的结果。在伤害事件调查分析过程中，应明确事件发生的因果关系，找到事件发生的主要原因或影响因素。

2. 随机性

消费品伤害发生的时间、地点、伤害的程度是偶然的，但这种随机性在一定范畴内也遵循统计学规律。

3. 潜在性

消费品伤害在发生前，人、消费品和环境所处的状态是不稳定的，即系统存在着危害（源），此时若有触发因素出现，就会导致伤害发生。

4. 可预防性

消费品的消费过程一般直接处于人的控制之中，这种客观实际为预防消费品伤害事件的发生提供了基本前提，因此多数消费品伤害是可预防的。

5. 后验性

消费品伤害往往发生在消费品被使用后，专家判断、科学资料及伤害事件收集等是预防和控制消费品伤害的重要途径。

第二节
消费品伤害发生的原因或影响因素

一、直接原因和间接原因

消费品安全事故既是偶然现象，也有其发生的规律性。从消费品安全事故发生的本质讲，均可归纳为能量的意外释放或有害物质的泄漏、扩散。因此，有学者根据能量释放理论，结合系统安全理论，提出基于能量转移理论的消费品安全事故连锁致因理论（见图 6-2）。

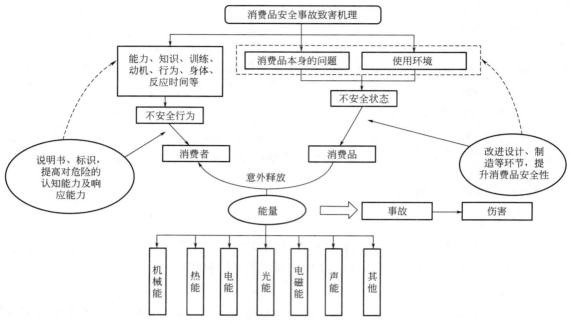

图 6-2 基于能量转移理论的消费品安全事故连锁致因理论（付卉青等，2015 年）

根据该理论，研究者将消费品伤害的原因分为直接原因和间接原因。直接原因又称一次原因，是在事件上最接近伤害发生的原因。间接原因通常又进一步分为两类：消费品的原因和消费者的原因。消费品的原因是指消费品中存在的危害（源）；消费者的原因是指消费者在使用消费品过程中的误用。

（一）直接原因——事故

消费品安全事故是能量或危险物质的意外释放，是伤害的直接原因。消费品中的能量类型有机械能、热能、电能、光能、电磁能、声能及其他能量，上述能量的意外释放会导致消费品安全事故的发生。如机械能的意外释放（动能、势能）会导致消费者被撞伤、割伤；热能的意外释放会导致消费者被烫伤、烧伤等；电能的意外释放会导致触电、火灾等事故。为防止消费品伤害事故的发生，可以通过技术改进来防止这些能量意外释放。

（二）间接原因——不安全行为和不安全状态

消费者的不安全行为包含控制不力、缺乏知识、对存在的危险估计错误或其他个人因素等；消费品的不安全状态包含设计缺陷、强度不够等，两者均可能导致能量的意外释放，故可以通过教育训练提高消费者识别危险的能力，佩戴个体防护用品来避免伤害。间接原因可大致分为 6 类。

1. 技术的原因

指消费品在设计技术上不完善,工艺过程和保护措施等存在技术缺陷等。

2. 安全意识的原因

指消费者在使用消费品过程中安全意识的缺失。如消费者因使用超过使用年限的消费品而造成的伤害事件。

3. 身体的原因

指使用者因为身体上的缺陷或使用过程中可能出现的身体不适。例如视力或听力有障碍,以及睡眠不足等。

4. 精神的原因

指消费者在使用过程中焦躁、紧张、心神不定等精神状态,以及心理障碍或智力缺陷等。

5. 管理的原因

指消费品生产商责任心不强,不重视消费品的安全性能,在消费品设计、生产过程中没有投入适当的人力物力以保证产品的安全性能。

6. 科学发展水平的原因

指受限于科学发展水平和人类现有的认知水平,导致不能有效识别潜在的消费品危害,以至于在现阶段尚不能完全避免消费品伤害事件的发生。

二、技术、人员、管理和环境

在不考虑消费者因素情况下,仅就消费品质量安全的影响因素而言,可以将其概括为四个方面:技术、人员、管理和环境。

(一)技术因素的影响

技术因素主要包括生产设备、工艺等方面。生产设备的精确性影响着产品质量,选择的工艺参数和工艺流程的执行情况也会影响产品质量。另外,新产品不断出现,生产设备及工艺影响产品质量的不确定性也在增加。

(二)人员因素的影响

不同地区、不同企业间技术人才资源分布不平衡,生产出的消费品质量难免存在差异。人员的知识储备(包括安全意识)、技术经验(如熟练程度)和能力素养(如品德纪律)等方面的情况都可能引发产品质量问题。

(三)管理因素的影响

法律法规的完善程度、监管部门的协调及质量监控力度和产品质量管理体系等管理因素都会影响产品质量。如监督执法工作薄弱会导致多次被发现并责令整改的问题久不能得到落实。

（四）环境因素的影响

从大环境来看，行业间的不当竞争或恶性竞争、企业社会责任感的淡漠或缺失，常常会催生故意制售假冒伪劣产品的违法行为，严重威胁着产品的质量安全。从小环境来看，生产现场的温度、湿度、噪声、振动、污染程度等都对产品质量产生直接或间接的影响。

第三节
消费品伤害的预防

一、消费品伤害的预防策略

（一）消费品伤害的监测

产品所致伤害的监测是实施产品质量安全监管的重要基础。西方发达国家早在20世纪70年代就已开始在完善相关法律制度的基础上，建立了各国的产品伤害监测系统。如美国的国家伤害电子监测系统（NEISS）、欧盟的欧洲家庭和休闲事故监测系统（European Home and Leisure Accidents Surveillance System，EHLASS）等，这些系统为政府部门及相关机构实施产品安全管理、制定消费者安全政策、评估政策效果、消除产品安全隐患、实施产品召回等方面提供了重要的决策依据，其中美国在过去的40年，将产品伤害导致的死亡和伤害率减低了30%。

美国已经建立40余年的国家伤害电子监测系统（NEISS）是一种通过分布在全美的126家伤害监测点医院等渠道采集因产品安全导致的伤害信息，经过调查回访及其统计分析，进而实施产品安全预警、风险通报、缺陷召回和标准修订等干预措施的产品安全管理模式。

我国在消费品伤害监测方面起步较晚。国务院《质量发展纲要（2011—2020年）》明确要求"在我国建立产品伤害监测制度和完善产品伤害监测系统"。在国务院办公厅印发的2012—2014年"贯彻实施《质量发展纲要》年度行动计划"中，就"探索建立产品伤害监测数据直报系统，开展产品伤害专项调查，发布产品伤害预警信息""完善消费品风险和产品伤害监测体系及预警平台建设"等作了重点部署，为我国产品伤害监测体系建设提供了政策支持。

（二）三级预防策略

从全寿命周期的消费品质量安全管理的角度看，依据三级预防的思想，可在产品的不同阶段分别采取相应的策略予以保障。

1. 一级预防

即所谓的病因预防，包括消费品的安全设计、消费品的风险警告、消费者的安全意识。

在消费品的安全设计中,应广泛收集有关此类消费品已有的伤害信息,识别出消费品可能存在的各种质量安全影响因素,并对其作用方式和作用后果进行分析与评估,从而明确在设计中对这些影响因素的具体要求和目标。

消费品生产出厂后要有详细的说明书或指导文书,引导消费品在储运、销售、消费和回收等环节被正确使用,对可能引发的风险提出警告,并提示各环节的人员如何应对这些风险。作为消费者而言,应始终牢固树立"安全第一、预防为主"的意识,在消费品使用前、使用中和使用后都需严格遵循说明书或指导文书中的建议或警告,从而实现一级预防的目标。消费者除了提高自身的防范意识和能力之外,还应积极将消费品的安全信息报送给有关部门(如质监、消协等)、第三方机构或新闻媒体,主动承担起消费者在消费品质量安全管理中的义务和责任。

2. 二级预防

在消费品设计、生产、流通的各个环节,生产企业和监管部门应建立科学完整的消费品质量安全监管体系,监督各个环节的质量安全管控情况,防止不安全因素的出现或累积。此外,消费品的生产单位应尽量通过减少致伤因子的数量对可能造成的危害进行限制,以降低伤害的发生风险或减轻伤害发生后的后果。例如,在儿童玩具中,以"安全涂料"替代含苯或甲醛较多的材料。总体而言,如能在最大程度上"剥离"不安全因素,可使得在正常使用条件下,无论消费品处于何种状态,均可以避免或减少事故的发生。

3. 三级预防

在发生消费品伤害后,对受害者进行及时的急救、治疗和后期康复,可减轻伤害带来的后果或影响。另外,对于产品本身的缺陷或问题所导致的伤害,受害者可通过消费维权获得相应的赔偿或补偿,以保障治疗和康复的顺利实施。

二、消费品伤害的预防措施

(一)消费品的安全风险评估

在消费品的使用过程中,消费者往往会触发不同程度的伤害事故,在多数情况下,这些伤害可以避免。然而,没有绝对安全的产品,伤害发生的风险一直都存在。消费品安全风险评估就是量化测评某一产品带来的安全风险大小的手段,是产品安全管理体系的技术基础之一。评价消费品在其生命周期内发生安全危害的风险程度并确定其是否在可承受范围的全过程,称为消费品安全风险评估。风险评估包括风险分析(risk analysis)和风险评价(risk evaluation)。

美国消费品安全委员会(CPSC)是依据《消费品安全法案》设立的一个独立的联邦政府机构。它的责任是保护广大消费者的利益,通过减少消费品存在的伤害及死亡的危险来维护人身及家庭安全。CPSC目前管理了包括玩具、家用电器、儿童用品及其他种类在内的超过1.5万种的消费品,承担了联邦政府有关消费品安全管理的职能,对可能引起火灾、爆炸、电击、化学或物理危害以及导致儿童伤害的产品进行重点监管。通过调查伤害原因,对产品现有的或潜在的危险性和危害性进行评定,帮助消费者对产品进行评价,制定统一的消费品安全标准。

我国政府高度重视产品质量和安全问题。2017年4月，由全国消费品安全标准化技术委员会（SAC/TC 508）、中国标准化研究院等单位共同起草的国家标准《消费品化学危害限制要求》征求意见稿发布。该标准旨在建立消费产品安全标准，提高消费品质量要求，产品包括了玩具、卫浴、家电、汽车、纺织等大众消费品各个领域。与欧盟《关于化学品的注册、评估、授权与限制》（简称REACH）一样，均为化学物质危害的基本安全要求，其中对103类物质提出了限制要求。该标准的出台被业界称为中国版的REACH，引起了业界广泛关注。

我国质检总局《关于加强产品质量安全风险监控工作的指导意见》为风险监控工作的开展勾画出了脉络和方向：即以消费品为重点，以产品质量中影响人体健康和人身财产安全等因素为内容，建立以风险信息采集为基础、风险监测为手段、风险评估为支撑、风险控制为目标的工作体系，形成以预防为主、以风险管理为核心的产品质量安全监管新机制。

2020年7月21日，国家市场监督管理总局和国家标准化管理委员会共同发布了《消费品安全 危害识别导则》（GB/T 39011—2020），该标准规定了消费品安全危害识别的危害源分类、危害源识别的流程，是消费品安全危害识别的通用标准，可为相关领域消费品安全危害识别提供指南，适用于对消费品设计、生产、使用阶段影响消费者人身健康安全和财产（物品）损失的危害进行识别。

（二）消费品的安全设计

消费品安全设计一般包括信息识别、预期使用分析、风险评估和安全设计4个部分。安全设计通常由直接安全设计、间接安全设计和提示性安全设计所构成。

1. 信息识别

此部分是要识别、收集、整理与消费品安全设计相关的各类信息，主要包括法律法规、标准及其他相关信息，如召回通报、消费警示、消费投诉、媒体报道、行业报告、专家意见等，以掌握社会和各界对消费品的要求。

2. 预期使用分析

即对消费品预期的合理使用、可合理预见的误使用和故障情况进行分析，收集、整理、分析消费人群、消费品和使用环境三者的特征及相互关系。预期使用是指按照供方提供的信息，对产品、过程或服务的使用。可合理预见的误使用则是指未按供方的规定对产品、过程或服务的使用，但这种结果是由很容易预见的人为活动所引起的。

3. 风险评估

对生产的消费品进行风险评估，是要尽可能地识别出消费品生命周期各阶段、各环节给最终消费者在消费品的使用过程中带来的危害，包括物理危害、化学危害及生物危害，研究消费品安全事故的触发、传递、致害机理，确定消费者受到伤害的关键路径，指导消费品安全设计，使安全设计具有针对性。

4. 安全设计

对超过可容许风险水平的风险因素应采取相应的技术措施减小其风险，使其达到可容许风险的水平。当安全技术措施与经济效益产生矛盾时，应优先考虑安全技术上的要求，并应按照以下三个递进顺序选择安全技术措施。

（1）直接安全设计：通过不断改进和完善设计方案，从根本上消除或减小风险，提高消费品自身安全性，使风险达到可容许风险水平。要从根本上将识别出的消费品生命周期的所有危害通过消费品安全设计消除或减小到可容许风险水平，使得设计出的消费品具有安全性。对于识别出来的不同类型危害，分别采用不同的设计手段来进行消除。由于不同的消费品性质、特点不同，因此不同种类的消费品所侧重的方面亦不相同，主要通过物理因素、化学因素、生物因素及环境资源保护等几个方面予以考虑。

（2）间接安全设计：受消费品自身结构、功能及使用条件等因素制约使得无法通过直接安全设计将可预见的风险彻底消除或减小到可容许风险的水平时，应通过设计必要的防护措施等间接安全设计来进一步减小风险，如包括设计防护罩、保护装置及附加防护设备等补充保护措施。安全防护措施包括主动防护措施和被动防护措施。主动防护措施指在危害发生时自动触发，控制或减小危害的防护措施，主动防护措施多通过光电、传感器等电气系统实现。被动防护措施指通过被动的阻止能量转移的方法达到安全防护的目的，被动防护措施多采用物理方式实现，包括运用安全屏障、漏电保护装置等措施预防危害；采用低毒代替高毒物质、降温及设置避雷、除静电、减振及消声等装置来减弱、降低危害；使用隔离屏、防护服及防毒器具等隔离危害因素；配置自救设备、个体防护设备等增强安全防护；等等。

（3）提示性安全设计：当采用间接性安全设计仍无法将风险控制到可容许风险的水平时，应通过采取提示性安全设计对使用者提供必要的使用帮助和警示信息等。对于通过采取直接安全设计和间接安全设计减小风险后的残余风险，设计者应采取相应的提示性安全设计，以使用说明、培训等方式将使用中各种可能产生或存在的风险告知消费者，指导消费者正确使用消费品，减少消费品的误使用、故障和损坏率，同时提醒消费者采取正确的对策来控制和应对风险，从而降低伤害的可能性。

消费者经常会获得消费品的使用说明，这是向消费者传达如何正确、安全使用产品以及与之相关的产品功能、基本性能、特性的信息。它通常以使用说明书、标签及铭牌等形式进行表达，可以将文件、词语、标志、符号、图表、图示以及听觉或视觉信息采用单独或组合的方式表示。这些信息可以用于产品上（包括设备操作器/键/钮上的说明；设备操作中的电子显示说明）、包装上，也可作为随同文件或资料（如活页资料、手册、录音带、录像带、光盘等）予以交付。

第四节
儿童玩具伤害

儿童作为一个特殊群体，由于自我保护能力不足，常常容易因为产品的某些设计或制造缺陷而成为受害者。有研究显示，超过60%的儿童意外伤害事故发生在家中，与儿童相关的伤害报告主要包括玩具、家具以及其他消费品（服装、安全座椅及娱乐类用具等）。其中，因玩具导致的伤害在国内外层出不穷，几乎每个儿童在成长过程中都有遭受过玩具伤害的经历,只不过是伤害的严重程度和影响不同而已。玩具伤害常造成儿童伤亡、残疾或功能障碍,并给家庭带来沉重的经济和精神负担。鉴于此,本节专门针对儿童玩具伤害及其预防进行介绍和分析。

一、玩具的定义

玩具是设计或预定供14岁以下儿童玩耍的所有产品和材料。玩具一般可分为电玩具、塑胶玩具、娃娃玩具、金属玩具、弹射玩具、毛绒玩具、竹木制玩具、其他类玩具8大类。我国是世界上最大也是最重要的玩具制造国,世界约70%的传统玩具在中国进行生产。

二、玩具伤害的发生原因

(一) 机械伤害

机械伤害是最常见的玩具伤害原因,如跌伤、割伤、勒伤、夹伤、击伤、刺伤、咽下和吸入异物与窒息伤害等。跌伤多发生在骑玩具车或童车时;玩具的锋利边缘容易割伤儿童娇嫩的皮肤;用不透气材料制成的玩具袋,当开口周长大于360毫米时,儿童把袋套在头上造成勒伤;当玩具中活动部件的可触及间隙能让儿童手指插入,则有夹伤的危险;使用弹射玩具,弹射物击中眼睛或头部,造成眼外伤和头面击伤;玩具的焊点、电子部件的尖点、金属丝端点等都是刺伤皮肤的隐患;3岁及以下儿童喜欢把东西往嘴里放,容易发生咽下和吸入异物;包装玩具的软塑料薄膜太薄,一旦紧贴婴幼儿的脸部及口鼻,则有窒息之虞。

(二) 火焰烧伤

专供儿童作游戏和装扮角色用的游戏服(playwear),诸如护士、驾驶员、邮递员等服装,毛绒材料制成的玩具,儿童使用的胡须、假发、面具等头饰玩具,以及可以容纳儿童进入的游戏空间,如活动房、游戏城堡和帐篷等,都可能因燃着造成烧伤。

(三) 毒性伤害

用于玩具涂料中的铅、铬、锑等含量超标造成中毒,是一种不易察觉的潜在伤害。近年来酞酸盐、偶氮染料、甲醛等有毒物被广泛用于制作软性塑料玩具;木制玩具释放出的甲醛气体是一种公认的致癌物;布绒玩具所使用的聚氯乙烯(PVC)可能损伤心血管、肝脏和肾脏。

(四) 噪声伤害

播放音乐和歌曲的玩具音量太大或播放的时间过长,产生的噪声会伤害儿童的听力。机关枪、带警笛的玩具警车、有马达的模型飞机等发声玩具,噪声多在80分贝以上。儿童对声音的感应比成人灵敏,80分贝的声音可使儿童感到吵闹难受、情绪紧张,并造成记忆力减退,长期受到噪声刺激的婴幼儿容易激动、缺乏耐性、睡眠不足、注意力不集中。

（五）布绒玩具伤害

布绒玩具上的小零件（包括眼睛、鼻子、塑料纽扣等）承受拉力小于 90 牛顿，三岁以下的儿童吮咬玩具小零件容易吞食或吸入；布绒玩具填充料内如留有尖端金属，极易扎伤儿童的皮肤、眼睛；布绒玩具的眼睛、鼻子等小零件上的油漆中多含有有害物质（锑、砷、铅、汞等有害元素）等。

（六）其他玩具伤害

乘坐充气或不充气的水上玩具在浅水中游玩不慎会造成溺水；荧光棒含有低毒性的邻苯二甲酸二甲酯和邻苯二甲酸二丁酯，被误吸或触碰可造成恶心、头晕、麻痹甚至昏迷等；激光电筒近距离照射眼睛可能诱发角膜炎等眼病；玩具风筝和其他有绳线的飞行玩具，在闪电时或因接触高架电线可能遭电击。

三、玩具伤害发生的影响因素

（一）生产和销售方面的因素

玩具的生产者和销售者以及监管部门的工作人员如果对玩具的安全性及其可能造成的伤害认识不足，将会从源头上使玩具的安全性能大打折扣。例如设计缺陷；标准或规定执行不严；偷工减料；标识不清；等等。

（二）使用方面的因素

儿童是一个特殊消费者群体，合格而且可以上市和使用的玩具不仅要考虑到儿童在"正常使用（normal use）"下玩具的安全性，还要考虑到儿童在"不当使用（reasonably foreseeable abuse）"下玩具的安全性。

"正常使用"下的玩具安全性，是指按说明书或按包装图示要求的方法方式，或按传统的玩要习惯来使用玩具时，玩具必须是安全、可靠而且对儿童无伤害的。"不当使用"下的玩具安全性，是指儿童在非"正常使用"玩具情况下，如何避免玩具对儿童可能产生的伤害。发生"不当使用"的原因有：①玩具只适合某一年龄阶段的儿童，对年龄小一点的儿童来说就可能会有危险；②儿童自身体力和智力所限，无法（不会）按"正常使用"的方式来玩玩具；③儿童天性好动、好奇，常会任意拆卸或有意无意摔散玩具；④3岁以下的儿童喜欢把东西往嘴里送；⑤年龄较大的儿童会尝试说明书中所强调的"警告"与"危险"行为；⑥孩子模仿影视中的人物用仿真枪打人；⑦有怪癖或有攻击性行为的儿童，用仿真武器伤人或自伤等。合格的玩具因为不当使用而造成伤害虽是始料不及之事，但是儿童玩具设计者和每一个家长、幼儿教师都应该有所警觉，充分甚至"过度"的防范都是有必要的。

四、玩具伤害的预防

大多数国家将玩具安全问题列为保护未成年人的重要内容之一，减少儿童玩具伤害是政府和全社会的共同责任。玩具伤害的预防策略在于政府的重视和全社会的关注，预防的主导措施是消除一切可能发生伤害的隐患。学校和家庭都必须提高防范意识、做好安全教育，为儿童营造一个安全卫生的环境，让孩子们远离玩具伤害。

（一）规范玩具安全控制程序

儿童玩具不同于一般消费品，因为玩具的消费主体是自我保护能力较弱的特殊群体，因此，质监、工商和卫生部门应加大监督力度，加强对玩具生产厂家和销售商的安全性教育与管理，让玩具的安全意识融入产、供、销各个环节。

规范的玩具安全控制程序包括：

（1）制订产品概念及规范评估程序。在考虑各个年龄段儿童的认知能力、玩耍兴趣以及发育状况等情况下，确定合适的玩具使用年龄段，对玩具的功能、规格、式样进行分析和鉴定。

（2）设计安全的产品。根据年龄段确定玩具尺寸，设计可安全拆装的部件，生产的原料应该无毒或对皮肤无刺激性。

（3）对玩具生产的设计、试制、定样直至批量生产的全过程进行抽样检测，包括全套理化指标与抗微生物有效性以及评估是否符合 FDA 法规，并对所有的产品信息、参数建立档案。

（二）玩具的正确选择与安全使用

每件玩具必须标明生产厂名称、厂址、商标、使用年龄段、安全警示语、维护保养方法、执行标准号、产品合格证等 12 项内容。对于电玩具、弹射玩具、金属玩具、娃娃玩具、塑胶玩具、童车等实行强制性产品认证的玩具，还应查看包装上是否有强制性认证的标识。使用喷漆中的铅含量等应符合国家安全标准，最好选用包装上有"CE"安全认证标志的玩具。如果是假冒伪劣产品或者仿真度过高的产品，消费者可以根据《产品质量法》《消费者权益保护法》《未成年人保护法》等寻求法律保护。

儿童购买玩具时应有家长陪同，家长必须根据自己孩子的年龄、性格、爱好、习性等方面的特征以及家庭和居住环境情况来选择玩具，特别是给 3 岁以下的儿童选择玩具时尤其要谨慎。玩具选择的基本原则是：①没有可能会被吞下或吸入的小部件；②无尖端或粗糙边缘；③内部填充物无坚硬物件；④结构完整、拼缝牢固；⑤外观清洁无异味。

父母和教育者必须切实担负起儿童使用玩具时对他们进行照料的责任。在使用玩具的过程中，应强调必需的监护和正确的指导。其中，家长应该做到以下方面：①经常检查玩具有无破损；②填充类玩具不放在婴幼儿的床中；③换电池和充电等工作由看护者实施；④不把玩具留在不太容易被成人注意的地方；⑤及时收好玩具；⑥楼梯和过道处不放置玩具。

（傅燕艳　黄鹏）

参考文献

[1] 于彭,刘卓军,张永光.基于模糊理论的消费品安全风险评估方法[J].数学的实践与认识,2014,

44（1）：1-10.

[2] 巫小波. 产品伤害监测是实施产品质量安全监管的重要基础［J］. 伤害医学（电子版），2015，4（2）：54-56.

[3] 邓先娥，汪芳. 经济学基础［M］. 3版. 北京：人民邮电出版社，2019.

[4] 张文霞. 中国快速消费品的品牌传播研究［D］. 武汉：华中科技大学，2007.

[5] 李文陆. 国际市场营销学［M］. 杭州：浙江大学出版社，2011.

[6] 朱艳，刘婷. 统计学原理［M］. 南京：南京大学出版社，2011.

[7] 付卉青，刘霞. 消费品安全标准比对方法研究［J］. 中国标准化，2018（9）：49-52.

[8] 刘霞，罗红旗. 消费品安全风险评估［J］. 中国质量，2009（9）：10-11.

[9] 刘霞，罗红旗，顾莉萍. 基于事故致因理论的消费品伤害发生作用机理［J］. 农业发展与金融，2011（9）：20-22.

[10] 付卉青，宁燕，刘霞. 基于能量转移理论的消费品安全事故致因机理［J］. 机械工业标准化与质量，2015（9）：11-15.

[11] 刘欣军. 浅析消费品质量安全的影响因素及风险防范［J］. 中国检验检测，2017，25（3）：66-67.

[12] 张子晗，孙嘉天. 消费品质量安全影响因子的作用机理及其启示［J］. 中国质量，2010（8）：17-19.

[13] 丁洁，谢志利，谢婷，等. 国外消费品风险评估研究进展及对我国的启示［J］. 安全，2016，37（9）：5-8.

[14] 颜颂平. 安全设计是控制消费品安全的最重要步骤［J］. 厦门科技，2014（2）：13-14.

[15] 王声湧，荆春霞. 玩具伤害发生的原因和预防控制［J］. 华南预防医学，2005，31（2）：32-34.

[16] 陈伟. 玩具产品质量安全知识［J］. 中国标准导报，2014（6）：61-64.

[17] 裴飞，李忠伟，任茜，等. 浅谈国内外消费品安全风险控制发展现状［J］. 标准科学，2019（4）：131-134，143.

[18] U. S. Consumer Product Safety Commission. Audit of the CPSC's financial statements for FY 2019［EB/OL］.（2019-11-19）. https：//cpsc-d8-media-prod. s3. amazonaws. com/s3fs-public/Audit-of-the-CP-SCs-Financial-Statements-for-FY-2019. pdf

[19] IARC Working Group on the Evaluation of Carcinogenic Risks to Humans. Some nitrobenzenes and other industrial chemicals［M］. Lyon：International Agency for Research on Cancer，2020.

[20] Fatunsin O T，Oluseyi T O，Drage D，et al. Children's exposure to hazardous brominated flame retardants in plastic toys［J］. The Science of the total environment，2020，720：137623.

[21] Mc Loone E，O'Neill M. Response to 'Toy' laser macular burns in children：12-month update［J］. Eye（Lond），2017，31（4）：662-663.

第七章
意外跌落及其预防

意外跌落（accidental fall），包括跌倒和坠落，是指突发的、不自主的、非故意的体位改变。其中，跌倒是指在同一平面发生，坠落是指从一个平面向另一个更低的平面发生。按照《国际疾病分类第10次修订本（International Classification of Disease，10th Revision，ICD-10）》进行编码，跌倒有20种形式，编码为W00-W19，其中W00指在涉及冰和雪的同一平面上跌倒；W01指在同一平面上滑倒、绊倒和摔倒；W02指涉及溜冰、滑雪、溜旱冰或滑板的跌倒；W03指由于被别人碰撞或推动引起的在同一平面上的其他跌倒；W04指被他人运送或搀扶时跌倒；W05指涉及轮椅上的坠落；W06指涉及床上的坠落；W07指涉及椅子上的坠落；W08指涉及其他家具上的坠落；W09指涉及运动设施上的坠落；W10指在楼梯或台阶上坠落；W11指在梯子上坠落；W12指在脚手架上坠落；W13指从建筑或房屋上坠落；W14指从树上坠落；W15指从悬崖上坠落；W16指潜水或跳水引起的损伤，除外淹溺和沉没；W17指从一个平面至另一平面的其他坠落；W18指在同一平面的其他跌倒；W19指未特指的跌倒。

在世界各地，意外跌落均属于重要公共卫生问题。在世界所有地区，>60岁成年人意外跌落的死亡率最高。有研究表明，意外跌落是中国居民的第3位伤害死亡原因，是老年人的主要伤害死亡原因之一。

第一节
意外跌落的流行特征和损害特点

一、儿童的意外跌落

（一）流行特征

世界卫生组织（WHO）数据报告显示，跌倒/坠落伤是0～5岁和13～15岁儿童第一位伤害原因，占全球0～17岁儿童致死性伤害原因构成比的4.2%。我国有研究显示，跌倒/坠落伤位居各类儿童伤害就诊的首位，占40.4%；男性多于女性，男女比例为2.1∶1；各年龄段均有发生。跌倒/坠落伤发生的前3位地点为家中（32.9%）、学校与公共场所（32.0%）和公共居住场所（18.1%）；伤害发生时从事最多的活动为休闲活动，占66.5%；受伤性质以扭伤/擦伤最为多见，占55.3%；受伤最多的3个部位为头部（39.9%）、上肢（28.9%）和下肢（24.6%）；80.3%的病例为轻伤，重度伤害仅占0.4%；意外伤害占99.3%；跌倒/坠落伤发生在冬季最少，其余3个季节差别较小。比较城乡间跌倒/坠落伤特征，发现两地就诊者性别、伤害意图、发生季节、发生旬段4个特征分布差异无显著性，在年龄、文化程度、发生地点、发生时活动、发生时段、伤害性质、部位、严重程度、结局等特征分布差异有显著性。

跌落是儿童伤害中最常见的原因。一般说来，婴幼儿和学龄前儿童的意外损伤类型主要为跌落。随着年龄的增大，跌落的比重逐渐降低，而与骑车、溜冰等体育运动有关的受伤及交通事故逐渐增多。跌（坠）落虽然较少引起儿童死亡，但其危害性在于常见、多发、后遗残疾多，不仅给儿童和家庭带来极大的身心痛苦和不幸，也给社会和政府造成了巨大的经济负担和损失。

（二）损害特点

儿童通常活泼好动，并且平衡能力、自我保护意识都相对较差，在玩耍过程中一不小心便可能造成跌落伤害。

跌落伤的主要损伤部位为下肢，损伤类型以骨折最为常见，跌落发生的地点主要为家里、学校和途中。此外，损伤的性质和程度还与地面类型、着地姿势、体重及年龄等有关。有研究显示，水泥地面受伤的儿童跌伤发生率明显高于木地板或橡胶地面，橡胶地面场所受伤率最低，其危险是木板地面的1/2，是水泥地面的1/5。

二、青壮年的意外跌落

（一）流行特征

青壮年人群与其他人群相比，承担体力劳动、野外作业、高空作业等危险作业的机会更多，因此青壮年是意外伤害的高危人群。国内有研究发现，跌落是青壮年意外伤害的一个重要原因，主要发生在建筑工地、高空作业等施工过程中，受伤者多为农民工，发生率最高的年龄段为21~40岁；发生在家中的意外高坠几乎都与危险行为（如擦窗户）有关。

有研究显示，高处坠落事故有一定的规律，事故的高发时间段集中于4~5月和7~10月，因为期间高处作业和夜间施工较多，尤其夏秋季气温高，作业人员身体易疲劳，致使注意力下降而诱发事故。

（二）损害特点

青壮年坠落的伤害程度与多种因素有关。例如坠落着落点的状况、人体同该点的接触面积、自身健康状况等。一般而言，接触面积越大、落点越软，伤害就越小。坠落造成的损害中,骨折最多见,全身各处的骨折都可能发生,而且多发多段骨折。其中,脊椎骨折可造成瘫痪或立即呼吸停止;骨盆骨折可造成严重内出血;肋骨骨折可损伤胸壁造成血气胸甚至呼吸衰竭;颅骨骨折可导致严重的脑挫裂伤,甚至出现昏迷抽搐。另外,在坠落中如果身体插入异物,将损伤内脏、血管和神经并出现相应的表现。

三、老年人的意外跌落(倒)

(一)流行特征

国内外研究表明,老年人是意外跌落(国内更多称之为跌倒)死亡的高危人群。跌倒最常见的直接原因是滑倒、绊倒及踏空。老年人跌倒易发生骨折,且由于生理功能退化使骨折愈合较慢甚至不愈合,从而导致长期瘫痪在床,继发各种感染,最后引起死亡,因此意外跌落(倒)是造成老年人伤残和死亡的重要原因之一。

在我国,跌倒是 65 岁以上老年人的首位伤害死因。老年人跌倒发生率高,据国内报道,65 岁以上的家居老人中,男性 21%～23% 曾跌倒过,女性为 43%～44%,且比例随着年龄递增而增加,80 岁以上老年人跌倒的年发生率可高达 50%。美国疾病控制与预防中心(CDC)的调查数据显示,65 岁以上老年人每年的跌倒发生率约为 33%,其中半数以上的人会发生再次跌倒。

老年人意外跌落的死亡率有性别和年龄差异,老年女性意外跌落死亡率高于老年男性,60 岁及以上老年人意外跌落死亡率随年龄增长而增高,且增幅逐渐变大。其中,65 岁及以上老年人意外跌落死亡数占老年人意外跌落总死亡数的 97%,且 65 岁及以上各年龄组的老年人意外跌落平均死亡率增速显著。另外,老年人意外跌落死亡率具有区域差别,中心城区老年人的意外跌落死亡率高于非中心城区。

(二)损害特点

老年人跌倒常表现为并发症多、预后差、病残率和死亡率高的特点。跌倒所致的外伤大部分为软组织损伤(严重的会导致关节积血、脱位、扭伤)和骨折(包括股骨、手臂、肋骨、髋部骨折)。跌倒所致的损伤中最严重的是髋部骨折,髋部骨折后期望寿命将减少 10%～15%,且生活质量也显著下降,有 1/4 髋部骨折的老年人在 6 个月以内死亡。

老年人跌倒除了躯体损害外,还会造成心理的负面影响。例如,失去信心、感觉无助、产生焦虑或抑郁情绪,由此进一步减少了休闲活动,降低了生活质量。国外有调查显示,有 50% 的老年人害怕跌倒会影响其日常活动能力,这种对自身平衡能力的信心下降反过来又会促使自我行为能力的受限,从而导致跌倒的危险增加。

第二节
意外跌落发生的原因或影响因素

意外跌落是由多种因素相互作用的结果,这些因素一般分为两大类:自身因素和环境因素。自身因素包括年龄、性别、疾病、健康状况、营养状况等;环境因素包括药物作用、饮酒、居住环境等,如地面凹凸不平、有障碍物、照明条件差等。当自身和环境多种因素相结合超过某一界限时,即可发生跌落。不同年龄组中,各种因素作用强度存在差别,因而使得各年龄组的意外跌落具有不同的特点。

一、儿童意外跌落

不同阶段儿童的身体发育情况、活动范围不同,意外伤害的类型也有所不同。婴幼儿和学龄前儿童的意外伤害类型主要为跌落。较小的婴儿由于平衡能力差,多从床上、台阶、楼梯、光滑地板跌落或滑倒,也有家长怀抱孩子时不慎跌倒或摔倒所致;3岁以上儿童一般都进入幼儿园学习,集体活动增加,由于注意力易分散,判断能力和自控能力还比较欠缺,在游戏活动中或其他脱离看护的情况下容易出现跌落。

(一) 性别

大量的调查研究发现,儿童跌落的发生与性别有关,男童明显多于女童。男童活泼好动、好奇心强、爱冒险,活动范围大,偏好刺激性游戏。另外,由于性别的原因,家长和老师对男童和女童的教育与保护方式不同,也会造成男童受伤的机会大于女童。

(二) 父母文化程度

有研究显示,儿童意外伤害发生率与父母的文化程度有关。父母的文化程度高、职业状况好、劳动强度低、陪儿童的游戏时间多,儿童的跌落伤发生率明显偏低。父母性格暴躁、爱发脾气、欠有债务的家庭环境中,儿童跌落发生率明显偏高。一般认为,文化程度与健康知识水平和安全意识有关,当父母的文化程度偏低时,可能影响他们对子女的安全卫生教育;父母无工作或是临时工,由于心理压力较大或劳动强度过大,往往导致性格暴躁、缺乏耐心,使他们没有足够的精力和时间对儿童进行安全监护,导致意外跌落伤发生较多。

(三) 家庭生活环境

有调查发现,有70%的儿童意外跌落发生在家中;当儿童发生意外跌落时,有58%的家长就在孩子身边,说明许多父母并未对儿童的意外伤害引起足够的重视。国内有调查发现,家长将患儿单独反锁在房子里,孩子由于恐惧从窗口或阳台翻出也是造成儿童跌落的原因。

另外,居住活动空间小和周围环境差也是儿童发生意外跌落的影响因素。有研究显示,10岁以下儿童意外跌落常见的危险因素是缺少护栏的摇篮、楼梯和楼顶通道,其首位伤害原因是从楼梯或床上跌落。

(四) 生理-心理因素

生理和心理发育水平及状态是影响儿童意外跌落发生的重要因素,例如心理冲突、情绪压抑、精神分裂、行为偏离、性格畸形、人格异化、攻击行为等心理行为因素。有研究提示，精神不能集中、注意力不能持久、喜欢冒险、无论什么事都想参加、情绪变化快、易激动或紧张、喜欢在高处玩耍等因素是儿童意外跌落发生的主要危险因素。此外，由于儿童与青少年都比较喜欢参加运动娱乐项目，所以常在运动或娱乐时因保护措施不够而导致跌落，且主要是从溜冰鞋、滑板、操场设施上摔下，损伤主要为骨折或脱臼。

二、青壮年意外跌落

青壮年的意外跌落多发生在工作场所，因此其影响因素主要包括个人特征和工作环境两个方面。

（一）个人特征

有研究显示，注意力不集中、家庭生活不满意、睡眠不佳、抑郁和焦虑因子、追求高收入等因素是成年人跌倒的主要危险因素。

在施工作业过程中的个人因素主要包括：①体检未合格即上岗，身体健康有缺陷，不适合高处作业。例如，年龄偏大，身体残疾，有精神病、高血压、心脏病等病史。②在高处进行施工作业时未持证上岗。例如，架子工、起重机械安拆工和吊篮安拆工等未经高处作业安全防护知识培训合格即上岗作业。③个人防护不规范。例如，高处作业时未佩戴安全帽、未系安全带等，或使用的安全防护用品有缺陷，或未按照规范佩戴安全防护用品。④冒险作业。施工人员缺乏高处作业的安全知识，对作业环境安全状况无辨识能力，违反操作规程进行冒险作业。

（二）工作环境

1. 施工作业时的气候环境

施工作业过程中发生的高处坠落会受到气候环境的影响，如阴雨天、雪天、高温、大风的作业环境，会显著增加坠落事故的发生风险。

2. 施工作业时的防护措施

（1）临边防护：在建工程的楼面临边、屋面临边、阳台临边、楼梯临边和基坑临边的安全防护设施，存在施工进度跟不上施工作业面、防护设施缺失、防护高度或牢固度不够等情况。

（2）洞口防护：在建工程的预留洞口、电梯井口、通道口和楼梯口的安全防护设施，存在施工不及时、洞口防护不严密、使用过程随意拆除等情况。例如，砌墙时拆除管道井预留洞口平面防护设施，电梯安装时拆除平面洞口防护设施，在预留洞口边进行电缆和管道施工时未采取防护措施，等等。

（3）攀登作业：包括使用不规范的梯子、通道等设施和用具。例如，施工人员现场使用木方、板材自行制作简陋、强度低、负荷小的攀登梯子，或使用不合格的折梯、单梯等便携式梯子。

（4）悬空作业：在无可靠的立足点或无操作平台的条件下作业。例如，施工人员在无可靠的立足点或未安装合格操作平台的情况下，在高度大于2米处进行框架柱钢筋绑扎、钢结构梁柱安装、外立面涂料施工、高处管道安装等。

(5) 高处作业：没有为高处作业的施工人员提供其他防护设施。例如，在搭设或拆除脚手架和模板支架时、在将钢结构钢梁用作水平通道时，未设置连续的安全绳；在搭设或拆除高支模时，未设置防坠网和脚手架内档；在电梯井道内未按照规范搭设防坠网等。

3. 施工作业中的管理水平

(1) 安全管理体系不完善、职责不清晰；安全管理制度不健全，安全专项施工方案和措施不具体、未落实。

(2) 施工作业人员进场前未进行高处作业的安全教育、培训、考核，未掌握相关高处作业的知识和防护技能。

(3) 对施工人员作业前的个人安全防护检查不到位，对施工人员作业环境的安全防护检查不到位，对施工人员作业前所用的攀登工具和操作平台检查不到位，对安全专项施工方案实施过程监督不到位，对安全技术措施未落实到位，对存在的安全隐患未及时督促整改。

三、老年人意外跌落

老年人随着年龄的增加，平衡、步态、视觉、听觉、触觉、前庭功能及本体感觉、骨骼肌肉系统等方面的功能逐渐衰退，发生跌倒的危险逐渐增加。另外，中枢神经系统疾病及其他的一些急慢性疾病、某些精神药物、心血管药物、镇痛消炎药、居家环境、室外环境等因素的联合作用常常会加大老年人跌倒的风险。

（一）性别

一般而言，女性比男性更易发生跌倒。也有报道指出，较年轻的老年人男女跌倒率差别不大，但在年龄较大的老年人中，女性跌倒率高，而且更易骨折。相较于老年男性，老年女性活动少、肌力差、平衡差、反应迟钝等老化因素更为明显，且女性绝经后雌激素水平下降导致的骨质疏松的高发以及代偿性骨质增生，使老年女性更易发生跌倒，且跌伤后果更为严重。

（二）生理因素

1. 肌力和骨骼肌肉系统

超过 30 岁，人体的力量和耐力都会下降，每 10 年下降 10%，肌力则每 10 年下降 30%；当身体功能下降到一定程度时，日常的生活就会受到影响，会促进跌倒的发生，对于那些习惯久坐者更是如此。老年人骨骼、关节、韧带及肌肉结构的功能损害和退化是引发跌倒的常见原因，尤其是股四头肌力量下降和骨质疏松使跌倒导致的髋部骨折危险性大幅增加。

2. 步态和平衡能力

步态异常是引起老年人跌倒的主要原因。在衰老过程中，步态的变化主要表现为步速的减慢和步长的缩短。老年人步态的基本特点是下肢肌肉收缩力下降，脚跟着地，踝、膝屈曲动作缓慢，导致行走缓慢、步幅变短、行走不连续，脚不能抬高到一个合适的高度，引发跌倒的危险性增加。

失去平衡是导致跌倒的最直接原因。保持身体平衡所必需的三个系统——前庭功能系统、视觉功能系统和体觉功能系统，其功能会随着年龄的增长而下降。前庭功能系统感知运动，尤其是感知头部的位置；视觉功能系统感觉身体在环境中的相对位置；体觉功能系统则能将身体位置反馈给大脑。另一方面，下肢协调能力主要通过"反应时间"来体现，反应慢，跌倒发生率高。此外，下肢虚弱在老年人中也非常普遍，亦是跌倒的常见原因。

3. 视听障碍

视力敏锐度和对比度的下降会妨碍老年人识别环境中的危险因素。有研究显示，存在视觉障碍者的跌倒危险性是无视觉障碍者的平均 1.87 倍，而且视力的敏感性下降也是再次跌倒的危险因素。

老年传导性听力损失、老年性耳聋甚至耳垢堆积会影响听力，有听力问题的老年人很难听到有关跌倒危险的警告声音，听到声音后的反应时间延长，也使跌倒的危险性增加。

4. 认知缺陷

绝大多数研究认为认知缺陷是跌倒的一个危险因素，多次跌倒者的认知水平比一次跌倒者要差。"短时记忆"能力最能反映认知与跌倒之间的关系，对于>75 岁经常跌倒的老年人来说，"短时记忆"能力差是一个独立的危险因素。

5. 疾病状况

急、慢性病均可造成生理异常改变，如影响感觉输入、中枢神经系统功能和骨骼肌肉力量的协调等，使老年人更易跌倒。许多研究以有无 3 种及以上慢性病作为一个因素来说明疾病与跌倒的关系，所患慢性病越多，跌倒的危险性越大。老年人常见的慢性病中，直立性低血压可能是跌倒的原因之一。

神经系统病变如脑卒中、帕金森病、小脑疾病、前庭疾病和轻度偏瘫可引起步态紊乱，患有帕金森病的人比一般人跌倒的危险性增加 10 倍。昏厥、惊厥、足部疾病等都会影响机体的平衡功能、稳定性和协调性，导致神经反射时间延长和步态紊乱。

风湿性关节炎、甲状腺疾病、骨质疏松症、运动损伤等疾病也会增加跌倒的风险；感染、肺炎及其他呼吸道疾病、血氧不足、贫血、脱水以及电解质平衡紊乱均会导致机体的补偿能力不足，使机体的稳定能力暂时受损，增加跌倒的风险；老年人因患有泌尿系统疾病或其他因伴随尿频、尿急、尿失禁等症状而匆忙去洗手间、排尿性晕厥等也会增加跌倒的危险性。

（三）社会心理因素

从 20 世纪 80 年代早期开始，随着"跌倒后综合征"的确认和"害怕"这个术语的应用，害怕跌倒成为威胁老年人健康的一个问题。害怕跌倒（fear of falling，FOF），是指在进行某些活动时为了避免跌倒而出现的自我效能或信心降低。老年人由于害怕跌倒而减少户外活动，使肌肉的力量减弱，从而增加了跌倒的危险性；跌倒的危险性增加反过来更加重害怕跌倒的恐惧心理，形成恶性循环。随着害怕跌倒程度的增加，老年人更不愿意参与社交活动，又进一步严重影响其生活质量。

此外，沮丧、抑郁、焦虑以及情绪不佳的心理状态及由此导致与社会的隔离均会增加老年人跌倒的危险性。

（四）行为因素

1. 日常生活活动能力（activity of daily living，ADL）

穿衣、行走、进食、洗澡和上厕所等能力的下降会促进跌倒的发生，且被绝大多数研究所认同，平均相对危险达到了 2.31。有调查发现，老年患者多在浴室、变换体位、运动、站立小便时跌倒；沐浴时常因躲闪不适宜的水温或盆浴时间过长跌倒；因体位变动导致头晕或腿软跌倒；站立排尿导致循环血量改变，引发头晕而跌倒。

2. 锻炼习惯与限制活动

老年人在不安全的环境中进行锻炼，或者进行过于激烈、过多的锻炼容易发生跌倒。不过，长期坐着的老年人因肌肉萎缩、关节灵活性降低，其跌倒的发生率要比经常活动者要高。

另外，限制自己的活动也是一个比较重要的危险因素（平均相对危险＝1.87），其表现包括平均一周出门不到一次，最长的行走距离也没有出所在街区等。

3. 服用药物

药物可以影响神志、精神、视觉、步态、平衡、血压等，增加了跌倒的发生风险，如镇静催眠药、抗焦虑药、三环类抗抑郁药、抗高血压药、强心药、降血糖药、泻药、肌肉松弛药、血管扩张药以及任何影响平衡的药物。服用的药物种类越多，越容易发生跌倒。有研究报道，与没有服用药物的老年人相比，服用1种药物者跌倒的危险性是前者的1.4倍，服用2种药物则增至2.2倍，≥3种则为2.4倍。

（五）跌倒史

有跌倒史的老年人发生再次跌倒的危险性比较大，跌倒的概率是没跌倒过的老年人的 1.7～3.3 倍。"跌倒史"被认为是体质虚弱、运动能力差和急慢性疾病的标志，能够反映一些未能测定出的身体功能水平。

（六）环境因素

大部分的老年人跌倒是在活动如行走或变换体位时发生，小部分发生在从事有明显危险的活动如爬梯子或参加体育活动。老年人跌倒最常发生于家中，其次为道路、工作场所、公共场所等。

有研究报道，社区里30%～50%的跌倒是由于环境因素引起的。户外环境的危险因素包括：地面过于光滑或不平；阳光刺目，或遇到雨、雪、风天气等；楼梯没有扶手、人群拥挤等也易造成跌倒。家居环境危险因素包括：灯光太暗或是太亮有眩光；地板太光滑；滑动的垫子；破旧或卷曲的地毯；门槛过高；过道有障碍物；橱柜、床铺过高或过低；液体溅出；不固定的家具或摆放混乱；沙发过于凹陷或过于松软；浴室或楼梯缺少扶手；浴缸过高；马桶过低、无扶手；家有宠物；穿着不合适的衣裤；等等。

第三节
意外跌落的预防

跌落是可以预防的。跌落的发生同其他伤害一样，有个人、家庭和社会的因素，因此对其进行预防也应考虑到多方面的共同努力与配合。

一、儿童意外跌落的预防

政府和卫生部门应该充分认识到儿童意外跌落是一个重要的公共卫生问题，把意外跌落的预防纳入儿童保健和伤害防控的日常工作中去。我国卫生部 2011 年发布的《儿童跌倒干预技术指南》认为，儿童意外跌落应采用"5E"伤害预防综合策略进行预防。

（一）教育策略

1. 在学校开展预防跌倒的健康教育活动

学校利用健康教育课，开展生动活泼的安全知识教育活动，提高学生对跌倒的知晓率、防范意识和应对技能。如通过课堂讨论和多媒体教学等形式，对学生经常发生的楼梯踩踏事故、运动伤害、郊游中伤害事故等内容的防范和处理进行知识和技能教育。告诉学生注意识别危险警示标志，远离危险环境，预防运动伤害，学习紧急救助等知识和技能，学习危急状况下的避险技能，等等。

2. 对父母进行预防儿童跌倒知识和技能教育

加强儿童看管是儿童伤害预防的最重要措施。家长在儿童看管和伤害预防方面起主要作用。对家长的教育可以通过多种渠道，对学龄前儿童主要通过社区医生和保健人员在体检或预防注射时，提醒家长伤害预防的相关信息；对入园或入学的儿童可通过家长会进行教育和咨询。

针对不同年龄儿童家长的咨询内容有：

（1）婴幼儿：注意预防婴幼儿从高空坠落。窗户和楼梯护栏/门是家庭必备装置；不使用婴儿学步车；不要将婴儿单独放在任何家具上（如可变桌子、床或沙发等）。

（2）学龄前儿童：注意保护正在学习行走和攀爬的幼儿，不要到楼梯上、开启的窗户上以及容易颠覆的重家具上玩耍。

（3）学龄儿童：家长以身作则，教育儿童避免高危行为；对儿童强调某些特殊运动的安全保护装置的重要性，强调进行该种运动项目的合适的身体状况，加强儿童看管，教育儿童佩戴安全防护装置（如参加滑冰、单轮轮滑和滚轴溜冰的儿童应佩戴头盔和护腕等）。

（4）青少年：应鼓励青少年选择健康的生活方式，远离伤害的危险（如饮酒、吸烟和滥用药物）；提醒青少年参加有组织的运动项目（球类比赛等）和娱乐活动时佩戴安全保护装置（如护目镜等）的重要性和运动所要求的适宜身体条件；对各种溜冰或滑板等运动，更要强调保护装置的重要性。

3. 对高危家庭实施支持性家庭巡查和教育

利用预防保健人员进行家访或预防注射的机会,进行家庭巡查和伤害预防咨询。特别注意低收入家庭儿童跌倒危险因素的排查。

4. 对父母、保健人员和公众进行大众媒体宣传活动和运动

这将有助于提高公众对预防儿童跌倒的认识和知晓能力。

(二)环境改善策略

1. 社会环境干预策略和措施

(1) 政府及卫生部门应充分认识到儿童跌倒是可预防的重要公共卫生问题,应将其纳入儿童疾病预防控制工作中,财政部门应提供专项经费支持。

(2) 开展包括跌倒在内的儿童意外伤害监测工作,识别并评估风险因素;积极开展干预措施效果评价研究,探索本国或本地区主要危险因素和有效的干预措施,为政策和立法提供依据。

(3) 整合家庭、学校及社区力量开展社区综合干预工作。

2. 高危场所和物理环境干预策略和措施

(1) 提供安全的家庭环境。社区医生和预防保健科的医生可以利用进行预防接种及儿童体检的机会,对家长进行儿童伤害预防的咨询和教育;通过对高危儿童家庭进行安全巡查等措施,帮助家长排除安全隐患。

(2) 创造安全幼儿园、安全学校等安全环境。儿童需要安全的学习、活动和玩耍场地。设计安全的活动场地要与城市规划、学校的设施建设以及社区配套结合起来。学校和幼儿园应建立学校安全制度,并有主管领导和专人负责;定期检查和维修运动设施,做好校园环境(包括设施)的安全巡查工作;加强健康教育,教育学生运动和游戏时要采取安全防护措施。

(3) 创造安全的社区环境。家长与社区预防保健机构及居委会联合,通过社区巡查和教育活动,及时清除社区公共场所的安全隐患,如加强建设工地安全巡查,覆盖孔洞、缝隙等;加强游乐场的设计、安装、检查和维护制度,使某些装置(如滑梯)在高度和结构上更安全;地面使用足够厚的塑胶或木质表层材料。

(三)工程策略

提供安全的消费者产品(也包括设备的安装和服务),主要涉及工程技术方面的内容。国家市场监督管理总局及相关部门负责制定相关的产品安全法律法规。在产品开发、结构设计、安装和提供某些服务(统称为"产品")时,要最大限度地降低对儿童的潜在伤害。主要工程措施应包括以下几个方面。

1. 实施房屋和建筑物规制

强制2层及以上楼房安装窗户的护栏和窗口限位器;房顶和阳台安装护栏;室内楼梯顶部和底部安装楼梯门。

2. 增加建筑物楼梯踏板的深度（踏板宽度），限制每层台阶的高度

使楼梯踏板的高度不超过17厘米，宽度大于25厘米，防止低龄儿童从陡峭的台阶上跌倒。

3. 制定标准和法规，限制游乐设施的高度

保证游乐场地面和玩具表面材料的性质和厚度有利于缓冲冲击；保证游乐场设施和游乐场所的安全。

4. 确认、替换或改进不安全的儿童相关产品

这有助于降低儿童跌倒的危险。主要包括：禁止销售和使用婴儿学步车或调整学步车脚轮的数目和设计。

（四）强化执法策略

强化执法策略包括制定和强制实施相关法律、规范，以创造安全环境和确保生产安全的产品。

针对某些特定危险因素，国家相关立法部门应及时制定相关法律、法规，限制其危害，并对法规不断强化。"消费者产品安全性"的相关标准以及国际标准化组织（ISO/IEC）建立的《儿童安全指南》（Guidelines for Child Safety）是预防儿童跌倒的重要立法、执法依据。我国也正在逐步制定和完善产品相关的儿童安全指南。这些法律、法规和标准将为儿童跌倒的防控提供制度保障。

疾控人员应根据儿童跌倒的危险因素，对学校、幼儿园、社区和家庭提出防控策略和措施建议，宣传、教育儿童及家长避免使用法规不完善的产品；卫生监督执法人员应重视相关法律、法规的监督和执行工作。

针对校园、幼儿园设施和安全，教育部制定了《学校卫生工作条例》《中小学幼儿园安全管理办法》《学生伤害事故处理办法》等法规。这些法规为确保安全校园环境、伤害预防政策、应急处理预案等方面提供了政策依据和法制保障。

预防儿童跌倒应特别注意实施下列措施：

（1）要求开发商为房檐、窗户和楼梯安装护栏和窗口限位器，限制窗户的最大开启宽度（2层及以上窗户的开启宽度应小于10厘米）。

（2）制定标准，限制运动设施的高度（欧洲建议在1.5米以下）。

（3）制定标准，规定游乐场地面和运动设施表面材料的厚度（用厚23～31厘米的抗冲击表层材料，如沙子、木板等，用于预防游乐场设施相关的伤害）。

（4）制定法规，强制进行游乐设施的定期安全维护。

（5）制定法规，限制婴儿学步车或"暴走鞋"的使用，或要求厂家对产品进行调整。

（6）强化现行法规和执法力度，对新的产品、儿童家具、玩具及时立法并强化执行。

（五）评估策略

涉及判断哪些干预措施、项目和政策对预防伤害最有效。通过评估，使研究者和政策制定者知道什么是预防和控制伤害的最佳方法。评估方法有许多种，一般在评估过程中会采用几种方法综合互补进行,评估者可以根据不同评估需要选用合适的方法。

1. 观察法

观察法是一种最为常用的评估方法,通常由评估者在被访者不知道的情况下进行观察,有时候也可在直接参与中进行观察。以学校为例,听健康教育课,观察教师的教学行为;观察干预场所的环境,如学校主要场所是否有明显的安全警示标识,学生上下楼梯是否按警示标识走,学校操场、教室是否存在危险等。

2. 问卷调查

问卷调查通过事先精心设计的调查表进行,可用于评估目标人群的知识、信念、态度和行为的变化。设计调查表时必须定义明确,用词正确清楚,变量间的逻辑关系清晰;调查以匿名方式为宜。对于行为的自我报告,有时候可用客观检测办法进行验证。如评估学生是否采用运动防护装置,可以问卷调查和观察法相结合进行。问题应以封闭式答案为主,这样回答方便,容易整理和分析,但希望被调查者说出自己的想法时,就要采用开放式答案。调查问题不宜过多,内容需紧扣实际需要。

3. 资料检查

资料包括各种政策、制度等文件,活动记录及照片,活动自我评估记录,平时的各种检查表记录,项目过程评估记录,健康档案等。所有资料的收集应有专人负责,要力求及时、客观、准确。在评估过程中,评估者可进行必要的核实,如可同观察、访谈同步进行。

此外,较常使用的方法还有德尔菲法、中心拦截法、头脑风暴法等,常用于形成评估。

二、青壮年意外跌落的预防

(一) 在校学生的预防

首先,学校和家长应对近视学生予以特别关注和关怀,以减少跌落的发生。其次,学校应加强学生注意力品质的培养、加强心理素质教育、克服不良心理行为、培养良好的性格特征,以减少意外跌落发生率。

(二) 作业人员的预防

1. 施工安全防护部署和防护方法

对临边、洞口、悬空和交叉作业、安全网张挂及正确使用安全防护用品做出明确具体规定,并考虑到季节、环境及天气的影响,以及如何应对突发情况,如大风突至、火灾洪水等。

2. 加强安全监督与检测,规范施工现场的防护用品

施工企业必须从进货的关口把住产品质量关,保证进入施工现场的产品是合格品,并加强对安全防护用品的管理,按规定配备个人安全防护用品,认真教育,严格检查,督促职工正确佩戴使用。

3. 落实各项培训教育制度，提高职工素质，杜绝违章作业

建设工程安全生产、文明施工是一项长期而艰巨的工作，它贯穿于从开工至竣工的施工全过程，施工企业应进一步提高认识，加强对安全生产工作的领导，强化安全生产管理；积极进行职业安全健康管理体系认证，通过建立职业安全健康管理体系，完善安全生产的自我约束机制，层层落实安全生产责任制；加强对一线作业人员，尤其是农民工的培训教育；增强安全意识，掌握安全知识，提高职工做好安全生产的自觉性、积极性和创造性，使各项安全生产规章制度得以贯彻执行。

4. 其他技术措施

（1）高处作业人员应经过体检合格后方可上岗，为作业人员提供合格的安全帽、安全带等必备的安全防护用具，作业人员应按规定正确佩戴和使用。

（2）按类别并有针对性地将各类安全警示标志悬挂于施工现场各相应部位，夜间应设红灯示警。

（3）高处作业前，安全防护设施应做到定型化、工具化，防护栏杆以黄红（或红白）相间的条纹标示，盖件等以黄（或红）色标示。在施工现场的主要通道，搭设严密的防护挡板，每一层搭设一道水平安全网。需要临时拆除或变动安全设施的，应以项目分管负责人审批签字，并组织有关部门验收，经验收合格签字后，方可实施，等等。

三、老年人意外跌落的预防

（一）加强健康教育

健康教育是公认的、高性价比的预防措施。建立老年人意外跌落预防健康教室，普及风险意识；对于有心脑血管疾病、骨关节和肌肉疾病、视力听力减退的跌落高危人群，更应加强健康教育，使其充分了解跌落的危险因素、后果以及预防措施。

在老年人的健康教育内容中，需重点普及和推广生活起居的3个"30秒"，即醒后30秒再起床，起床后30秒再站立，站立后30秒再行走。此外，提醒老年人乘电梯或上下楼要扶稳扶手；转身动作要慢；上厕所最好用坐厕而不用蹲厕；晚上在床旁使用便器小便；注意外出时的保护，最好有人陪伴；做事或行动时尽可能淡定从容，避免匆忙慌张；尽可能贴近墙边和扶着栏杆行走，等等。

对有跌落史的老年人，应询问其发生细节，加强心理护理，缓解老年人恐惧心理，降低跌落的再发生率。

（二）风险评估与筛查

相关疾病和功能障碍的早期检测有助于筛选出存在跌落风险的人群。直接性的检查如步态、平衡、转向能力和关节功能等是非常必要的，通过病史和相关临床检查也可以发现跌落的一些危险因素。

此外，还有很多方法用于检测平衡功能和活动功能的变化情况，同时提供客观量化的评估数据，以识别与跌落相关的危险因素。

（三）功能评估与训练

老年人应定时评估平衡功能，同时每年至少进行一次视力和前庭功能检查。有跌落风险的老年人最好能够每周至少3次进行专业的、个体化的平衡功能训练。这些训练包括后向行走、侧向行走、脚跟行走、脚尖行走、坐姿起立，不仅可增加本体感受器的敏感度，而且可增强对肌肉运动的分析能力和判断运动时间的精确度，降低跌落的危险性。太极拳、秧歌、健步走等运动都被证明对老年人的平衡能力有良好的作用。有眩晕和身体摇晃的老年人通过平衡能力训练能够显著提高静态与动态平衡能力。

（四）增加运动量

坚持参加规律的体育锻炼能增强肌肉力量、柔韧性、平衡能力、步态稳定性、灵活性，减少反应时间，从而减少跌倒的发生。美国健身和体育协会建议，将规律运动作为中老年人跌倒的预防措施。经常进行体育运动有利于心脏、呼吸、血管、内分泌、免疫等各系统功能，可增强肌力，减轻甚至可能逆转肌肉萎缩，减缓许多年龄相关性的肌肉骨骼系统和心血管系统功能减退，甚至可替代药物治疗或作为药物治疗的辅助治疗。

参加低强度的运动训练、小运动量下肢训练、水中运动、步行、有氧运动、太极拳等，均可有效降低跌倒率，减少跌倒损伤。研究发现，通过参与一组包括平衡训练、每周90分钟中等强度肌肉加强训练和60分钟中等强度步行训练的运动组合，可以减少跌倒的发生。另一项研究显示，6个月太极拳干预方案后，老年人跌倒次数减少，跌倒率下降，跌倒后损伤减轻，而且增强了70岁以上、不爱运动老年人的平衡功能和体质。不过需要注意的是，由于运动种类众多，老年人应科学选择运动的组合模式（不同类型、数量、频率等）。

（五）积极治疗相关疾病

积极治疗帕金森病、认知障碍、脑卒中等神经或精神性疾患，能有效减少老年人跌倒的发生；对患有高血压、糖尿病等慢性病患者，除应治疗其基础疾病外，还应特别注意其晕厥史；对有骨关节肌肉疾病者，应进行功能锻炼以保持骨关节的灵活性，防止肌肉萎缩无力和骨质疏松，特别是要加强下肢肌肉力量和关节的锻炼。

跌倒所致损伤中危害最大的是髋部骨折，尤其是骨质疏松患者。研究发现，高危人群中每天摄入钙剂1000mg、维生素D 800 IU可以减少跌倒的发生。有学者建议，老年人应适当补充维生素D、钙剂，对绝经期女性必要时应进行激素替代治疗，以减少跌倒后的损伤。

（六）监控药物副作用和相互作用

对于服用多种药物和有明显副作用药物的患者，应进行跌倒风险评估，以确定是否需要更换或停药，以避免对平衡和注意力的负面影响。

多个研究认为，减少精神药物的使用应是降低跌倒风险优先选择的措施。即便使用精神药物，也应维持最小量，并告知患者药物的不良反应及预防措施，同时督促患者使用步行辅助工具，以防跌倒。因此，对患者进行药物和跌倒之间关系的健康教育，有助于患者正确用药。

（七）环境支持

美国疾病控制与预防中心（CDC）调查发现，老年人大部分时间待在家里，因此保障生活环境的安全非常重要。通过使用居家危险因素评价工具（home fall hazards assessments，HFHA），可对家庭危险因素进行评价。老年人的活动场所应平整、干爽、没有障碍物；家具的高度和摆放位置应合理，家具要做掉棱角，不使用玻璃家具；在厕所、浴缸、走道及楼梯两旁安装扶手；家庭照明也应改善。

老年人应穿适合自己脚型、防滑的鞋具；裤子不应过长，防止绊倒。居室内所有的门尽量选择推拉门，防止老人开门时向前跌倒；如果居室内有不可避免的台阶，台阶的高度要低；对有跌倒史的老年人，应由专业人员为其进行家庭危险评估和环境改造，不仅可以减少居家环境中的危险因素，而且能增加老年人对跌倒危险因素的了解，从而减少跌倒的发生。

（八）辅助医疗器械

研究发现，髋部骨折多发生于身体旋转时的跌倒，且与跌倒后身体接触地面的情况有关。国外已据此原理设计出跌倒时能起到缓冲作用的髋部保护装置，大大减少了跌倒后髋部骨折的发生率。

助行器是辅助人体支撑体重、保持平衡和行走的工具。对于站立不稳或步行缓慢的老年人，建议使用四脚杖和三脚杖。注意手杖的高度应是使用者站立位大转子到地面的距离或使用手杖时曲肘 $20°\sim30°$。

（九）其他预防方法

推拿治疗通过适当的手法，可以影响软组织和神经系统，有利于改善老年人关节功能障碍，可以防止、延迟或逆转功能衰退，预防跌倒发生。另外，使用生物反馈训练，有助于老年人行走时对姿势的控制和体重的支撑。

（傅燕艳　胡旺）

参考文献

[1] 宋岳涛. 老年跌倒及预防保健 [M]. 北京：中国协和医科大学出版社，2012.

[2] 孙可欣，郑荣寿，顾秀瑛，等. 2000—2014 年中国肿瘤登记地区女性乳腺癌发病趋势及年龄变化情况分析 [J]. 中华预防医学杂志，2018，52（6）：567-572.

[3] 何晓定，郑文蔚，姜玉，等. 跌倒相关死亡的多死因分析 [J]. 伤害医学（电子版），2015，4（2）：34-38.

[4] Peng M, Eastwood C, Boxill A, et al. Coding reliability and agreement of International Classification of Disease, 10th revision (ICD-10) codes in emergency department data [J]. Int J Popul Data Sci, 2018, 3

(1): 445.

[5] 王声湧. 中国伤害的流行特征与研究进展 [J]. 中华流行病学杂志, 2011, 32 (7): 637-642.

[6] 周德定, 卢伟, 李延红, 等. 上海市 0～14 岁儿童伤害特征和危险因素分析 [J]. 环境与职业医学, 2006, 23 (3): 234-237.

[7] 金微瑛, 翁翠叶, 潘知焕, 等. 1282 例意外伤害收住 ICU 的患儿流行病学特点分析 [J]. 中华全科医学, 2016, 14 (1): 84-86, 89.

[8] 周德定, 高宁, 李延红, 等. 上海市社区卫生服务机构老年人跌倒监测结果分析 [J]. 伤害医学 (电子版), 2015, 4 (2): 5-8.

[9] 杜文聪, 杨婕, 周金意, 等. 江苏省 2006—2013 年哨点医院伤害监测 [J]. 中华流行病学杂志, 2015, 36 (8): 852-856.

[10] Sminkey L. World report on child injury prevention [J]. Inj Prev, 2008, 14 (1): 69.

[11] 李茜, 张庆军, 张岚. 2016 年湖北省伤害监测点老年跌倒/坠落病例特征分析 [J]. 伤害医学 (电子版), 2017, 6 (3): 41-46.

[12] 江剑民. 儿童意外伤害相关因素分析与干预 [J]. 现代医院, 2009, 9 (z2): 340-341.

[13] 窦静薇. 儿童及青少年意外跌落伤害的健康教育 [J]. 世界最新医学信息文摘 (连续型电子期刊), 2015 (86): 242-243.

[14] 贾翠平. 儿童跌落伤住院信息时间序列分析 [D]. 武汉: 华中科技大学, 2006.

[15] 鲍向红, 尚磊, 徐勇勇. 青壮年意外伤害的种类和原因 [J]. 预防医学情报杂志, 2007, 23 (4): 419-421.

[16] 方东平, 黄新宇, 黄钊, 等. 建筑业高处坠落事故研究 [J]. 施工技术, 2001, 30 (12): 38-40.

[17] 吴绍朋. 建筑行业高处坠落事故分析与预防 [D]. 沈阳: 东北大学, 2011.

[18] 温新华. 高处坠落伤的现场急救 [J]. 现代职业安全, 2011 (7): 110-111.

[19] 张玉, 陈蔚. 老年跌倒研究概况与进展 [J]. 中国老年学杂志, 2008, 28 (9): 929-931.

[20] 张丽, 瓮长水, 王秋华, 等. 老年人跌倒的评估与干预策略研究进展 [J]. 中国康复理论与实践, 2010, 16 (1): 11-13.

[21] 陈亦晨, 李小攀, 陈涵一, 等. 2002—2015 年上海市浦东新区老年人意外跌落死亡流行特征及趋势分析 [J]. 实用预防医学, 2018, 25 (7): 818-821.

[22] 石丹, 李铮, 叶盛, 等. 群组运动预防社区老年人跌倒效果的系统评价 [J]. 护士进修杂志, 2017, 32 (4): 316-321.

[23] 于普林. 北京市社区老年人跌倒状况研究 [D]. 长沙: 中南大学, 2010.

[24] 张静, 刘筱娴, 杨森焙, 等. 武汉市城区儿童意外跌落伤的危险因素研究 [J]. 中国妇幼保健, 2004, 19 (18): 74-76.

[25] 窦静薇. 儿童及青少年意外跌落伤害的健康教育 [J]. 医学信息, 2016, 29 (20): 265-266.

[26] 覃朝晖, 于普林, 朱晓平, 等. 北京市城市社区 1512 名老年人跌倒的危险因素分析 [J]. 中华流行病学杂志, 2006, 27 (7): 579-582.

[27] 王利维. 社区老年人跌倒危险评估工具的研究 [D]. 上海: 第二军医大学, 2011.

[28] 刘运娣, 何华英, 王容, 等. 跌倒及相关评估方法的研究进展 [J]. 中华现代护理杂志, 2008, 14 (17): 1927-1928.

[29] 贾宝良. 加强安全防护预防高处坠落 [J]. 建筑安全, 2004, 19 (8): 14-16.

[30] 郭燕梅. 老年膝骨关节炎患者的平衡功能及相关因素分析 [D]. 北京: 中国人民解放军军医进修学院, 2010.

[31] Guirguis-Blake J M, Michael Y L, Perdue L A, et al. U. S. Preventive services task force evidence syn-

theses, formerly systematic evidence reviews [M]. Rockville: Agency for Healthcare Research and Quality (US), 2018.

[32] Benning S, Webb T. Taking the fall for kids: a journey to reducing pediatric falls [J]. J Pediatr Nurs, 2019, 46 (1): 100-108.

[33] Lord S R, Close J C T. New horizons in falls prevention [J]. Age Ageing, 2018, 47 (4): 492-498.

第八章
烧伤及其预防

第一节
烧伤概述

一、烧伤的概念

烧伤（burn）是一种主要由高温引起，或由辐射、放射、电、摩擦或接触化学品而导致的皮肤或其他器官组织的损伤。一般是指由于热力如热液（水、油、汤等）、炽热金属（液体或固体）、火焰、蒸气和高温气体等所致的体表组织损害，主要是皮肤损害。除了皮肤的损伤，严重者可伤及皮下组织、肌肉、骨骼、关节、神经、血管，甚至内脏，也可发生在黏膜被覆的部位，如眼、口腔、食管、胃、呼吸道、肛门、直肠、阴道、尿道等。另外，因紫外线辐射、放射活性物照射、电击、化学物品作用以及烟雾吸入而引起的损伤，也均被认为是烧伤。

烧伤不仅是局部组织的损伤，而且在一定程度上可引起全身性的反应和损伤，尤其是在大面积烧伤时，全身各系统、组织均可被累及，因此也将其称为"烧伤病"。

二、烧伤的类型

由于电能、化学物质、放射线等所致的组织损害与热力引起的一般病理变化、临床过程相近，故临床上习惯将它们所致的组织损伤也称为烧伤。实际上，它们并不完全相同，在病理变化、全身影响、病程、转归、预后等方面各具特殊性，因此在诊断、分类统计上常将它们区分为热力烧伤、电（流）烧伤、化学（性）烧伤和放射（性）烧伤。

1. 热力烧伤

热力烧伤是指热液（水、油、汤等）、炽热固体、火焰、蒸气和高温气体等作用于机体，使机体组织细胞温度升高超过其耐受限度而引起的组织变性坏死。人们习惯所称的"烫伤"（scald）就是指由于热液（如沸汤、沸水、沸油）、蒸气等所引起的组织损伤，是热力烧伤的一种，其早期临床表现与火焰、炽热金属等所引起的烧伤也不尽相同。临床上所指的烧伤包括烫伤。

2. 电（流）烧伤

电（流）烧伤包括电弧烧伤和电接触烧伤两大类。电弧烧伤是由于电源与人体之间形成电弧而产生 2500～3000℃ 高热所造成的机体损伤，其病理变化与热力烧伤相似；电接触烧伤是指人体与电接触，电流通过人体，由于电流的直接作用及内部产热所造成的损伤。

3. 化学（性）烧伤

化学（性）烧伤是指由于化学物质的氧化、还原或"腐蚀"作用，导致蛋白质变性、皮肤及皮下组织细胞脱水、细胞内水肿以及真皮与表皮分离形成水疱或剥脱的现象。化学烧伤与热力烧伤不同，在伤后较长时间内，化学物质继续在皮肤表层、深层或水疱内发挥其损害作用，所以其病理变化是进行性的过程。化学烧伤后可表现为皮肤变色，外表似浅度烧伤，实际上可能已损伤全层皮肤或皮下组织。

4. 放射（性）烧伤

放射（性）烧伤是指机体受到放射线外照射或放射性核素沾染而引起的急性皮肤损伤。由于放射线引起的组织变性、坏死是渐进的，因此放射性烧伤后需经过一定时间（潜伏期）才表现出典型的病变。放射性烧伤的皮肤局部组织坏死后多形成溃疡。

当然，在某些情况下，机体可能同时受到上述两种或两种以上原因共同作用而引起混合型烧伤。

在上述烧伤原因中，热力烧伤最为常见。有报道显示，热力烧伤占 88.03%，电烧伤占 6.32%，化学烧伤占 5.70%，放射烧伤占 0.04%。热力烧伤又以火焰伤和热液烫伤为主，且在成人和儿童的分布特征上有很大差异。有学者对 2138 例成人和 1066 例儿童的烧伤原因进行比较，发现成人 61.93% 为火焰所伤，13.56% 为热液所伤；儿童则 36.08% 为火焰所伤，58.32% 为热液所伤。

烧伤不同于其他疾病，它给人们带来的不仅是肉体上的创伤，更重要的是精神和心理上的伤害。因烧伤致残而丧失工作能力、生活自理能力或毁容者相当多见，很多患者伤愈后由于残疾而成为社会和家庭的负担，或因毁容而不敢面对生活甚至自杀。对于儿童而言，遭受烧伤即便伤后痊愈，既往的伤害经历仍将严重影响他们后期的心理发育。

三、烧伤的流行特征

据世界卫生组织（WHO）估计，全球每年约有 26.5 万人死于烧伤，其中绝大多数发生在低收入和中等收入国家。我国烧伤的年发生率约为 2%，即每年有两千多万人遭受不同程度的烧伤。另有许多较小面积的烧伤案例，特别是在农村，患者常因自行处理而未能统计。

（一）人群特征

烧伤的主要发病人群是儿童和青壮年。儿童皮肤娇嫩，较成人烧伤程度更严重、致残率更高。4 岁以下儿童及残疾儿童是烧伤发生和致死的最主要危险人群，其危险性是 5～14 岁儿童的 4 倍，男孩较女孩烧伤和死亡的危险性更大。

年老、体弱、小儿以及患一些较严重疾病的人，发生烧伤后反应较严重，在治疗上也较困难、恢复慢；营养不良的烧伤病人，创面愈合也比较慢。

（二）时间特征

烧伤主要发生在夏秋季节，5～8 月为高发月份，原因可能与夏秋季节天气炎热、干燥，人们所穿衣服较少，身体裸露部位较多，接触热液、火焰的机会较多有关。研究发现，在一天 24 小时中，儿童烧伤多发生于 18：00～22：00，而老人烧伤则多发生于 9：00～11：00。18：00～22：00 正是儿童在家晚餐和洗澡的时间，接触热液或其他热源的机会多；而 9：00～11：00 则多是老人独自在家做饭的时间，由于生理上的衰退和反应迟钝，容易发生烧伤。

（三）地区特征

烧伤是一项全球性的公共卫生问题，大部分的烧伤发生在低收入和中等收入国家，许多高收入国家的烧伤死亡率正不断降低。

烧伤主要发生在家中和工作场所。儿童和妇女往往在家庭厨房中被烧伤，包括打翻装有高温液体或有火焰的容器，或烹调炉灶爆炸。男性通常在工作场所被火焰烧伤、被烫伤或被化学品或电灼伤。户外烧伤主要是电烧伤，约占户外烧伤的 80%，多与高压线架设不合要求（如太低、或距住宅太近），或变压器放置不当、未加防护有关。

第二节
烧伤发生的原因或影响因素

一、不同人群的烧伤原因

（一）老年人

导致老年人烧伤的原因有热液烧伤、火焰烧伤、炽热固体烧伤和电化学烧伤。其中，热液烧伤是最主要的原因。例如，沐浴期间水温过高，特别是在坐浴状态下，老年人皮肤反应较慢，烧伤往往无法自觉，且烧伤部位以臀部、会阴部以及双下肢部为主。

在寒冷低温气候状态下，老年人依靠火炉取暖，或者是在农村烧柴取暖，容易出现火焰烧伤；炽热固体烧伤主要发生在老年人乘坐摩托车时腿部以及脚踝部被车辆高温排气管所烫伤。相对于以上三类烧伤原因而言，电化学烧伤较少发生，但随着家用电器的普及以及使用频率的提升，也有相当比例的老年人容易出现此类型的烧伤问题。

（二）儿童

烧伤是儿童最常见且最严重的外伤之一。对于小儿烧伤，3 岁以下儿童所占比例最大。

大部分儿童烧伤发生在家中或附近，其中热液烫伤是最主要的致伤原因。

男孩的烧伤发生率明显高于女孩，这与男孩好动的天性有一定关系。儿童烧伤的主要原因又因儿童年龄的差异而有所不同，例如新生儿多因保暖时使用热水袋不当而被烫伤；婴儿因初学走路步态不稳，容易跌、扑接触至火炉等热的家用器具、物品或打翻盛热液的器皿而被烧烫伤；幼儿随着年龄的增长，活动量和活动范围逐渐扩大，好奇心及模仿性强，但躲避反应能力仍比较差，常常因为碰翻茶杯、奶瓶或饭碗，跌入盛有高温热水的澡盆内，或玩火引燃衣服而被烧烫伤；学龄前儿童户外活动增多，接触到带电物体而致电击伤的可能性比较大。

由于大部分儿童烧伤发生在家中，所以对儿童看护不够或看护方式不正确是发生烧伤的最主要原因。家长对6岁以下儿童的看护明显多于7～14岁儿童，因为后者的主要活动时间和范围多在学校环境。不过，研究却显示6岁以下儿童在烧伤儿童中所占的比例远高于7～14岁者，这一现象可能与家长不能在高发时段或地点加强看护有较大的关系。当然，年长儿童在自我保护意识上也强于低龄儿童。

对于已上学（包括幼儿园）的儿童来说，假期或周末烧伤发生率明显高于非上学者，因为在假期或周末，儿童在家时间相对较多，而家中是烧伤最常发生的场所。此外，特殊节假日、特殊时刻、特殊事件与儿童烧伤发生也有一定的关系。

家庭社会经济状况差、地区生活习惯落后、家长文化程度偏低、家中储藏易燃物等，常被视为儿童烧伤发生的重要危险因素。贫困落后地区的农村家庭多同时存在这些危险因素，从而成为导致儿童发生烧伤的"高危"家庭。一般而言，家长学历相对较高的家庭因具有较强的烧伤预防意识，可以大大降低儿童烧伤的发生风险，而且即便发生烧伤，由于家长具有一定的急救知识，也可以有效避免烧伤可能导致的严重后果。

（三）青年工人

20～30岁也是烧伤的一个高发年龄段。该年龄段的烧伤者多为电工或高温作业工人，因工龄短、缺乏经验或粗心大意，容易在作业过程中发生烧伤。

（四）疾病患者

某些疾病患者在疾病发作时可因知觉丧失而被烧伤。在发展中国家，癫痫发作是造成烧伤的一个重要原因。例如在巴布亚新几内亚，癫痫是住院患者发生烧伤的第2位原因。虽然在发达国家癫痫发作导致烧伤的报道较少，但有调查显示，英格兰利兹地区接受治疗的癫痫患者中，38%的患者有过发作时被烧伤的经历。此外，周围神经炎的患者由于痛觉丧失，易因接触热源时间过长而被烫伤，故糖尿病和麻风病患者都可能因并发周围神经炎而成为烧伤的高危人群。

（五）酗酒、吸烟者

酗酒或在床上吸烟是发达国家中家庭火灾和发生烧伤的主要原因。在美国，因吸烟造成火灾而致死者占火灾死亡人数的28%。我国有研究显示，由吸烟引起的火灾约占火灾总发生数的10%。

(六)智力障碍、精神异常者

由于智力障碍、精神异常者常常没有自我行为控制能力,故此类人群也是发生烧伤的高危人群。

二、易发生烧伤的危险物品

(一)厨房用品

厨房内容易引起烧伤的主要用品有以下几种。

1. 煤炉

一些中、低收入地区仍用煤炉做饭,未燃尽的炉渣是火灾的一大隐患;或者置于室内地上的小火炉,因容易引燃衣物而致人烧伤。

2. 煤油炉

大城市的外来人员因居无定所而较常使用煤油炉,如不慎碰翻,或用汽油、酒精代替煤油作燃料则容易引起烧伤。

3. 煤气罐

煤气罐载气过多;离炉灶火焰太近;煤气炉生锈、漏气或煤气胶管破损造成煤气泄漏而引起爆炸;等等。

4. 天然气、液化气

居民在天然气、液化气等燃料的使用中不注意安全和防范容易造成烧伤。如在使用液化气点火后离人;管道漏气不及时更换;随意乱倒液化气残液。

5. 盛有热液的容器

此类容器常因被碰翻而引起烫伤,故此类容器应妥善放置,并将把柄朝内,以免磕碰。

6. 高压锅

高压锅使用不当会引起爆炸,导致热液溅出伤人。

(二)电加热器具

电加热器具是指将电能转化为热能以供人们生产、生活使用的电器设备。电加热器具的品种很多,如电炉、电热锅、电饭煲、电水壶、电热水器、电热毯、电吹风、取暖器、电熨斗、电热棒、电蚊香、加热的饮水机等。在使用电加热器具过程中,多因接触可燃物或因温控故障而引起火灾导致烧烫伤。

(三)家用电器

居民在使用家用电器过程中发生烧伤主要有三个方面的原因:一是使用假冒伪劣产品;二是不按操作规范使用;三是超用电负荷使用电器设备。相较于热液烫伤和火焰烧伤,电烧伤在致伤原因中虽然所占比例较低,但由于电烧伤往往导致深度烧伤,有较高的截肢率和致死率，因此同样需引起足够重视。

（四）装修装饰用品

装修装饰材料大部分是易燃可燃材料。如墙裙、壁帘布、壁纸、地毯等都是耐火等级低的易燃物品，若居民装修时未作任何阻燃处理，并且把开关、电源插座不加保护地安装或固定在可燃易燃材料上，则发生火灾以后容易导致火势蔓延迅速，烟雾毒气聚集难散，加重人员伤亡程度和扑救难度。

另外，装修中的电气线路如果不符合要求，也会影响家用电器安全，重者导致火灾。例如，接线方式、线径、用电负荷、分区供电等，均应严格按照操作规程和用电要求进行综合考虑。

（五）其他用品

点燃的蜡烛、香烛、蚊香，若距离衣物、纸屑等易燃物太近，则有可能将其引燃而造成火灾。

三、环境中的烧伤危险因素

（一）生活环境

1. 居室内部的环境

居室环境包括房屋的建筑和装饰材料是否易燃、内部结构是否合理、进出是否方便等。在一些经济落后地区，如山区或农村，其房屋多用易燃的木材或干草搭建，而且煮食、取暖和照明也多用简陋的炉灶和油灯，明火极易失去控制而造成火灾。在发达地区，危险则多来自室内的合成装饰材料，一旦不慎引燃这些材料，可释放出一氧化碳、氰化物或其他有毒物质，一些发达国家已立法禁止使用这类易燃、有毒材料作为装饰材料。此外，房屋的结构也很重要，居室内宽敞、整洁、进出方便，也会大大减少烧伤的发生风险。如果随意拆改建筑墙体，尤其拆改的墙体是承重墙或是具有防火功能的墙体，则会降低耐火等级，使房屋整体的安全性能下降。

2. 居室外部的安全疏散通道

居民住宅楼尤其是多层住宅，楼梯常常是唯一的安全疏散出口。疏散指示标志不够醒目甚至没有，楼道照明设施不能正常使用，门窗安装坚固的防盗门或栏杆，这些情况既不利于安全疏散，也不利于消防人员进行火灾扑救。

3. 生活环境中的公共消防设施

开发公司或物业管理部门对公共消防设施疏于管理，不按照规定维修、检测、保养，再加上居民的挪用、不法分子的盗窃等原因，常导致住宅楼内消防设施损坏或丢失严重。此外，由于居民的消防意识不够，多数居民家庭中未配置小型灭火器材，极易使小火情酿成大火灾。

(二) 作业场所

不少作业场所都有生产性热源,如灯泡厂的熔炉车间、火力发电厂的锅炉系统、钢铁厂的轧钢车间等常有温度很高的热源,若不加强管理和防护,作业人员容易发生严重的烧伤。另外,工厂存放易燃易爆物品的仓库也是引发火灾的重要危险环境。还有一些生产烟花爆竹的小工厂或小作坊,设备简陋,管理不善,作业者又缺乏安全知识和防护措施,常引起爆炸造成群死群伤。

(三) 公共娱乐场所

如剧院、歌舞厅、电影院等娱乐场所的电线老化,或装修采用了易燃合成材料,若出口少且窄小,或门朝里开,则使疏散更为困难,极易因发生火灾而导致群死群伤的后果。

公共娱乐场所多有以下特点:

(1) 建筑形式多样:经营者一般都是租用建筑物的一个局部进行装修、改造,有的是在商场、办公楼的某个楼层,有的是在废弃的仓库、厂房内,有的甚至是在居民楼里。

(2) 内部结构复杂:例如,一些 KTV 包房、卡拉 OK 厅在进行装修的时候为了充分利用建筑内部空间,往往在走道两侧布置房间,令人仿佛身处迷宫。

(3) 可燃易燃物品多,火灾荷载大:公共娱乐场所如一些影剧院、礼堂的屋顶建筑构件是木质结构或钢结构,舞台幕布和木地板是可燃的,观众厅天花板和墙面为了满足声学设计和音响效果,大多采用可燃材料;一些歌舞厅、卡拉 OK 厅、夜总会等场所更是讲究豪华气派,采用大量木材、塑料、纤维织品等可燃材料,直接导致火灾荷载大幅度增加。

(4) 用电设备多、着火源多:公共娱乐场所一般采用多种照明和各类音响设备,且数量多、功率大。有些灯具表面温度很高,若与幕布、布景等可燃物品靠近极易引起火灾。

(四) 其他环境因素

农村的环境特点是空旷而缺乏屏障,因此,农村居民容易在雷雨天遭受雷击而致电烧伤。建筑工地的石灰池(人员意外掉入),以及随处牵拉的电线也容易造成烧伤。

此外,贫困、过度拥挤、安排未成年人做家务(如烹调或照料幼童)、化学品的非法使用(例如用硫酸浇泼他人)也是烧伤常见的危险因素。

第三节　烧伤的预防

一、一级预防

(一) 安全教育

预防烧伤意识和知识的缺乏是导致烧伤的最主要原因。因此,首先要加强预防意识的培养，例如通过举办多种形式的报告会、讲习班、通过报纸杂志或电视广播等各种宣传媒介，介绍火灾和烧伤的案例，以加强人们的防火意识。其次，扩大烧伤预防知识的宣传。普及火灾和烧烫伤知识，可通过出版画册、图书等形式，广泛宣传烧伤预防知识，提高每个社会成员在火灾意外发生时的自救、互救能力。例如，在家庭生活中注意电源开关、插座的安全；正确使用各种燃气用具；热源、药品、清洁剂放置在儿童拿不到的地方；放洗澡水时要先放冷水再加热水；不可躺在床上吸烟；家中不要存放汽油或其他易燃易爆物品；每一个家庭应自行设计逃离火场的方法，并同孩子一起演练；应购买合格的家用电器，并定期维护保养；电水壶、电熨斗、电炉、电热毯等电加热器具在使用时千万不能离人；不能用电炉、红外线取暖器、灯泡等器具烘烤衣物或其他可燃物品；选用的电线不应过细，不得同时使用大功率用电设备，防止线路超负荷运行；应按规定安装空气保护开关及漏电保护装置，不得用铁丝或铜丝代替熔丝；不能乱拉乱接电线，不得在电线上系挂物品，电线出现老化后应及时更换；不得擅自拆除、破坏、挪用住宅公共部位的消火栓、火灾报警系统、水喷淋系统、手提式灭火器等消防设施；居民家中可配备手提式灭火器，并定期维护和补充药剂；了解灭火设施的用法。在工作环境特别是特殊行业中，要严格遵守操作规程，对电、酸、碱、油漆等要保持高度警惕，司机要格外小心被沸腾的水箱烫伤。

针对老年人烧伤的预防，应特别注意以下几个方面。首先，除需要做好对老年人自身的安全教育以外，还需要面向老年人的子女或陪护人员进行宣教，为老年患者提供有力的家庭与社会支持。其次，杜绝烧伤发生的各种隐患。由于绝大部分的老年人是在家中发生烧伤，故而预防的重点在于家庭。例如，老年人在冬季使用热水袋或电热毯进行保暖的过程中，需要做好防护。睡觉前先关闭电热毯，使用热水袋时需要在外面包绕1～3层毛巾，避免直接接触。在沐浴前需要预先调整温度，避免烫伤皮肤。老年人沐浴期间，尽量要求家中留人观察，以确保意外发生时能够及时处理。同时，各种家庭电器在使用时需要掌握安全的操作方法，首次使用的家用电器需要由家人在场指导。最后，做好烧伤的急救教育，以使烧伤后伤情能够得到及时的控制，以减轻损伤的后果。

针对儿童的烧伤预防，需要政府部门和社会团体的共同努力。首先，相关部门应提高安全意识，利用现代互联网渠道对群众进行高频率、高覆盖面的烧伤预防、救治等基础医疗知识的宣传教育。其次，利用各种方式，对家长及保育人员进行有针对性的烧伤预防及伤后应急处置的宣传教育，及早培养儿童的自我保护意识，使其远离危险因素。最后，对于山区等偏远地区，社会与政府部门应加强合作，大力倡导"当地就业"，减少留守儿童数量，让家长有时间、有精力对孩子进行看管教育，减少烧伤意外的发生。

（二）改善环境

（1）居民住宅的装修，在注重美观的同时，也要重视安全。要注意用电安全，不要乱拉乱接电线，电源线上应有保护管；油漆、涂料等易燃品应存放在远离火源、阴凉、通风、安全的地方。严格建筑工程审核验收，从源头上杜绝火灾隐患。

（2）保持安全通道畅通。不得在消防车道、楼梯走道上放置自行车或其他杂物，以免堵塞通道；不得将安全出口封堵。

（3）大型娱乐场所应有多个出口，并且出口的门务必向外开，以便发生意外时人群易于疏散。

（4）不随意存放易燃易爆物品。尽量不要在家存放汽油、煤油、香蕉水、甲苯等物品。

（三）加强执法

2019 年 4 月 23 日修正执行的《中华人民共和国消防法》，明确了消防部门、公安及各政府职能部门的消防监督职责。消防监督检查是指消防机构依法对相关单位是否遵守消防法律法规的监督检查以及对违反消防法律法规的行为进行责令整改与依法处罚。相关部门在履行消防监督职责时应注意以下几点问题。

（1）杜绝消防监督漏管问题：基层消防大队与派出所及政府部门之间应形成一个有效的消防监督体系，执行消防监督功能、保护群众安全不仅仅是消防部门的事情，各部门及分管企业同样需要重视消防安全问题。

（2）彻底整改火灾隐患：相关部门需将消防监督职责进行到底，严厉处理某些单位或个人存在的知法犯法、对抗执法等行为，对企图通过隐报、瞒报等蒙混过关的行为严加防范，保卫群众生命安全。

（3）提升消防执法规范性：建立完善的岗位培训考核机制，培养消防监督人员的法律法规素养与执法能力，确保消防执法的规范性，提高消防监督人员主动学习、主动进步的动力。

二、二级预防

一般情况下，正确的早期处理可以减轻烧伤损伤程度，降低并发症的发生率和死亡率。二级预防是烧伤患者到院后后续治疗的基础，故烧伤早期处理的好坏与烧伤患者的治疗转归有着密切的关系。

热力、电、放射线和某些化学物质等烧伤因子接触人体造成的烧伤，其损伤的面积和深度除与烧伤因子自身的强度有关外，另一重要因素是它们作用于人体表面范围的大小和持续时间的长短。作用范围广则烧伤面积大；持续时间长则烧伤深。概括而言，烧伤的现场急救原则是：迅速脱离致伤源；立即冷疗；就近急救；分类转运专科医院。

（一）迅速脱离致伤源

烧伤严重程度与致伤物作用于机体的时间密切相关，时间越长，烧伤越深，而且由于火焰蔓延，烧伤范围也越大。任何致伤源（火焰、化学物等）从接触人体到造成损伤均有一个过程，只是时间的长短不一而已。因此，现场急救首先要争取时间迅速脱离致伤源。

1. 火焰烧伤

衣服着火，应迅速脱去燃烧的衣服，或就地卧倒打滚压灭火焰，或以水浇，或用衣、被等物扑盖灭火。切忌站立喊叫或奔跑呼救，以防增加头面部及呼吸道损伤。

2. 热液烫伤

应立即将被热液浸湿的衣服脱去。对于小儿患者，可迅速将其伤处浸入凉水，或剪开、脱去衣物，以防粗暴的动作将创面表皮大片撕脱。

3. 化学烧伤

化学物质种类繁多，常见的有酸、碱、磷等。当化学物质接触皮肤后，其致伤作用与这些化学物质的浓度、作用时间有关。一般来说，浓度越高、时间越长，对机体的损伤越重。故受伤后应首先将浸有化学物质的衣服迅速脱去，并立即用大量清水冲洗创面，尽可能去除创面上的化学物质。如生石灰烧伤应先用干布擦净生石灰粉粒，再用清水冲洗，以免生石灰遇水产热，加重烧伤；磷烧伤应迅速脱去染磷的衣服，并用大量清水冲洗创面或将创面浸泡在水中以洗去磷粒。如无大量清水冲洗或浸泡，则应用多层湿布包扎创面，使磷与空气隔绝，以防止磷继续燃烧。禁用任何含油质的敷料包扎，以免增加磷的溶解和吸收，发生严重的磷吸收中毒。

4. 电烧伤

应立即切断电源，不可在未切断电源时去接触患者，以免自身被电击伤。如患者呼吸、心跳停止，应在现场立即进行体外心脏按压和人工呼吸，待呼吸、心跳恢复后及时送附近医院进一步治疗。

（二）冷疗

冷疗法，是整个烧伤治疗过程的重要环节，也是治疗的起始和基础，是烧伤后非常有效、经济实惠、简单易行的紧急处理措施之一。其主要作用有：①可以减少创面余热对尚有活力组织的继续损伤，降低创面的组织代谢，使局部血管收缩，渗出减少，从而减轻创面水肿程度；②可降低氧耗量及新陈代谢率，减少组织内乳酸的产生，从而有效缓解疼痛；③改善毛细血管通透性，减少组胺产生，减少渗出，减轻水肿；④机械冲刷可清理创面，减少化学烧伤后的毒素吸收。故在烧伤的现场急救中均强调冷疗的重要性。常用的冷疗方法是伤后立即用大量自来水或清洁的河、塘水冲洗或浸泡，时间不少于30分钟。

国外有制式的冷疗敷料如COLD WRAP，这种敷料涂有一种含93％水分的特殊凝胶，用于烧伤创面后会因水分蒸发而使创面很快冷却，且冷却效果可以持续8小时。使用该敷料可防止热扩散至深部组织，还可减轻创面疼痛，减少体液丢失。冷疗对中、小面积Ⅱ度烧伤尤以肢体烧伤实施起来较方便，头面部等特殊部位则以冰水或冷水湿敷。至于Ⅲ度烧伤尤其是大面积Ⅲ度烧伤，则无此必要。在寒冷环境中进行冷疗时，需注意患者保暖和防冻。

（三）合并伤的处理

无论何种原因的烧伤均可合并其他外伤，如严重车祸、爆炸事故在烧伤同时合并有骨折、颅脑外伤、血气胸或腹部脏器损伤等，均应按外伤急救原则作相应的紧急处理，如用急救包填塞包扎开放性气胸、制止大出血、简单固定骨折制动、清除口鼻异物、环甲膜切开或粗注射器针头刺入气管等，然后送附近医疗单位进一步抢救。

（四）烧伤创面的保护

患者脱离现场后，应注意对烧伤创面的保护，防止再次污染。可用就近可得的医疗器材，如纱布敷料、三角巾、中单或清洁被单、衣服等进行简单包扎。在现场对烧伤创面简单处理时，应初步估计烧伤面积和深度。除很小面积的浅度烧伤外，创面不可涂有颜色的药物（如汞溴红、甲紫等），以免影响后续治疗中对烧伤创面深度的判断和清创。Ⅱ度烧伤创面的大水疱可低位剪破引流。水疱皮因具有减轻疼痛和促进愈合的作用，应给予保留。

（五）镇静止痛

烧伤患者伤后多有不同程度的疼痛和躁动，应适当地镇静止痛。冷却疗法可迅速减轻烧伤疼痛，操作手法同上述冷疗部分一致。药物治疗是烧伤镇痛治疗最基本的措施。阿片类药是目前使用最普遍且最为有效的镇痛药物，包括吗啡、芬太尼、丁丙诺啡等，常以口服或静脉注射作为烧伤后紧急处理的给药途径。应用药物治疗时要注意适应证，需适时调节药物用量以达到最小的不良反应和最佳的镇痛效果。

（六）补液治疗

烧伤患者在伤后 2 天内，由于毛细血管渗出加剧，常导致血容量不足，其严重程度与伤后时间、烧伤严重程度密切相关。如果烧伤面积小，则发生血容量不足的程度轻，且可自身代偿；当烧伤面积大至一定程度使机体代偿失调时，患者可发生低血容量性休克。轻度烧伤患者可以通过口服含盐饮料进行补液，重度烧伤患者应予以静脉补液（等渗盐水、平衡盐液、血浆代用品或血浆），并尽快送到就近的医疗单位救治。

（七）烧伤患者的转送

烧伤患者尤其是重度患者应到就近的医疗单位治疗。因为严重烧伤患者不宜搬动和长途转运，特别是在转运前及转运中未作适当治疗者，可加重休克及创面感染。不恰当的转运常可使患者在途中死亡，或虽到达目的地，但患者已处于严重休克状态。有的虽勉强渡过休克期，但机体防御功能已严重受损，在恢复期极易发生全身性感染和多脏器功能不全（或衰竭）。因此，除非没有抢救条件，处于休克期伤者应就地治疗。烧伤面积在 29% 以下的患者，应在 8 小时内送到指定医院；烧伤面积在 50%～69% 的患者，应在伤后 4 小时内送到指定医院，或就地抗休克治疗使患者的情况相对稳定，在烧伤 24 小时后再行转送；烧伤面积在 70%～100% 的患者，最好能在伤后 1～2 小时内送到附近医疗单位。对已发生休克的患者，不论其烧伤面积、深度如何，均应在原单位进行抗休克治疗，待休克控制后才考虑转送。

在重大及特重大成批烧伤发生时，事故地区的应急救治能力往往无法满足救援需求，常需省级甚至国家级层面的紧急支援。救治流程应按照《成批严重烧伤伤员的转运方案（2016版）》实施，促使烧伤伤员快速、安全到达指定医疗单位接受正规专科治疗，以提高救治率。

三、三级预防

三级预防主要是指对烧伤患者进行有效的康复治疗。严重烧伤患者的康复治疗包括以下六个方面的内容。

1. 功能恢复

为患者制订周密治疗计划，特别在中后期尤其要强调功能的恢复锻炼。在患者出院时，应针对其存在的问题提出继续训练的内容和注意事项，使患者明白出院不是康复训练的终止，而是一个新的起点。为此，需同时加强对患者家属进行康复护理知识及技能的培训。另外，也可开设家庭病房或定时上门巡诊，减少烧伤并发症的发生，提高患者生活质量。肢体和手部的深度烧伤会造成患者出现严重的功能障碍，影响日常生活活动，需要进行日常生活能力及功能性作业训练。

2. 容貌康复

容貌康复主要指瘢痕的康复治疗。可应用生物敷料或人造覆盖物保护创面，尽早切削痂，进行自体皮移植；也可进行自体皮与异体皮混合移植或用人工培养的表皮细胞移植，防止肥厚瘢痕增生。运用现代整形和重建外科手术还可改善患者烧伤后的功能和外观。

常用的康复治疗方法有药物治疗、手术治疗、压力治疗和理疗等。压力治疗是目前公认的预防和治疗增生性瘢痕最有效的方法，常采用的措施有弹力绷带、弹力套、紧身服，每天需持续加压包扎 23 小时以上，持续 6～12 个月，甚至更长时间。理疗包括水疗、音频电疗法、超声波疗法、蜡疗和紫外线疗法等。

3. 心理康复

针对患者在不同时期的心态，适时地做好心理康复。在患者入院时及时了解烧伤患者（特别是面颈部烧伤患者）的心理状态，进行早期的心理干预，以改善其心理失调直至患者重返社会。医务人员应辨别并干预由于创伤后应激障碍（PTSD）所致的痛苦。创伤后应激障碍是烧伤患者最常见的心理问题之一，发生率为 7%～45%。当患者出现侵入性回忆、反复噩梦、情感麻痹、睡眠紊乱及激惹反应等症状时，均表明其已出现创伤后应激障碍，可通过镇痛治疗、心理治疗以及药物治疗的方式帮助恢复。镇痛治疗一般分为三个步骤：①将阿片类药物作为镇痛的基础用药；②苯二氮䓬类及冬眠合剂可减轻疼痛所致的焦虑；③熟练换药技巧，减轻患者疼痛。心理治疗一般有两种：认知行为疗法（包括认知治疗、焦虑管理训练和暴露疗法）、眼动脱敏与再处理技术。药物治疗一般采用帕罗西汀、舍曲林、文拉法辛等抗抑郁药物。同时，医务人员需具备人文关怀能力，满足患者合理要求，尽力减轻患者痛苦，在治疗过程中注意分散患者注意力，通过教育劝导的方式，增加患者对疼痛的耐受力，并适当给予镇痛药。

4. 体能康复

常采用运动疗法帮助烧伤患者进行体能康复，且宜尽早开始。一般将主动运动和被动运动结合实施，并以主动运动为主。主动运动可改善患者关节活动范围，增强肌力，调动患者积极性。主动运动应从小范围开始，逐渐增加运动强度。尤其要注意眼、口、颈、肩、肘、手、髋、足等部位的功能活动，可借助各种器械完成。被动运动的目的是牵拉挛缩粘连的各关节，改善关节活动度，防止挛缩，为主动运动创造良好的条件。被动运动过程中，动作要保持平稳、轻缓，可借助各种弹性支具帮助其活动。加强营养及耐力训练，使患者体力恢复到一定程度，才能将功能改善体现在生活与工作中。

5. 职业康复

职业康复被视为最理想的康复，返岗不仅是烧伤康复的目标之一，也是康复治疗的重要转折，对促进患者回归社会工作具有重要意义。可在患者病情好转后，鼓励其尝试学习一些力所能及的职业技能，参与学习讲座，加强患者间的交流互助。职业康复科可提供职业信息咨询，帮助患者进行职业规划、职业技能训练，有选择性地安置工作等。通过有针对性地提供上述服务，可帮助患者重返工作岗位，缓解未来的生活压力，以完成自我实现。

6. 社会康复

应加强对烧伤患者的社会支持，社会支持具有缓解压力和直接影响患者身心健康和社会功能的作用。社会关系、社会经济状况和地位是影响社会支持的重要因素。社会支持作为患者社会康复的重要支援力量，可帮助个体获得信息和经济支持，有利于提高个体的生活自理能力和心理满足感，减少消极情绪的发生。

（刘伟新　刘智洁）

参考文献

[1] 潘艳冰，邓丹琪．间充质干细胞在烧伤创面修复中的研究进展［J］．医学综述，2018，24（21）：4172-4176．

[2] 贺志云．烧伤患者引发高热的原因和护理［J］．医药前沿，2012（31）：215．

[3] 平大地．施美乐涂膜剂的药理实验研究［D］．咸阳：陕西中医药大学，2009．

[4] 许志虎，张洪磊，陈荣芝．现代外科创伤急救［M］．北京：军事医学科学出版社，2006．

[5] 肖红，谢挺，林亮，等．17339例烧伤原因分析［J］．中华流行病学杂志，2000，21（5）：333-334．

[6] 尹婧，叶冬青．皮肤烧伤的流行病学现况［J］．疾病控制杂志，2001，5（3）：236-238．

[7] Mock C. WHO joins forces with International Society for Burn Injuries to confront global burden of burns [J]. Injury Prevention, 2007, 13 (5): 303.

[8] 于娇．114例老年烧伤患者原因分析及预防［J］．中国老年保健医学，2014（5）：45-46．

[9] 吴杭庆，常菲，王良喜，等．儿重烧伤的社会因素分析［J］．实用儿科临床杂志，2011，26（23）：1799-1800，1844．

[10] Bartlett SN. The problem of children's injuries in low-income countries: a review [J]. Health Policy Plan, 2002, 17 (1): 1-13.

[11] 王正国．全球烧伤近况——来自世界卫生组织的报告［J］．中华烧伤杂志，2001（4）：250-251．

[12] 嵇中安，尹传山．公众聚集场所存在的消防问题及应对措施［J］．煤炭技术，2004，23（8）：67-68．

[13] 李德禄．浅析公共娱乐场所火灾危险性及成因与消防安全管理对策［J］．中国公共安全（学术版），2011（4）：82-86．

[14] 李勇，许瑾，章祥洲，等．1552例小儿烧伤流行病学特点分析［J］．中华损伤与修复杂志（电子版），2014（5）：506-511．

[15] 李俊臻，赖志伟，郑卫东．清远小儿烧伤流行病学特点［J］．广东医学，2017，38（z1）：203-205．

[16] 王精忠，马红梅，刘明洁．消防管理教程［M］．北京：中国人民公安大学出版社，2005．

[17] 张文涛，陈君显．新形势下消防监督执法工作的思考［J］．低碳世界，2019，9（3）：286-287．

[18] 伍素华，李景波，文亮．创伤护理学［M］．北京：中国科学技术出版社，2007．

[19] 温春泉,宁方刚,荣艳华.烧伤的现场紧急处理原则和治疗后期的注意事项[J].中国社区医师(医学专业),2010,12(28):3.

[20] 李丽萍,王跃华,高秀芳.中小面积烧伤后的应急处理——冷疗法[J].中国民间疗法,2010,18(12):52.

[21] 王杨.《成批严重烧伤伤员的转运方案(2016版)》解读[J].创伤与急危重病医学,2016,4(6):329-332.

[22] 岳丽青.重度烧伤患者康复期生活质量及社会支持的相关研究[D].长沙:中南大学,2007.

[23] 吕国忠.烧伤后的康复治疗[J].中华损伤与修复杂志(电子版),2008,3(1):103-107.

[24] 高彩萍,潘彩华,马艳春,等.大面积深度烧伤1例的综合康复护理[J].护理与康复,2019,18(7):92-95.

[25] Rowan MP, Cancio LC, Elster EA, et al. Burn wound healing and treatment: review and advancements [J]. Crit Care, 2015, 19: 243.

[26] Wang Y, Beekman J, Hew J, et al. Burn injury: challenges and advances in burn wound healing, infection, pain and scarring [J]. Adv Drug Deliv Rev, 2018, 123: 3-17.

第九章
运动伤害及其预防

随着各种运动会尤其是奥运会、世界杯等大型赛事通过多种媒体向全球的广泛传播，运动锻炼早已成为现代社会深入人心且被普遍接受的事物，甚至已成为很多人日常生活中不可或缺的一部分。运动锻炼的形式多种多样，常见的有晨练、跑步、游泳、打球、体操和登山等。在人们的印象中，运动锻炼能强身健体和娱乐心情，但运动的风险却有很多人没有太多了解。不合理的运动锻炼也会经常带来伤害，运动伤害轻者有擦伤、挫伤、扭伤，造成皮肉之苦，重者骨折、脱臼、韧带撕裂，或引起肝病、肾病、心脏病、癫痫、哮喘等器质性疾病的复发，导致运动者病情加重，落下身体残疾甚至危及生命。

运动伤害包括学校体育运动的伤害，也包括社会运动锻炼和竞技体育活动范围内的伤害，但是前者与后两者在很多方面有较大的差别。因学校体育运动的主体是未成年和/或成年学生，运动范围限定于学校内开展体育教学和/或运动会等过程，因此，学校和体育教师与事故的发生有着一定的联系。本章所介绍的运动伤害为学校体育之外的运动伤害，包括但不限于竞技体育伤害和社会运动锻炼伤害，并旨在从流行病学角度介绍其定义、特点及预防。

第一节
运动伤害概述

一、运动伤害的定义

运动伤害（athletic injuries）在国内一般又称为运动损伤或运动创伤，也有少数称之为体育损伤或运动损害。

运动伤害有广义和狭义之分。狭义的运动伤害仅指运动损伤，即体育运动参加者在运动过程中身体、器官受到的破坏或损害。广义的运动伤害不仅包括运动损伤，还包括因运动损伤带来的心理伤害和因身体损伤导致的整体机能的减弱或丧失。其特征是：①运动伤害以运动者身体、器官损伤为前提，没有运动损伤的现实存在就不可能发生运动伤害；②运动伤害以运动者生理机能的部分减退或丧失等体征现象为主要表现；③运动伤害客观上给运动者心理上带来痛苦；④运动伤害直接或间接地造成运动者个人和家庭的财产损失。

二、运动伤害的分类方法及常见类型

运动伤害可以导致人身伤害和精神伤害。人身伤害是指直接对身体造成有损害后果的创伤，造成的后果有明显征兆，或通过普通医学手段的身体检查能够做出鉴定，对造成的原因能够做出准确判断。精神伤害则是指给被伤害人因造成思想、情绪、精神痛苦而引发的精神疾病。由于引起精神伤害的原因十分复杂，是否引发精神疾病又与人的个体差异有较大关系，而且引发精神疾病一般具有渐变的过程，因此难以客观准确界定造成伤害的直接外因。鉴于精神伤害的复杂性，本章后续所介绍的伤害均指人身伤害。

（一）分类方法

1. 根据运动损伤的组织部位分类

皮肤损伤，肌肉、肌腱损伤，关节软骨损伤，骨及骨骺损伤，滑囊损伤，神经损伤，血管损伤，内脏器官损伤等。

2. 根据运动损伤的轻重分类

（1）轻度损伤：受伤后不损害工作能力。

（2）中度损伤：受伤后失掉工作能力 24 小时以上，且需要在门诊治疗。

（3）重度损伤：需要长期住院治疗。

3. 根据运动损伤后皮肤或黏膜的完整性分类

（1）开放性损伤：伤处皮肤或黏膜的完整性遭到破坏，有伤口与外界相通。如擦伤、刺伤、裂伤及开放性骨折等。

（2）闭合性损伤：伤处皮肤或黏膜保持完整，无伤口与外界相通，如挫伤、肌肉拉伤、关节扭伤、闭合性骨折或关节脱位。

4. 根据损伤病程分类

（1）急性损伤：指瞬间接受直接暴力或间接暴力造成的损伤。其特点为发病急、病程短、病症骤起。

（2）慢性损伤：指局部过度负荷、多次微细损伤积累而形成的劳损，或因急性损伤处理不当转化的陈旧性伤。其特点为发病缓慢、症状渐起、病程较长，如髌骨劳损、疲劳性骨膜炎等。

5. 根据运动技术与训练的关系分类

（1）运动技术损伤：该损伤与运动技术特点有密切关系，少数为急性伤，如投掷时肢骨骨折、体操技巧运动中的跟腱断裂等；多数为过劳伤，如网球肘、投掷肘、跳跃膝。

（2）非运动技术损伤：该损伤多为意外伤，如挫伤、骨折、擦伤、韧带扭伤等。

(二) 常见类型

1. 急性运动损伤

急性运动损伤一般是突发的，比如打篮球时跑得太快，不小心撞到了对手，就可能造成某种创伤。这种损伤主要可以分为五类：皮肤擦伤、肌肉抽筋或拉伤、关节扭伤或脱臼、骨挫伤、韧带撕裂，严重的也可能导致骨折等。

2. 过度使用损伤

过度使用损伤是由于重复的劳累或在同个位置多次过度发力而导致的关节或肌肉损伤。比如跑步、足球、篮球、排球、羽毛球等运动都会在运动的过程中给膝关节施加很大的力，可能会导致膝关节损伤。这种损伤常见于一些频繁长跑、户外超负荷训练或足部承重较多的运动员和芭蕾舞演员，也可见于经常坚持大运动量锻炼的中老年人，若长期不重视则可能引发跖骨疲劳性骨折等后果。

3. 再伤害

在没有完全康复之前就重新开始正常强度的运动时，受伤的风险比正常情况要大得多，这就是所谓的"再伤害"。所以，受伤后仅凭自我感觉断定自己是否完全康复是不够的。应该进行完备的检查，确认完全康复后，经医生批准再重新参加运动。这样才能有效避免再伤害的发生。

第二节
运动伤害发生的原因或影响因素

运动伤害与一般的工伤或日常生活中的损伤有所不同，它的发生与运动项目、训练安排、运动环境、运动者的自身条件以及技术动作等有密切的关系。

导致运动伤害的原因有很多，常见的有以下几个方面。

（一）对运动认识不足、预防措施不当

很多人对运动认识不足，对自己的身体状况不能很好地评估，缺乏预防意识。特别是一些年轻人，平日里都在工作上班，周末临时决定运动一下，结果随意、盲目地进行运动，很容易造成运动伤害。另外，运动时缺乏必要的防护器具（如护腕、护膝、宽腰带等）也是受伤的一个常见因素。

（二）缺乏合理的准备活动

（1）不做准备活动或者准备活动做得不充分，在神经系统和身体各器官系统没有被动员起来的情况下就进行训练，由于肌肉、韧带没有活动开，身体协调性差，很容易发生软组织拉伤或关节扭伤。

（2）准备活动的量过大，身体已经出现疲劳，当进入正式运动时，身体机能不是处于良

好状态,而是有所下降,此时容易发生动作失误而致伤。

(3) 准备活动的强度安排不当,开始做准备活动时,用力过猛,速度过快,违反了循序渐进的原则和功能活动的规律,容易引起肌肉拉伤和关节扭伤。

(4) 准备活动的内容安排不当,与运动项目的基本内容结合不好,或缺乏专项准备活动,运动中负担较重部位的机能发挥得不好,容易受伤。

(5) 准备活动距正式运动的时间过长,准备活动所产生的生理作用已经减弱或消失,相当于准备活动不充分。

(三) 忽视放松活动

运动后认真放松,能使人从运动到停止运动之间有一个缓冲、整理的过程。放松活动可以使紧张的肌肉逐渐放松,过速的脉搏逐渐减慢并恢复正常,升高的血压逐渐降至正常,兴奋的情绪逐渐恢复平静。如果没有足够和正确的放松活动,因训练而产生的肌肉僵硬和酸痛等就得不到及时的消除,就会逐渐积累而发展成肌肉损伤。这是导致运动创伤,特别是劳损伤的一个重要因素。

(四) 身体状态不佳,新伤未愈过早参加训练

首先,容易引起受伤部位再度损伤,这是因"正常"的运动量对受伤部位来讲,显得负担过重;其次,新伤未愈的运动者,运动中常会无意识地把负担转移到健侧肢体上来,又致使健侧肢体受伤;再者,运动者有时会自觉或不自觉地避免使用伤侧肢体,以致在完成技术动作过程中,动作变形,即改变了原有的技术动作定型,出现不合理的动作而致损伤。

(五) 心理状态不佳

在训练和比赛中,缺乏心理调节技巧的运动员容易出现注意力不集中、过度紧张或恐惧等心理,此时盲目运动也容易受伤。

(六) 技术动作不规范

不遵循人体解剖学规律,违背人体解剖学特点、组织器官结构功能及运动时的力学原理,出现运动技术动作的错误,产生运动性损伤。因为大多数健身者非专业运动员,没有或难以掌握某项运动的动作要领,常因动作不规范而受伤。

(七) 运动量安排不合理

运动实践证明,运动量安排不合理,不但不能提高运动成绩,反而会引发运动损伤。

(1) 局部运动负荷安排不合理:长期局部负荷过大(例如"单打一"的训练),以致超出了人体组织所能承受的能力。在这种情况下训练,人体组织结构会因过度摩擦、挤压,或过度牵扯、拉张而引起微细损伤积累,导致慢性损伤。例如,肌肉劳损、髌骨劳损、疲劳性骨膜炎等。

(2) 连续的大运动负荷训练:一段时期连续做大运动负荷的训练,会引起疲劳的积累,

表现为过度疲劳。致使运动员身体机能下降，运动能力降低，动作不灵活，协调能力差，全身乏力，厌练。在这种情况下，很容易发生运动损伤。

（3）一次运动量过大：持续长时间剧烈运动，容易消耗过大，使血糖降低，出现急性重度疲劳。此时，可以引起大脑皮质抑制过程破坏，使运动员的运动能力、精确度、共济能力均显著下降，警觉性、注意力减退，防御反应迟钝，以致引起运动损伤，甚至是严重的急性运动损伤。

（八）场地设备、气象条件不良

场地不平并有碎石、杂物；跑道太硬、过滑，沙坑沙量过少、过硬，坑的边缘暴露过高，踏板突出或凹陷于地面，垫子之间存有较大缝隙或安放不平整；器械表面粗糙不平、裂缝、生锈或年久失修，器械安装固定不牢或安放不当；器材大小、质量与运动者年龄、性别不相适应等，都是引起运动损伤的常见原因。气候高温潮湿易使人产生疲劳、中暑；大量排汗，影响体内水盐代谢易发生肌肉痉挛，也会造成运动负荷过大的假象；低温潮湿，很易引起冻疮，也可因肌肉僵硬，弹性、耐力降低，动作协调性差而发生损伤。长期在这种恶劣天气下活动，还会引起肌肉、关节等风湿样疼痛。室外运动遇黎明、黄昏（尤其是大雾天气），或室内运动光线不足时，都会影响人的视力，致使神经反应迟钝，注意力及防御反射降低，以上这些因素都是造成运动损伤的原因。

第三节
运动伤害的预防

一、预防的基本原则

参加体育锻炼的目的是增强体质、增进健康水平，促进德、智、体、美全面发展，如果在体育锻炼中，忽视运动损伤的预防工作，没有积极采取各种有效的预防措施，就可能发生各种伤害事故。因此，积极预防运动损伤对全民健身活动、体育教学和运动训练都有重要的意义。一般而言，遵循量力而行、循序渐进的原则，大部分的运动伤害都是可以预防的。

（一）量力而行，增强自我保护意识

运动前要对自身体质和健康状况有一个初步的了解，有的人过分高估自己的体力，过分争强好胜，把健身和竞技混淆，如此则很容易受伤。运动或练习时不要急于求成，动作练习的幅度以肌肉轻度酸胀、第二天能恢复为最好。例如，老年人练太极拳如果不能下蹲很低，体位可以适当放高一些，千万不能强迫自己。

运动前后要学会各项运动中的安全保护措施，掌握自我保护和相互保护的操作技巧。例如，有膝关节劳损的人，练太极拳必须要慎重，因为这种半屈膝位姿势膝关节最不稳定，对

膝关节的磨损也最大，很容易加重膝关节损伤；有颈椎腰椎病的人要注意保护关节，不要选择对抗性太强的运动。

（二）循序渐进，逐渐提高运动难度

对于不同性别、年龄、水平及健康状况的人，训练时在运动量的安排上应因人而异、循序渐进。运动者需选择适合自己的运动方式进行健身锻炼，同时要根据自己的身体状况以及自己所能达到的目标选择适宜自己的运动项目。例如，脑力劳动者由于长时间伏案用脑，一开始可以先散步、慢跑、做健身操等，随着体质的增强，逐步加大运动强度，进行爬山、打球等提升心肺功能；身体肥胖者可选择骑自行车、球类、长跑、游泳、跳绳等活动，以消耗体内多余的脂肪，使身体健美苗条，增加长期运动的信心。

二、运动的准备工作

（一）合适装备的选择

运动健身时应穿着宽松、有弹性的衣服，以动作不受束缚为好。尤其要注意的是，准备一双合脚的、弹性较好的鞋非常重要。因为在运动尤其是跑跳时，地面对人体的反作用力通过脚向上传导，对踝关节、膝关节、脊柱、大脑及内脏等都有不同程度的冲击，时间一长就会造成关节的劳损和其他不良反应，如头晕、恶心等。而质量较好的鞋，可以缓冲地面的反作用力，减少上述情况的发生。如果穿着不当的运动鞋，不仅可能影响跑、跳动作的稳定性以及身体的平衡性，使肢体动作的协调失常，还可能因运动鞋的防震作用减弱而对足部造成伤害。由于运动损伤以腕、膝、踝部损伤最为普遍，因此在运动过程中应特别注意保护好这些部位，必要时需使用护腕、护膝、宽腰带等。

（二）运动环境的选择

环境因素是指场地、天气等条件，此为运动伤害重要的诱发因子，因此运动时必须对运动环境高度重视，要注意场地是否适合、光线是否足够，以及天气是否良好等。体育器具、设备、场地等在锻炼前都应进行严格的安全检查。

三、运动过程中的预防

（一）运动前的预防

1. 早期诊断运动损伤的潜在风险因素

早期诊断包括身体检查与体能评估两大部分。身体检查比较倾向医学体检，用来排查一些疾病与旧伤。体能评估则用来排查一些身体运动的障碍与风险。在身体检查中，除了常规的医学检查，如血检和尿检外，特别应该考虑进行运动心电图与骨骼肌肉检查。体能评估方面主要有基础的健康体能，还有从事体育活动必须考虑的运动体能（亦称为竞技体能）。近年来，预防思路从分析走向整合，因此功能性动作筛查（FMS）也日益被重视，可通过功

能性动作筛查来找出身体动作存在的风险。

2. 平时保持良好的体能状态

保持良好体能对预防损伤非常重要，因为许多损伤常在机体疲劳时发生。长期疲劳或营养不良的身体状态，不但容易发生急性运动伤害，也容易产生慢性持久损伤。

3. 做好运动前的热身准备活动

人体由休息状态至目标运动强度状态，中间的过渡阶段，我们称之为热身。热身运动的主要目标是让肌肉及心肺系统为往后的运动做准备，因此在热身阶段，训练者应该选择与目标运动相似的低强度训练方法，逐渐提高身体体温、心率及呼吸频率，另外再配合柔韧性训练，拉伸目标运动相关的肌肉群。热身运动的目的包括：改善肌肉不平衡、增加关节活动幅度、改善肌肉肌腱相接点的伸延性、维持肌肉的功能性长度、改善肌肉神经的有效性、调整神经系统为比赛作准备、加速血液循环。传统的热身运动流程为简单地进行有氧运动，增加血液循环及肌肉温度，辅以肌肉的静态拉伸，增加关节活动幅度。但是，随着更多的科研结果显示，静态拉伸有可能会短暂降低肌肉的力量及爆发力，从而影响运动表现。目前建议的热身活动为先进行5~10分钟低强度的有氧运动，增加身体温度，然后再进行动态热身方案。其实际操作方法为：进行约10个与运动模式相关的热身动作，动作由慢至快、由小幅度至大幅度、由简单至复杂，每一动作进行10~15次，接着进行另一热身动作。

4. 加强易伤部位的训练

加强易伤部位和相对较弱部位的训练，提高它们的功能，是预防运动损伤的一种积极方法。例如，为了预防腰部损伤，应加强腰肌的训练，提高腰腹肌的力量，并增强其协调性和拮抗的平衡性；为了防止髌骨劳损，可采用"站桩"方法以增强股四头肌和髌骨功能；为了预防股后肌群拉伤，要加强股后肌群的力量和伸展性练习等。

5. 适当补液

运动前2小时即可开始补液，使机体在运动前有良好的水合状态，以防脱水。

6. 佩戴防护用具

可在踝关节和膝关节处佩戴关节护围，以增加固定和支持关节，防止损伤。

7. 注意防晒

穿着长袖长裤，以防皮肤伤害，必要时全身要涂抹防晒霜以防皮肤晒伤。

8. 穿着合适的鞋和全棉厚底袜

选择的鞋应当舒适且有良好的弹性，尽量不要穿新鞋参加竞赛型运动。选择全棉厚底袜可防护脚底，起到缓震、减少直接摩擦的作用。

9. 防止佩戴饰品的影响

女性的项链、耳环等锐利物品在锻炼时应暂时不佩戴。

（二）运动中的预防

1. 掌握好运动锻炼的技术要领

初学者应掌握运动的动作要领，以预防姿势不正确带来的损伤，必要时可请专业的教练指导或阅读相关的书籍。例如，从高处往下跳，两脚着地时都要以深屈膝来缓和冲击的力量。

2. 把握好运动锻炼的强度和节奏

运动锻炼做动作时不要速度太快和突然启动，应由慢到快。剧烈运动后不要"急刹车"，而应缓慢减速再停止。例如长跑时，下肢肌肉收缩挤压血管使血液回流，将血液送回心脏，一旦运动突然停止，腿部肌肉放松，失去挤压能力，因为地心引力的作用，致使回心血量减少，可导致"重力虚脱"，具体表现为恶心、呕吐、面色苍白、出冷汗等，严重时甚至晕倒。另外，剧烈运动时，人体各器官均处于应激状态，肾上腺分泌大量的肾上腺素，使人心率异常加快、血压急剧上升，若运动骤停，则机体肾上腺素的消耗减少，致使血液中含量剧增，可以引发心动过速甚至心室纤颤而致命。

3. 运动中要注意适当补液

在运动中饮水不要过多，应少量多次。运动中应每隔15～20分钟补充150～200毫升的运动饮料。不要为了省时而放弃补液，运动饮料的补充就好像给汽车加油，补充适当的糖和电解质有利于更持久的运动能力。

4. 运动中要注意合理休息

运动过程中要合理休息，每运动1小时至少要静态休息5～10分钟。否则，运动中大量出汗会消耗体内的水分，从而影响心脏的输出能力。

5. 运动中受伤的处理

受伤后要立即停止运动，并及时寻求帮助或呼救，带伤移动只会使伤情加重。所有的软组织损伤应立即制动、压迫局部和抬高患肢；随身携带呼救的口哨，通常呼救哨声是连续6声，每隔1秒1声哨声，暂停等候回应，如无，再重复吹哨呼救。运动中受伤的及时获救并得到医学处理是良好预后的保证。

（三）运动后的预防

1. 近期措施/管理

（1）整理活动：大多数训练者都会忽略运动后的整理活动，其实，整理活动能让身体流畅的由运动状态回复至平稳的休息状态，包括心率、血压及呼吸频率。它能有效帮助身体散热，帮助消除身体的乳酸及降低由内分泌所引起的心率及血压上升。一般整理的方案为进行10分钟的低强度有氧运动，然后再进行泡沫轴的筋膜放松，静态肌肉拉伸及本体感受神经促进法（PNF）拉伸，可使肌肉伸延至原来最佳的长度与张力关系，并促进最佳的关节活动幅度。

（2）运动后补液：运动后还要有计划地饮用一些液体，不要等到口渴才想起补充，以保证机体尽快恢复水合状态，并促进糖和电解质的恢复。

（3）运动后应注意身体的保温：有些人运动后马上洗冷水澡、吹电扇或冬天运动后到室外吹风去凉快等，这些都会对关节造成伤害。因为运动后全身的毛细血管都是张开的，经常受冷刺激，会导致关节炎的发生。

（4）适当补充营养素和维生素：多进食主食、蔬菜、水果、奶制品和豆制品。大豆含丰富的植物固醇、磷脂、优质蛋白，有利于运动状态的恢复和保持。

（5）保持良好的睡眠和适当的休息。

（6）若在运动中感觉被蚊虫叮咬，或运动后身体出现不寻常的红斑、疹点，应及时通知医生做进一步检查以防感染。

2. 远期措施/管理

应密切注意身体的报警信号。例如疲乏、焦虑、长期存在时断时续的肌肉酸胀疼痛等都是身体发出的警告信号，若置之不理，则会小伤酿成大伤。

四、运动伤害发生后的应对

日常运动中，难免会碰到挫伤、肌肉拉伤、关节扭伤的情况，这时该冷敷还是热敷？能不能按摩？软组织受伤要不要去医院治疗？很多人面对这些问题常手足无措，不知如何是好。因此，发生运动伤害后掌握正确的应对方法很重要。

（一）伤害处理要注意"三不宜"

1. 不宜随便搬弄伤肢

凡从高处摔下，在未弄清伤情之前，不宜随便搬动伤处。尤其头颈部损伤更要慎重。如伤者感到头颈部疼痛，有活动受限或失去知觉，应立即请医生处理。疑有骨折或关节脱位，不宜试图复位搬弄，以防伤处再伤或骨折端刺伤血管、神经及其他重要组织器官。

2. 不宜随便处理伤口

凡开放性伤，不论伤口大小、深浅或干净与否，均不宜自行处理，如用水冲洗、用纸或布片等擦伤口，或用红药水、紫药水、消炎粉之类处理伤口均不是正确的做法，而应由医务人员处理。如伤口出血较多者，可立即用布条之类在伤口的近心侧离伤口不远处，捆扎压迫止血。

3. 不宜随便按摩或热敷伤处

一般来说，在伤后 24 小时内，不宜在伤处热敷或按摩。局部淤血或肿胀较严重者，要 48 小时后酌情处理。

（二）PRICE 原则

急性伤害的最佳处理时间是在 24～48 小时内，国际公认的运动伤害紧急处理原则是 PRICE 原则。

1. Protect（保护）

以绷带、石膏或支具等器具保护受伤部位，避免进一步伤害。运动伤害发生后，首先应立即停止活动，保护受伤部位离开运动场所，避免受伤部位二次受伤或加重。有必要时求助他人帮助转移到安全地带。对急性运动损伤而言，很多人选择性忽视一开始的受伤信号，而导致之后的二次伤害更加严重。切记不要触碰受伤的部位，不要拿手按压，防止加重伤势，并尽量避免使用受伤部位，比如膝关节问题，就减少走楼梯次数，减少或取消计划里的深蹲训练。

2. Rest（休息）

停止运动，减少进一步的伤害。休息不光指受伤后立即停止活动，也指在整个恢复期内拒绝任何激烈的活动。恢复期内，任何微小的运动伤害如果不进行休息和治疗都可能导致大范围恶化。休息是一种被动的恢复方式，只有当受伤部位基本没有疼痛时，才能开始主动的恢复。

3. Ice（冰敷）

冰敷能使血管收缩，减缓血液循环速率，并减少组织液渗出，进而达到控制受伤部位肿胀、疼痛及痉挛的症状，因为受伤部位的肿胀程度会影响复原所需时间的长短。

冰敷的方法：①将冰袋放置在受伤部位的皮肤上。②在受伤后48小时内，每隔2～3小时冰敷一次，每次冰敷时间为15～20分钟。③冰敷时，皮肤的感觉会有四个阶段：冷、疼痛、灼热、麻木，当皮肤有麻木感觉时，就可以移开冰敷袋了。

注意事项有：①冰敷袋每次使用不要超过30分钟，以免发生冻伤或神经伤害。②如果有循环系统上的疾病，不可使用冰敷。③若伤者对冰产生过敏反应，则可先用一层湿的弹性绷带包扎伤处，再放置冰袋在伤处上，最后再用剩余的弹性绷带固定冰袋。④在寒冷的环境下，不要使用湿的弹性绷带或湿毛巾，以免冻伤。

4. Compression（压迫）

压迫可与冰敷一同进行（冰敷的同时压迫受伤部位），但压迫要比上面的保护/休息/冰敷难度更大些。压迫的主要作用是帮助控制/减少肿胀，并通过对四肢施压增大组织压力进而减少内出血。另外也有减缓伤口发炎、减少组织液渗出的作用。最简单的压迫方法是使用弹性绷带做包扎压迫，将卷桶状的弹性绷带缠绕住身体受伤部位。近年运动服装中常见的压缩衣/压缩裤，本质上也可视为一种压迫。

注意事项：①使用弹性绷带做包扎压迫时，要以螺旋状方式平均施加压力，并从肢体末端往近端的方向包扎，当缠绕到受伤部位时可以稍微加点压力。②以弹绷最大长度的60%～70%即可获得充足的压力，使用弹绷时要随时观察伤者的脚趾或手指皮肤颜色，如果有疼痛感、皮肤变色、刺痛等症状，表示弹绷缠绕得太紧，应解开弹绷重新包扎。

5. Elevation（抬高）

抬高是指借助重力作用，将受伤部位抬高，帮助积聚在受伤部位的组织液、发炎的体液回流，达到减小肿胀和疼痛的目的。抬高的最有效位置是让受伤部位高于心脏——上肢可以借助垫子或者吊腕带，下肢受伤部位则尽量高于臀部，比如坐姿时抬高腿，躺姿时腿下垫个枕头。运动伤害发生后的48小时内都应将受伤部位尽可能长时间的抬高。

需要注意的是，PRICE 原则只是运动损伤发生后的一个应急处理原则，在48小时内越早处理越好。如果48小时后依然有明显的疼痛肿胀，则须尽快就医。

另外 PRICE 原则主要针对肌肉拉伤/挫伤、关节扭伤、炎症等，如受伤部位有开放型伤口，则需清洁包扎后再依照 PRICE 原则进行。

（王海清　周凡）

参考文献

[1] 苏玉凤．大学生体育运动风险研究进展［J］．体育科技文献通报，2010，18（9）：11，13．

[2] 张左鸣．高校运动伤害的风险管理研究［J］．西安建筑科技大学学报（社会科学版），2008，27（3）：97-100．

[3] 田旻露，周成林，魏勇．基于流行病学视角的运动伤害防范与管理［J］．沈阳体育学院学报，2011，30（3）：46-50．

[4] 纪进，刘建中，徐雄杰．简析我国竞技体育运动员运动伤害［J］．安徽体育科技，2005，26（4）：21-23．

[5] 冯瑞刚．我国中小学校运动伤害问题研究［D］．河北：河北师范大学，2008．

[6] 杨传喜．运动训练损伤的预防与防治［J］．才智，2013（35）：368-368，370．

[7] 廖先平，郑长江．体育与健康 理论篇［M］．南昌：江西高校出版社，2007．

[8] 顾红，柏慧敏，等．大学体育教育理论教程［M］．上海：上海大学出版社，2004．

[9] 《健康博览》编辑部．聚焦运动伤害［J］．健康博览，2012（10）：4-8．

[10] 肖夕君．科学运动与健康［M］．长沙：湖南文艺出版社，2006．

[11] 魏芳兵．浅议运动损伤的产生与预防［J］．科教导刊，2012（34）：244，251．

[12] 王昌源．现代健康提醒［M］．上海：复旦大学出版社，2004．

[13] 王彤华．浅谈体育教学中安全事故的预防［J］．科技信息，2009（18）：220．

[14] 易更新．浅析运动损伤的预防与处理［J］．环球市场信息导报，2011（1）：89，91．

[15] 刘靖南，谢翔．体育文化与健康教程［M］．桂林：广西师范大学出版社，2012．

[16] 孙万山．预防业余训练运动损伤探析［J］．沙棘（科教纵横），2010（12）：285．

[17] 杜满祥．浅析运动损伤的保护与预防［J］．文学教育（中），2016（7）：176．

[18] 梁春瑜，史小才，严翊．运动人群的补液方案与运动能力［J］．中国运动医学杂志，2020，39（6）：425-433．

[19] 袁礼锋．运动损伤的预防和处理［J］．才智，2011（22）：299-300．

[20] 郭红，郭兰．定向越野的运动伤害与预防［J］．广州体育学院学报，2006，26（4）：108-110．

[21] 陈智勇．体育与健康教程［M］．武汉：武汉大学出版社，2002．

[22] 林焯辉．马拉松赛的运动损伤调查与分析——以广州马拉松业余参赛者为例［D］．广东：广州体育学院，2018．

[23] 卢标．体育运动与安全防护［M］．武汉：中国地质大学出版，2009．

[24] 桂兹军．卫生与健康教程［M］．长沙：中南大学出版社，2004．

[25] 廖碧珠．青年学生健康教育［M］．广州：广东高等教育出版社，2012．

[26] 魏勇．体育课常发生的运动伤害及处理方式［J］．体育教学，2008（3）：70-71．

[27] Allen GM, Jacobson JA. Ultrasonography: Sports Injuries [M]//Hodler J, Kubik-Huch RA, von Schulthess GK. Musculoskeletal Diseases 2021-2024: Diagnostic Imaging. Cham (CH): Springer, 2021, 229-245.

[28] Coleman N. Sports injuries [J]. Pediatr Rev, 2019, 40 (6): 278-290.

[29] Gao B, Dwivedi S, Milewski MD, et al. Lack of sleep and sports injuries in adolescents: a systematic review and meta-analysis [J]. J Pediatr Orthop, 2019, 39 (5): e324-e333.

[30] Wojtys EM. Preventing sports injuries [J]. Sports Health, 2019, 11 (1): 16-17.

第十章 中毒及其预防

第一节 中毒概述

一、中毒的定义

机体过量或大量接触化学毒物，引发组织结构和功能损害、代谢障碍而发生疾病或死亡者，称为中毒（poisoning）。

中毒的严重程度与剂量有关，多呈剂量-反应关系，而伴有某种潜在器质性损害者（例如肾或肝功能不全）可能例外，因为少量的活性物质即可使其产生与剂量不相称的严重中毒反应。

中毒按其发生发展过程，可分为急性中毒、亚急性中毒和慢性中毒。一次接触大量毒物所致的中毒，称为急性中毒；多次或长期接触少量毒物，经一定潜伏期而发生的中毒，称为慢性中毒；介于两者之间的，称为亚急性中毒。

二、中毒的类型

可以引起机体中毒的物质有很多，按照不同的中毒原因，大致可以分为以下几种类型。

（一）一氧化碳中毒

一氧化碳（CO）中毒俗称煤气中毒，是因吸入高浓度一氧化碳所致的急性缺氧性疾病。一氧化碳是无色、无味、无臭、无刺激性且从感观上难以鉴别的气体。煤、煤气或其他含碳物质燃烧不完全，都会产生一氧化碳，当空气中一氧化碳浓度升高时，所吸入的一氧化碳与血液中的血红蛋白结合，形成碳氧血红蛋白，造成机体严重缺氧甚至死亡。

一氧化碳的中毒机制：一氧化碳吸入体内后，85%与血液中红细胞的血红蛋白（Hb）结合，形成稳定的碳氧血红蛋白（COHb）。一氧化碳与血红蛋白的亲和力比氧与血红蛋白的亲和力大240倍。吸入较低浓度一氧化碳即可产生大量碳氧血红蛋白。碳氧血红蛋白不能携带氧,且不易解离,是氧合血红蛋白(O$_2$Hb)解离速度的1/3600,血氧由于不易释放给组织从而造成细胞缺氧。因此,一氧化碳中毒对机体会造成三方面的影响:抑制氧的运输;降低氧在组织中的释放;妨碍组织对氧的利用。

一氧化碳急性中毒的主要临床表现:①轻度中毒:中毒者常有头痛、头晕、乏力、恶心、心悸、四肢无力,有冠心病的患者可出现心绞痛。此时血COHb浓度为10%~20%,在吸入新鲜空气或氧疗后,症状会很快消失。②中度中毒:中毒者皮肤黏膜呈樱桃红色,神志不清,呼吸困难,浅昏迷,对光反射和角膜反射迟钝,脉快多汗。此时血COHb浓度为30%~40%,中毒者可以恢复正常且无明显并发症。③重度中毒:中毒者常进入深昏迷,各种反射消失,去大脑皮质状态,无意识,不语,不动,肌张力增强。此时血COHb浓度大于50%。昏迷时间越长,预后越严重,常留有痴呆、记忆力和理解力减退、肢体瘫痪等后遗症。极度危重者,持续深度昏迷,脉细弱,不规则呼吸,血压下降,也可出现高热至40℃,此时生命垂危,病死率高。

(二) 食物中毒

食物中毒(food poisoning),是指患者所进食物被细菌或细菌毒素污染,或食物含有毒素而引起的急性中毒性疾病。食物中毒既不包括因暴饮暴食而引起的急性胃肠炎、食源性肠道传染病(如伤寒)和寄生虫病(如囊虫病),也不包括因一次大量或者长期少量摄入某些有毒有害物质而引起的以慢性毒性为主要特征(如致畸、致癌、致突变)的疾病。

根据致病原不同,食物中毒可以分为化学性食物中毒、细菌性食物中毒、真菌毒素与霉变食品中毒和有毒动植物中毒。

1. 化学性食物中毒

主要包括:①误食被有毒的化学物质污染的食品;②因食用添加了非食品级的、或伪造的、或禁止使用的食品添加剂、营养强化剂的食品,以及超量使用食品添加剂而导致的食物中毒;③食用因贮藏等原因造成营养素发生化学变化的食品,如油脂酸败造成中毒。

化学性食物中毒的发病潜伏期较短,多在数分钟至数小时,但也有少数超过一天的。多无发热,但某些中毒(如酸败油脂等造成的中毒)有发热。

2. 细菌性食物中毒

细菌性食物中毒是指食入被细菌或细菌毒素污染的食品而引起的食物中毒。有研究显示,细菌性食物中毒占食物中毒总数的50%左右,而动物性食品是引起细菌性食物中毒的主要食品,其中肉类及熟肉制品居首位。

3. 真菌毒素与霉变食品中毒

因食入含有产毒真菌产生的大量真菌毒素的食物所引起。真菌毒素耐热,不宜被一般烹调加热所破坏。引起中毒的食品主要是粮谷类及其制品,因为此类食品富含糖类,水活性适宜,微酸性,适于真菌繁殖产毒。

4. 有毒动植物中毒

主要由本身含有毒素或在一定条件下可以产生毒素的动物或植物所引起。有毒动物包括河豚、能产生组氨的鱼类、家畜甲状腺、鱼胆、有毒贝类等，其中尤以河豚和有毒贝类毒性最高，病死率达50%以上。有毒植物包括毒蘑菇、未彻底煮熟的豆浆或豆奶、发芽土豆、未炒熟的四季豆以及其他一些有毒的植物或植物果实。

（三）酒精中毒

急性酒精中毒俗称"醉酒"，系一次饮入过量的酒精或酒精类饮料引起的以神经、精神症状为主的中毒性疾病（中枢神经系统由兴奋状态转为抑制状态）。严重者可累及呼吸和循环系统，导致意识障碍、呼吸循环衰竭，甚至危及生命。成人的乙醇中毒量为75～80毫升/次，致死量为250～500毫升/次，幼儿25毫升/次亦有可能致死。

酒精的急性毒害作用包括以下几个方面。①中枢神经系统抑制作用：乙醇具有脂溶性，可迅速透过大脑神经细胞膜，并作用于膜上的某些酶而影响细胞功能。乙醇对中枢神经系统的抑制作用，随着剂量的增加，由大脑皮质向下，通过边缘系统、小脑、网状结构到延脑。小剂量乙醇即出现兴奋作用，极高浓度的乙醇可抑制延髓中枢引起呼吸或循环衰竭。②代谢异常：乙醇可导致代谢性酸中毒或低血糖。乙醇在肝细胞内代谢生成大量还原型烟酰胺腺嘌呤二核苷酸，使之与氧化型的比值增高，甚至可高达正常的2～3倍，继而发生乳酸增高、酮体蓄积等，最终导致代谢性酸中毒；糖异生受阻后可出现低血糖。

急性酒精中毒的临床表现分为三期。①兴奋期：当血液乙醇浓度达11mmol/L（50mg/dL）时，会觉得头痛、欣快、兴奋；达16mmol/L（75mg/dL）时，会出现健谈、情绪不稳定、自负、有粗鲁行为和攻击行为，或沉默、孤僻；达22mmol/L（100mg/dL）时，驾车易发生车祸。②共济失调期：当血液乙醇浓度达33mmol/L（150mg/dL）时，会出现肌肉运动不协调、行动笨拙、步态不稳、言语含糊不清、眼球震颤、视物模糊、复视等症状，出现明显共济失调；达43mmol/L（200mg/dL）时，会出现恶心、呕吐和困倦。当血液乙醇浓度达54mmol/L（250mg/dL），患者进入昏迷期，表现为昏睡、瞳孔散大、体温降低；超过87mmol/L（400mg/dL）时，患者陷入深昏迷，心率快、血压下降，呼吸慢而有鼾音，可出现呼吸、循环麻痹而危及生命。

（四）金属中毒

金属中毒是指人体因某种金属含量过多而引起的慢性或急性中毒。金属过量摄入的途径有经呼吸道被吸入、经口腔进入消化道被吸收等。需注意的是，并非只是过量摄入有害金属才会导致金属中毒，人体所需的金属元素如果摄入量过大也会导致中毒。常见的主要有铅中毒和汞中毒。

1. 铅中毒

铅是重金属毒物，不应存于体内，亦不应从血中测出，铅在体内任何微量的存在即会对人体产生毒性损害作用。世界卫生组织（WHO）已经将铅确定为引起重大公共卫生关注的十种化学品之一。铅中毒的主要症候群有头晕、头痛、失眠、肌肉痛、腹绞痛、便秘以及贫血。限于科学技术和经济发展的制约，发展中国家目前把血铅100μg/L定义为儿童临床可接收的血铅水平，血铅≥100μg/L即可诊断为儿童铅中毒。鉴于铅对儿童危害的无阈值性，近年来发达国家及我国政府提出开展"零铅工程（即体内含铅量为'0'的理想水平）"，部分大城市的医疗机构已将儿童铅中毒的诊断标准确定为 60μg/L。

铅是一种累积性毒物，影响身体多个系统，特别是对幼童具有严重危害。儿童因接触铅每年导致大约 60 万例新发智障儿童。高浓度接触会使铅影响到大脑和中枢神经系统，引起昏迷、抽搐，甚至死亡。从严重铅中毒中恢复过来的儿童可能会留有智力低下和行为紊乱问题。没有引起明显症状并且以往认为是安全的低浓度铅接触，现在已知可在多个身体系统产生一系列伤害。尤其是铅会影响到儿童大脑发育，造成智商（IQ）下降、注意力时间缩短以及反社会行为增加等行为改变以及学习成绩下降。铅接触还可引起贫血、高血压、肾功能损害、免疫毒性以及生殖器官毒性。目前人们认为，由铅带来的神经和行为影响具有不可逆性。

2. 汞中毒

汞为银白色的液态金属，常温中即可蒸发。汞中毒以慢性为多见，主要发生在生产活动中，因长期吸入汞蒸气和汞化合物粉尘所致；大剂量汞蒸气吸入或汞化合物摄入即发生急性汞中毒。对汞过敏者，即使局部涂抹汞油基质制剂，亦可发生中毒。

由于汞在常温下即可蒸发，且附着力很强，具有流动性，小的颗粒极难清理，因此汞作业人员（汞矿开采冶炼、仪表工业、制镜业、口腔内科临床工作者）都有引起慢性汞吸收、汞中毒的可能；误服或服毒是急性汞中毒的原因。短时间（3~5 小时以上）吸入高浓度汞蒸气及口服大量无机汞可致急性汞中毒；服用或涂抹含汞偏方可致亚急性汞中毒；职业接触汞蒸气常引起慢性汞中毒。

汞通过呼吸道进入机体血液循环，分布于全身，经肾和胃肠道排出。汞中毒的临床表现与进入体内汞的形态、途径、剂量、时间密切相关。急性汞中毒的全身症状包括：口内金属味、头痛、头晕、恶心、呕吐、腹痛、腹泻、乏力、全身酸痛、寒战、发热（38~39℃），严重者情绪激动、烦躁不安、失眠甚至抽搐、昏迷或精神失常。慢性汞中毒主要引起神经精神症状，初期表现如头昏、头痛、健忘、失眠、多梦等，也可有心悸、多汗等症状，病情进一步加重会出现兴奋症、震颤和口腔炎三大典型临床表现。兴奋症为精神症状和性格改变，如急躁、易怒、胆怯、害羞、多疑等；震颤表现为手指、舌尖、眼睑的细小震颤，进一步发展可出现粗大震颤、共济失调等。

（五）药物中毒

药物中毒是指用药剂量超过极量而引起的中毒。误服或服药过量以及药物滥用均可引起药物中毒。药物的种类不同，其中毒的临床表现也不同。以下为常见药物中毒的临床表现。

1. 氯丙嗪中毒

患者可出现头晕、嗜睡、表情淡漠、软弱，有时也可引起精神失常，乱语乱动；还可发生流涎、恶心、呕吐、腹痛、腹胀、黄疸、肝大等。过大剂量所致的急性中毒常发生心悸、四肢发冷、血压下降，甚至休克，患者呼吸困难，瞳孔缩小，昏迷和反射消失，尿中可出现蛋白、红、白细胞及管型。长期、大剂量应用氯丙嗪可致粒细胞减少、血小板减少、溶血性贫血等，甚至发生再生障碍性贫血。还可出现面神经麻痹、发音困难和口吃、眼眶周围肌肉痉挛，甚至角弓反张状态。少数可引起眼部损害，导致视力减退，甚至失明。

2. 苯巴比妥、异戊巴比妥、司可巴比妥中毒

患者初期兴奋、狂躁、惊厥，随后转为抑制、嗜睡、神志模糊、口齿不清、蒙眬深睡以至深度昏迷。晚期四肢瘫软、反射消失、大小便失禁、瞳孔缩小、呼吸浅而轻以至呼吸衰竭。

3. 水合氯醛中毒

患者恶心、腹痛，重症者有肝和肾功能损害、尿少、昏睡以至昏迷、呼吸浅慢、口唇发绀、呼吸肌麻痹、反射消失、脉细弱、血压下降、心律失常甚至心搏骤停等。

4. 洋地黄类药物中毒

洋地黄类药物主要用于治疗充血性心力衰竭，但其治疗剂量与中毒剂量十分接近，老年人耐量差，极易发生中毒。洋地黄中毒时，患者有头痛、头晕、眼花、黄视、厌食、恶心、呕吐、腹泻及各种心律异常表现，如室性期前收缩、阵发性房性心动过速、房室传导阻滞等，有的患者原有心房纤颤，突然心律变得整齐，心电图呈典型的洋地黄中毒图形。

5. 阿托品、东莨菪碱中毒

阿托品中毒患者先有皮肤和黏膜干燥、口渴、吞咽困难、面部潮红、瞳孔扩大、视物模糊、心动过速、尿潴留等副交感神经受抑制的症状。重症患者出现中枢兴奋症状，如言语增多、幻觉、烦躁、谵妄、惊厥等，继之转为抑制、嗜睡和昏迷。东莨菪碱中毒者昏睡多于兴奋。

6. 水杨酸钠、阿司匹林中毒

患者可因药物对胃肠道的刺激腐蚀作用而出现恶心、呕吐、胃痛，同时有眩晕、出汗、面色潮红、耳鸣、鼻出血、视物模糊和胃肠道出血，以及蛋白尿、酮尿、早期呼吸性碱中毒，继之代谢性酸中毒、脱水、失钾。重症者烦躁不安、脉速、抽搐、昏迷、呼吸和周围循环衰竭。

（六）蛇蝎虫咬伤中毒

蛇蝎虫咬伤中毒是指被有毒的蛇、蝎、虫咬伤而导致的中毒。

全世界蛇类有3000多种，其中650种为毒蛇，我国已知的毒蛇约50种。危害较大的有蝮蛇、眼镜蛇、眼镜王蛇、金环蛇、银环蛇、五步蛇及竹叶青蛇等，主要分布在南方省区。毒蛇咬伤能使人中毒，救治不及时常危及生命。毒蛇头部有毒牙、排毒导管和毒腺，毒腺位于头侧眼后下方的皮肤下面。当毒蛇咬人时，毒腺中的毒液通过排毒导管输送到毒牙而注入咬伤的伤口内。毒液主要经淋巴和血循环扩散，引起局部和全身中毒症状。

蛇毒主要含蛋白质、多肽类和多种酶，依成分不同分为血液循环毒素、神经毒素和混合毒素三种，毒素不同其临床表现也有差异。血液循环毒素中毒见于蝮蛇、五步蛇和竹叶青蛇咬伤。咬伤局部剧痛、红肿、出血、水疱、皮下瘀斑或组织坏死，引起淋巴管炎和淋巴结炎，伤口不易愈合，并迅速向肢体近端蔓延。全身反应多在咬伤后2~3小时出现，有发热、胸闷、心慌、气短、恶心、呕吐等。重者出现皮肤黏膜出血、呕血、便血、尿血、鼻出血等,可有溶血性黄疸,还可出现心律失常、心肌损害、心力衰竭甚至休克,有的出现急性肝、肾衰竭。神经毒素中毒主要由金环蛇、银环蛇、部分蝮蛇和海蛇咬伤引起。咬伤局部症状相对较轻,伤口可仅有轻度红肿、麻木,流血不多,所以往往易被忽视。在咬伤后1~3小时开始出现全身症状并迅猛发展,有视物模糊、眼睑下垂、声音嘶哑、言语和吞咽困难、恶心、呕吐、牙关紧闭、共济失调、瞳孔散大、光反射消失、大小便失禁等症状。严重者肢体瘫痪、惊厥、昏迷、休克、呼吸麻痹以至呼吸停止。虽然神经毒素的症状很重,但病程较短,只要度过前两天的危险期,一般均可恢复。混合毒素中毒主要见于眼镜蛇、眼镜王蛇和蝮蛇咬伤。此类中毒兼有以上两者的特点,但又有所侧重,如眼镜蛇咬伤以神经毒素为主,蝮蛇咬伤以血液循环毒素为主。

蝎子主要分布在热带和亚热带,种类颇多,毒性大小不一。蝎子蜇人时,刺蜇器可将毒腺内含有的强酸性毒汁注入人体,轻者引起皮炎,重者可引起全身中毒反应。当尾端毒刺蜇入皮肤后,可立即引起剧烈疼痛,继之被蜇处皮肤潮红、肿胀甚至形成小疱,偶有坏死,引流区淋巴结肿大,此为溶血性毒素所致。亦可产生全身中毒症状,严重者如不及时抢救,常在数小时内死亡,此为神经毒素所致。

蜜蜂和黄蜂尾部毒囊中的毒液通过尾端一枚连接毒囊的螫针刺入皮肤而进入人体。蜂毒含有蚁酸、盐酸、组胺及神经毒碱性物质,黄蜂毒汁的毒性强,含5-羟色胺、胆碱酯酶等。蜂毒入血后,可损伤细胞表面,造成血管通透性增加,使组织水肿、溶血和坏死。局部常有灼伤感或刺痛,出现红斑、风团,可有胃肠道症状(恶心、呕吐、腹痛、腹泻)和全身症状(咽部异物感、胸闷、流涎)。严重者可休克、昏迷、心力衰竭,短期内死亡。

三、中毒的流行病学特征

中毒不仅直接带来健康和生命的损失,而且也对个人、家庭和社会造成经济负担。

(一)人群特征

急性中毒患者中40~49岁年龄段的人数最多。

中毒患者的性别与毒物类型存在差异。据报道,男性中毒排列前四的毒物类型分别为酒精、农药、一氧化碳、药物;女性中毒排列前四的毒物类型分别为药物、一氧化碳、农药、酒精。男性以酒精中毒为主,其中20~59岁年龄段的人数最多,主要原因有:①青壮年男性日常社交活动中饮酒已成为一种风俗或习惯;②男性面对压力及不良情绪时,可能会通过饮酒疏解压力。女性以药物中毒为主,主要原因有:①女性面对来自社会、家庭、工作的压力时,抗压能力较弱,易出现服药等极端行为;②农村地区女性受教育程度较低,面对不良事件时,常缺乏理智判断;③在不少国家或地区,药物获取途径简单方便。

(二)时间特征

农药中毒患者时间分布主要以5、9月为主,主要原因可能与农耕时节有关。这个时期农户对农药的需求增加、农药的接触机会增大、农户家中对农药的储存增加,这些因素均会增加农药中毒的可能性。

酒精中毒在1、2月发生最多,可能是因为该段时间为传统假期,流动人员增加,亲友聚会、走亲访友频次增加,人们对酒精的摄入较平日会有所增加,易发生急性酒精中毒。

一氧化碳中毒具有明显时间性,主要集中在冬季。冬季气温较低,人们以天然气和煤炭取暖,因天气寒冷,往往室内密闭性强,通风不良,人们在所处的环境中长时间滞留导致对一氧化碳的敏感度降低,体内一氧化碳逐渐蓄积,从而发生一氧化碳中毒。

食物中毒时间呈明显季节性。5~9月为食物中毒高发期。食物中毒致死率在6、7月最高,9月则为中毒人数最多的月份。可能由于夏秋季节气温高、微生物繁殖快;雨季适合大多数野生蕈类生长;各类学校新生入学,健康教育薄弱,学校食物中毒事件和中毒人数频发。

(三) 地区特征

食物中毒具有地区性。如我国新疆以肉毒毒素中毒为主,这与新疆地区的气候条件、饮食习惯及食物加工工艺有关;锡伯族人常在传统美食面酱的发酵制作过程中感染肉毒杆菌,或食用未完全煮熟的"米送乎乎"后发病。

一氧化碳中毒同样具有地区性。例如,我国北方地区冬季气温较低,有供暖需求,农村因居民住地分散,不易进行集中供暖,常以燃烧天然气、煤炭或木材为供暖方式,故容易发生一氧化碳中毒。

第二节
中毒发生的原因或危险因素

一、一氧化碳中毒

1. 日常生活中常见一氧化碳中毒原因

(1) 冬季室内使用炭火,而门窗紧闭,通风不良。这导致室内一氧化碳浓度升高,从而引起一氧化碳中毒。

(2) 火灾现场产生大量一氧化碳,被困者误吸引起一氧化碳中毒。

(3) 在密闭的汽车内保持怠速状态,将使产生的大量含一氧化碳的废气通过空调进风口进入车内。

(4) 煤气供能热水器安装使用不当。家用热水器安装在浴室,洗澡时空间密闭,氧浓度不足,煤气不完全燃烧产生大量一氧化碳,从而引起一氧化碳中毒。

2. 工业生产中一氧化碳中毒常见原因

(1) 监督管理不到位。由于安全监管部门监管力量不足,安全技术人员缺乏,没有形成有效的专业安全生产监管机制。

(2) 安全投入不足,安全设备设施存在缺陷。在安全设备设施方面,设计缺陷、未按要求设置、使用磨损、操作失误、安全检查维护不到位等原因，导致事故发生时工人不能及时得到示警及保护。

（3）安全培训不到位，安全技能不足。目前安全管理人员及作业人员不经培训便取证上岗的情况仍然存在，以至于事故发生时安全管理人员盲目指挥、盲目操作而增大中毒风险。

（4）相关方管理不规范，现场管理混乱。有的企业将安全管理的责任交由外协单位负责，却没有对外协施工作业实施有效的监管和协调，导致作业时各方安全责任划分不明且缺乏必要沟通而造成事故。

（5）盲目施救至事故扩大。一氧化碳无色无味，一旦泄漏不易发现。一些企业管理不严，人员到煤气区域作业时没有配备相关检测仪，不能及时发现泄漏情况，发生中毒事故后，抢救人员未佩戴呼吸器等救护装备便盲目施救，进而导致救援人员中毒使事故扩大。

二、食物中毒

1. 食物被细菌污染

引起食物中毒的原因有很多，其中最主要、最常见的原因就是食物被细菌污染，细菌性食物中毒占食物中毒总数的50％左右，而动物性食品是引起细菌性食物中毒的主要食品。

食物被细菌污染主要有以下原因：①禽畜在宰杀前就是病禽、病畜；②刀具、砧板及用具不洁，生熟交叉感染；③卫生状况差，蚊蝇滋生；④食品从业人员带菌污染食物；⑤食物食用前未充分加热，未充分煮熟。

2. 食用霉变食物

真菌在谷物或其他食品中生长繁殖会产生有毒的代谢产物（如真菌毒素），而真菌毒素用一般的烹调方法加热处理难以破坏，被食用后可发生中毒。另外，真菌生长繁殖及产生毒素需要一定的温度和湿度，因此中毒往往有比较明显的季节性和地区性。

3. 食用有毒动物

主要有两种情况：将天然含有有毒成分的动物或动物的某一部分当作食品而引起中毒反应；某些动物性食物在一定条件下（如不新鲜）会产生有毒成分，如食用鲐鱼等引起的组胺中毒。我国发生的动物性食物中毒主要是河豚中毒，其次是鱼胆中毒。

4. 食用有毒植物

主要有三种情况：①将天然含有有毒成分的植物或其加工制品当作食品食用，如桐油、大麻油等引起的食物中毒；②在食品的加工过程中，将未能破坏或除去有毒成分的植物当作食品食用，如木薯、苦杏仁等；③在一定条件下，不当食用大量有毒成分的植物性食品，如食用鲜黄花菜、发芽的马铃薯、未腌制好的咸菜或未烧熟的扁豆等造成的中毒。植物性食物中毒多数没有特效疗法，对一些可能引起死亡的严重中毒，尽早排出毒物对中毒者的预后非常重要。

5. 误食有毒化学物质

主要包括：①误食被有毒化学物质污染的食品；②因食用了添加非食品级的、或伪造的、或禁止使用的食品添加剂、营养强化剂的食品，以及超量使用食品添加剂而导致的食物中毒；③食用因贮藏等原因造成营养素发生化学变化的食品，如油脂酸败造成中毒。食入化学性中毒食品引起的食物中毒即为化学性食物中毒。化学性食物中毒的发病特点是：发病与进食时间、食用量有关，一般进食后不久发病，常有群体性，患者有相同的临床表现，剩余食品、呕吐物、血和尿等样品中可测出有关化学毒物。

三、酒精中毒

酒精为亲神经物质，对中枢神经有抑制作用。一次大量饮酒可产生醉酒状态，是常见的急性中毒；长期大量饮酒可导致大脑皮质、小脑、桥脑和胼胝体变性，肝脏、心脏、内分泌腺损害，营养不良，酶和维生素缺乏等。虽然各种酒类均可致依赖，但含酒精浓度高的烈酒更易形成依赖。饮酒者对酒精产生依赖的速度较慢，一般慢性酒精中毒的形成常有10年以上的长期饮酒史。另外，酒类与镇静催眠药可有交叉耐受性，有些酒精依赖者可伴有催眠镇静药依赖。

导致急性酒精中毒的主要原因为短时间内摄入大量乙醇或含乙醇的饮料，其发生的危险因素包括酗酒行为、对酒精过敏、遗传因素、社会风俗文化、生活中的应激事件，等等。

四、金属中毒

1. 汞中毒

接触汞机会较多的有从事汞矿开采、汞合金冶炼、金和银的提取、汞整流器、真空泵、照明灯、仪表、温度计、补牙汞合金、雷汞、颜料、制药、核反应堆冷却剂和防原子辐射材料等作业生产的工人。有机汞化合物以往主要用作农业杀菌剂，但因毒性大，我国已不再生产和使用。

2. 铅中毒

铅中毒在儿童中常见。婴儿中毒常因舔食母亲面部含有铅质的粉类、吮吸涂抹于母亲乳头的含铅软膏，以及患铅中毒母亲的乳汁所致。当小儿乳牙萌出时常喜啃物，可因啃食床架、玩具等含铅的漆层而致中毒。有异食癖的儿童可因吞食大量油漆地板或墙壁等的脱落物引起铅中毒。食入含铅器皿（锡器、劣质陶器的釉质或珐琅中均含铅质）内煮放的酸性食物或被铅污染的水和食物等亦可发生铅中毒。将剩余的罐头食物留在马口铁罐头中贮存于冰箱内也是导致铅中毒的一个原因。

误食过量含铅药物如羊痫风丸、铅丹、黑锡丹、密陀僧等，可致急性中毒。铅毒亦可由呼吸道吸收，如含铅的爽身粉、燃烧电池筒等所产生的含有铅化物的烟尘，均可导致婴幼儿吸入中毒。小儿生活在周围有铅尘的环境中会吸入一定量的铅质，包括铅业工人的工作服带回家中对室内空气的污染。

五、药物中毒

1. 疾病因素

如中国血吸虫病流行区,应用六氯对二甲苯比较广泛,导致中毒性神经病和神经症发生率也较高,用药时间越长,药物的毒副反应发生率也越大。

2. 遗传因素

遗传因素是某些药物产生毒性的重要原因。如红细胞内葡萄糖-6-磷酸脱氢酶缺乏症(G6PD)患者在服用氧化剂类药物后会发生严重溶血。中国的G6PD患者分布很广,西南和沿海省市阳性率较高。长期使用异烟肼的慢乙酰化型肺结核患者中,约有23%易患多发性外周神经炎。欧洲白种人中,慢乙酰化者占60%,中国约占20%。假胆碱酯酶缺乏的患者,使用同样剂量的肌肉松弛药琥珀胆碱后,会延长呼气与吸气之间的间隙时间,严重者可造成窒息死亡。酒精的体内代谢主要依靠乙醛脱氢酶,乙醛脱氢酶缺乏者易发生酒精中毒。亚洲人缺乏乙醛脱氢酶者多于欧洲人,我国缺乏乙醛脱氢酶者约为35%。

3. 性别和年龄的差异

个体对药物毒性的敏感性差别很大。氯霉素可引起再生障碍性贫血,女性发病率比男性高3倍。儿童用药更应注意,因为儿童药物代谢发育不完全,对药物的毒性敏感性更高。如氯霉素可引起灰婴综合征,患儿可能在症状出现后数小时死亡。儿童肾排泄链霉素缓慢,长期应用可造成耳聋。老年人的心、肝和肾脏功能都在衰退,易发生过敏反应或中毒现象。例如,相同剂量的地高辛,老年人的血浆半衰期延长,洋地黄中毒发生率高。老年人肾脏排泄功能下降,肌注青霉素后血浆浓度较年轻人高13倍。老年人应用巴比妥类催眠药的剂量要调整,因为老年人肝脏的药物代谢活性下降。

六、蛇蝎虫咬伤

被毒蛇咬伤机会较多的人群为农民、渔民、野外工作者和从事毒蛇研究的人员。

第三节
中毒的预防

一、一氧化碳中毒的预防

(1)应广泛宣传室内使用煤气或炭火时要有安全设置(如烟囱、小通气窗、风斗等),知晓一氧化碳中毒可能发生的症状和急救常识,尤其强调一氧化碳中毒对婴幼儿的危害和严重性。煤炉烟囱安装要合理,没有烟囱的煤炉,夜间要放在室外。

(2)不使用淘汰热水器,如直排式热水器和烟道式热水器,这两种热水器都是国家明文规定禁止生产和销售的;不使用超期服役热水器。安装热水器最好请专业人士安装,不得自行安装、拆除、改装燃具；冬天洗澡时浴室门窗不要紧闭，洗澡时间不要过长。

（3）开车时，不要让发动机长时间空转；车在停驶时，不要过久地开放空调；即使是在行驶中也应经常打开车窗，让车内外空气产生对流。感觉不适即停车休息，驾驶或乘坐空调车如感到头晕、四肢无力时，应及时开窗呼吸新鲜空气。

（4）在可能产生一氧化碳的地方安装一氧化碳报警器。一氧化碳报警器是专门用来检测空气中一氧化碳浓度的装置，能在一氧化碳浓度超标的时候及时报警，以早期防范可能造成的后果。

二、食物中毒的预防

（一）细菌性食物中毒

1. 食物的选购

（1）不要购买那些没有受到适当保护的食物，例如挂在店铺外边的烧味、卤味和没有盖好的熟食等。

（2）不要光顾无牌食肆和熟食小贩，因为他们烹调食物的环境和方法大多不符合卫生要求。

（3）生吃的食物如刺身和生蚝，应从卫生状况和信誉良好的店铺购买，以确保品质优良。

（4）选购包装好的食品和罐头时，要注意包装上是否标明有效日期和制造日期。没有标明日期的食品尽量不要购买，因为无法证明食品是否仍在有效期限内。另外，选购罐头时，也要注意罐头的外形是否变形或缺损。

2. 食物的处理

（1）一般的细菌只能存活于适当的温度，将食物充分煮熟，是保障饮食卫生的最好方式。

（2）将熟食与生食分开处理和贮存（以免相互污染）。烹饪所用到的器皿、刀具、抹布、砧板是细菌容易滋生的地方，为避免交叉污染，应针对生食与熟食使用两套不同的刀具或砧板。

3. 食物的贮存

（1）准备好的食物应即时进食。在适宜的温度和足够的时间条件下，细菌才能大量繁殖或产生毒素。因此，降低温度和缩短贮存时间是预防细菌性食物中毒的一项重要措施。

（2）剩余的食物最好弃置，如要保留，应在4℃或以下保藏。目前家庭多通过冰箱保存食品，但需注意冰箱内不可置物过多，以免影响冷空气循环而降低冷藏效果。

（3）冰冻的肉类和禽类在烹调前应彻底化冻，再充分均匀加热煮透后方可食用。已化冻的肉禽及鱼类不宜再次保存，鱼、肉等罐头食品保存期不得超过1年。

（二）化学性食物中毒

（1）严禁在食品贮存场所存放有毒有害物品及个人生活物品。鼠药、农药等有毒化学物要有明显标签，存放在专门场所并上锁。

（2）不随便使用来源不明的容器。

（3）蔬菜加工前要先用清水浸泡5~10分钟，再用清水反复冲洗。一般要洗三遍，使用温水效果更好。

（4）水果宜洗净后削皮食用。

（5）手接触化学物后要彻底洗手。

（6）加强亚硝酸盐的保管，避免误认为食盐或碱面食用。

（7）苦井水勿用于煮粥，尤其勿存放过夜。

（8）食堂应建立严格的安全保卫措施。严禁非食堂工作人员随意进入学校食堂的食品加工操作间及食品原料存放间。厨房、食品加工间和仓库要经常上锁，防止坏人投毒。

（三）有毒动植物中毒

（1）针对有毒动物和有毒植物深入开展其物种类群的分布调查、实物标本库建设、形态学及分子学鉴定技术研发，以及毒理学、毒素检测学等多领域研究。

（2）建立有毒动物和有毒植物的监测体系，系统了解有毒动物和有毒植物对人类健康影响的特征及危害程度。

（3）加强有毒动植物中毒的宣传教育，尤其是在中毒发生率较高的地区，应有针对性地进行毒物识别、毒物危害及中毒预防的宣传教育，最大限度降低中毒发生率。

（4）加强对卫生专业人员有毒动植物中毒的诊疗关键技术培训，提高其对中毒的诊断和救治能力。

三、酒精中毒的预防

（1）开展反对酗酒的宣传教育，提倡积极的生活行为方式，加强文娱体育活动。

（2）饮酒时做到"饮而不醉"；切勿以酒解愁、借酒发泄等。

（3）一旦成瘾，应迅速戒酒。对有戒断综合征者应细心照料，重者必须入院治疗。

（4）努力形成"不劝酒、不斗酒、不强迫饮酒"的饭桌文化。

四、金属中毒的预防

（一）汞中毒的预防

（1）改善生产设备，改革工艺流程，达到生产密闭化、自动化。如温度计灌汞用真空冷灌法代替热灌法；从事汞的分装工作，应在通风柜下进行。

（2）用无毒原料代替汞。在一些汞危害较严重的生产部门，尽可能少用汞或不用汞，如电力工业中可用硅整流器代替汞整流器，用电子仪表代替汞仪表；氯碱工业中用隔膜电极代替汞电极；用酒精温度计代替汞温度计。

（3）降低车间汞蒸气浓度。加强车间通风排气，操作台设置孔下吸风或旁侧吸风；防止汞的污染和沉积；车间地面、墙壁及天花板宜采用光滑材料；操作台和地面应有一定的倾斜度,以便清扫与冲洗;对污染的车间,要采取降低浓度措施,如用碘 $1g/m^3$ 加酒精点燃熏蒸,使生成不易挥发的碘化汞,然后用水冲洗;对排出的含汞废气,应用碘化或氯化活性炭吸附净化后排放。

(4) 加强个人卫生防护,建立必要的卫生制度。汞浓度较高的车间,可戴用 2.5%~10%碘处理过的活性炭口罩,工作后用 1:5000 高锰酸钾洗手。

(5) 职业禁忌证。神经系统,肝、肾器质性疾病,自主神经功能紊乱,有精神疾病者均不宜从事汞作业。

(二) 铅中毒的预防

国际上关于儿童铅中毒的防治可概括为三句话:环境干预是根本手段,健康教育是主要方法,临床治疗是重要环节。目前被推荐的儿童防铅 13 种方法如下。

(1) 培养儿童养成勤洗手的良好习惯,特别注意在进食前一定要洗手。
(2) 常给幼儿剪指甲,因为指甲缝是特别容易藏匿铅尘的部位。
(3) 经常用湿拖布拖地板,用湿抹布擦桌面和窗台,食品和奶瓶的奶嘴上要加罩。
(4) 经常清洗儿童的玩具和其他一些有可能被孩子放到口中的物品。
(5) 位于交通繁忙的马路附近或铅作业工业区附近的家庭,应经常用湿布抹去儿童能触及的部位的灰尘。
(6) 不要带小孩到汽车流量大的马路和铅作业工厂附近玩耍。
(7) 直接从事铅作业劳动的工人下班前必须按规定洗澡、更衣后才能回家。
(8) 以煤为燃料的家庭应尽量多开窗通风。
(9) 儿童应少食某些含铅较高的食物,如松花蛋、爆米花等。
(10) 有些地方使用的自来水管道材料中含铅量较高,每日早上用自来水时,应将水龙头打开 3~5 分钟,让前一晚囤积于管道中、可能遭到铅污染的水放掉,且不可将放掉的自来水用来烹食和为小孩调奶;各城市中水质不佳的区域可以加装带有除铅功能的婴幼儿专用滤水器,以将自来水中可能的铅污染去除。
(11) 儿童应定时进食,空腹时铅在肠道的吸收率可成倍增加。
(12) 保证儿童的日常膳食中含有足够量的钙、铁、锌等。
(13) 应加强对学习用品生产及销售的管理,生产厂家应向学校提供质量检验证明等。

五、药物中毒的预防

(1) 加强家庭用药管理,特别是对长期服用镇静催眠药、抗精神病药、心血管药、抗癫痫药的人群应加强家庭用药管理。应教育患者不得因病情加重擅自加量,特殊药物应在医师指导下正确使用。药物中毒是导致老年危重症发生的重要原因之一,因此,家庭成员应密切观察老年人的情绪、行为举止变化,尤其应特别关心长期服药又缺乏自理能力的老人。另外,医生应重点交代这类患者的家属,详细告知药物的适应证、禁忌证及服药时间、剂量,并定期进行电话随访。

(2) 妥善保管常备药品。家中须妥善保管常备药品,尤其是有糖衣或包装新奇的药物,应将其放于儿童不能触及的地方。由于儿童好奇心强,天性好动,又不具备最基本的安全常识,若监管不当,很容易发生误服。日常生活中家长也需就此对儿童进行相应的知识教育。

(3) 减少医源性药物中毒的发生率。各医疗机构需加强医药人员的责任心及职业精神,培训提高基层医务人员的专业知识。医师要严格掌握儿童用药的适应证和药物剂量,严禁滥用及超剂量使用,以杜绝不必要的中毒发生。

(4) 端正对中草药、保健品、减肥药的认识,切不可滥用。服用中药的患者,应到有资质的医疗单位就诊,切不可盲目相信偏方、特效药。服用保健品者,不应认为保健品多多益善,一味加大用量,应通过正规渠道购买,按正确剂量服用。服用减肥药进行减肥前必须要获得相关专业人士的正确指导,盲目滥用减肥药实际上是一种非常危险的行为。

六、蛇蝎虫咬伤的预防

(一) 毒蛇咬伤的预防

毒蛇一般不主动咬人,往往因践踏或触动时发生咬伤。在山区森林、荒草地等蛇类常出没之处活动时,特别在晚间,必须做好个人防护。

(1) 注意自己的脚步。蛇类平均每周进食一次,每当进食之后以及脱皮之时,它们行动缓慢,容易被踩中。

(2) 在伐取灌木、采摘水果前要小心观察,一些蛇类经常栖于树木之上。

(3) 不要挑逗或提起蛇类或将它们逼入困境,一些蛇类在走投无路或保卫自己的巢穴时其攻击性大增。

(4) 在毒蛇出没的地方活动,宜穿厚长裤、皮靴、长袜,裤管最好与靴筒相连,头戴帽子,手拿照明用具;不要光脚或仅穿拖鞋;看见毒蛇要绕开走。

(5) 在未经详细查看之前,不要空手伸入中空的原木或浓密的杂草堆中或随意翻动石块;跨过石头或木头等物时,应注意防备另一侧可能有毒蛇栖息。

(6) 在野营时,使用床单、衣服、包裹前要小心查看一遍,以免蛇类藏匿其中。毒蛇对有刺激性气味的物质和有毒物质,如雄黄、硫黄、六六六粉、滴滴涕、敌敌畏、石灰粉等都是不敢接近的。因此,如果在毒蛇较多的地区露营时,在驻地周围撒上以上物质可避免毒蛇侵入。进入多蛇的山区、森林、荒野等处,身上带点硫黄、雄黄或手足抹上雄黄粉,可预防毒蛇咬人。

(7) 尽量不要在毒蛇常出没的地区涉水或游泳,因为大部分毒蛇都是游泳高手,水中可能潜有毒蛇。

(8) 如果与毒蛇不期而遇,要保持镇定安静,不要突然移动,不要向其发起攻击,许多情况下,毒蛇只想着如何逃命。如果迫不得已要杀死毒蛇,可取一根具有良好弹性的长木棒,快速劈向其后脑,最好一击成功,否则受伤的毒蛇更加危险。

(9) 向当地有关部门了解毒蛇的种类和预防经验。

(二) 蝎蜇伤的预防

(1) 野外行进时应穿长衣长裤,戴帽着鞋袜,避免肢体裸露,避免赤足着地;野外作业时（如搬运石头、泥沙、树枝等）应注意戴手套、着高筒套鞋等防护用品；夜间行走时常用手电照射路面，可使蝎子类及其他避光性害虫逃逸。

（2）日常生活中不要将衣服鞋帽及食物放置在地上，穿用衣服鞋帽之前应抖动或翻动，防有蝎子类藏匿其中。

（3）在野外时应注意将脱换下的衣物及随身携带的食物用塑料布包裹严实。

（4）搞好居室及环境卫生，减少蚊、蝇、蜘蛛等虫类寄居。

（5）春天"谷雨"前后、热天及刮风的天气里应特别注意预防蝎蜇伤。

（刘伟新　郑紫薇）

参考文献

[1] 张俊兰，高飞上．小儿中毒32例临床分析［J］．中国社区医师（医学专业），2011，13（25）：129.

[2] 刘厚俭，乐蕙，窦丽娟．武汉地区一氧化碳中毒流行病学调查［J］．临床急诊杂志，2003，4（4）：43.

[3] 胡维刚．食物中毒［J］．生物学教学，2005，30（2）：65-66.

[4] 孙海波．食物中毒及防控策略［J］．医学信息，2014（25）：441-443.

[5] 阎光惠，申静．189例急性乙醇中毒患者的急救护理［J］．医学信息，2015（21）：116.

[6] 傅清华，洪秀娟．急性酒精中毒的抢救与护理［J］．健康必读（中旬刊），2013，12（7）：178-179.

[7] 刘欣．急性乙醇中毒的中西医治疗［J］．现代中西医结合杂志，2004，13（23）：3163-3164.

[8] 杨小红．几种常用特效解毒药物的临床应用及疗效体会［J］．中外医疗，2012，31（26）：104-105.

[9] 高雁，杨旭昕．15例化妆品汞中毒临床分析［J］．中外医疗，2012，31（13）：100-101.

[10] 卢勇．36例药物中毒抢救体会［J］．中国实用医药，2009，4（35）：102-103.

[11] 李丽雯，黄俊何．苯巴比妥所致不良反应及管理［J］．中国药物滥用防治杂志，2020，26（3）：176-179.

[12] 余美琼．老年患者常见药物中毒原因分析及处理［J］．中国民族民间医药，2009，18（13）：42-43.

[13] 丁美祥．685例毒蛇咬伤的救治体会［J］．中国医学创新，2017，14（4）：89-91.

[14] 白艳，张爱华．32例蛇咬伤护理救治体会［J］．医药前沿，2018，8（16）：258-259.

[15] 蔡兰辉．对261例神经毒类毒蛇咬伤急救与护理的体会［J］．中国医药指南，2011，9（9）：150-151.

[16] 何平红，姚海文，袁静，等．杂合式肾脏替代治疗急性重症蜂蜇伤患者的临床效果观察［J］．中国当代医药，2014，21（6）：17-18，21.

[17] 李志玲，柴艳芬．天津市急性中毒患者流行病学研究［J］．天津医科大学学报，2017，23（6）：559-561.

[18] 张万里，潘小娟，项公强，等．2004—2013年温州市龙湾区二级医院急性中毒流行病学调查分析［J］．中国急救复苏与灾害医学杂志，2016，11（10）：1043-1045.

[19] 唐冰之．一氧化碳中毒危险因素与中西结合救治效果评价［J］．中外医疗，2011，30（12）：4-5.

[20] 张利远，蒋鹏程．健康与医学急救知识读本［M］．南京：江苏大学出版社，2013.

[21] 戚舟燕．食物中毒的类型及防止措施［J］．中国食物与营养，2006（10）：13-14.

[22] 何明华．25例食物中毒分析及探讨［J］．中外健康文摘，2012，9（5）：47-48.

[23] 胡邦曜．知识守护生命：大学生避灾自救互救手册［M］．广州：华南理工大学出版社，2009.

[24] 崔千赫．慢性酒精中毒35例临床分析［J］．医药前沿，2013（26）：119-120.

[25] 王汉斌，牛文凯．汞中毒的诊断与治疗［J］．中华急诊医学杂志，2009，18（3）：238-241．
[26] 鲍超．谈儿童铅中毒［J］．张家口医学院学报，2004，21（1）：68．
[27] 上海市国防教育办公室．战争及灾难自救互救手册［M］．上海：上海人民出版社，1999．
[28] 陶丽．食物中毒常见原因分析及对策［J］．中国医药导报，2016，13（29）：178-180，封3．
[29] 吴晓艳．食物中毒预防之我见［J］．现代保健·医学创新研究，2008，5（8）：75-76．
[30] 何仟，谢立璟，马沛滨，等．我国有毒动物、有毒植物、毒蕈中毒现况分析［J］．药物不良反应杂志，2013，15（1）：6-10．
[31] 《伤病急救百事通》编委会．伤病急救百事通［M］．成都：电子科技大学出版社，2011．
[32] 李许珍．河水底泥中甲基汞的测定［D］．哈尔滨：黑龙江大学，2004．
[33] 杜先贵．儿童铅中毒［J］．人人健康，2009（10）：34．
[34] 刘晓瀛．漫谈儿童血铅中毒［J］．中国医疗前沿，2010，5（18）：17-18．
[35] 张思思．如何预防急性药物中毒［J］．人人健康，2014（10）：70．
[36] 王小团，朱斌．实用现场急救［M］．南京：南京大学出版社，2004．
[37] 顾鹏，陈建荣，陈令东，等．应用自主开发的《药物中毒救治软件》分析436例急诊药物中毒的临床意义［J］．实用临床医药杂志，2014（9）：90-92．
[38] 姚理．寒冬警惕一氧化碳中毒［J］．农村百事通，2016（1）：56-58．
[39] 张粹星，区存华，乐有邦，等．煤气中毒事故原因分析及预防对策研究［J］．工业安全与环保，2016，42（2）：95-97．
[40] Hulse EJ, Haslam JD, Emmett SR, et al. Organophosphorus nerve agent poisoning: managing the poisoned patient [J]. Br J Anaesth, 2019, 123 (4): 457-463.
[41] Watt S, Prado CE, Crowe SF. Immediate and delayed neuropsychological effects of carbon monoxide poisoning: a meta-analysis [J]. J Int Neuropsychol Soc, 2018, 24 (4): 405-415.